工会法一本通

（含中国工会章程）

法规应用研究中心　编

中国法制出版社
CHINA LEGAL PUBLISHING HOUSE

图书在版编目（CIP）数据

工会法一本通 / 法规应用研究中心编 .—北京：中国法制出版社，2023. 1
（法律一本通；25）
ISBN 978-7-5216-3145-6

Ⅰ. ①工… Ⅱ. ①法… Ⅲ. ①工会法-基本知识-中国 Ⅳ. ①D922. 56

中国版本图书馆 CIP 数据核字（2022）第 214904 号

责任编辑：黄会丽　　封面设计：杨泽江

工会法一本通
GONGHUIFA YIBENTONG

编者/法规应用研究中心
经销/新华书店
印刷/三河市国英印务有限公司
开本/880 毫米×1230 毫米　32 开　　印张/ 12　字数/ 276 千
版次/2023 年 1 月第 1 版　　2023 年 1 月第 1 次印刷

中国法制出版社出版
书号 ISBN 978-7-5216-3145-6　　定价：39. 00 元

北京市西城区西便门西里甲 16 号西便门办公区
邮政编码：100053　　传真：010-63141600
网址：http：//www. zgfzs. com　　**编辑部电话：010-63141797**
市场营销部电话：010-63141612　　**印务部电话：010-63141606**

（如有印装质量问题，请与本社印务部联系。）

编辑说明

“法律一本通”系列丛书自2005年出版以来，以其科学的体系、实用的内容，深受广大读者的喜爱。2007年、2011年、2014年、2016年、2018年、2019年、2021年我们对其进行了改版，丰富了其内容，增强了其实用性，博得了广大读者的赞誉。

我们秉承“以法释法”的宗旨，在保持原有的体例之上，今年再次对“法律一本通”系列丛书进行改版，以达到“应办案所需，适学习所用”的目标。新版丛书具有以下特点：

1. 丛书以主体法的条文为序，逐条穿插关联的现行有效的法律、行政法规、部门规章、司法解释、请示答复和部分地方规范性文件，以方便读者理解和适用。

2. 丛书紧扣实践和学习两个主题，在目录上标注了重点法条，并在某些重点法条的相关规定之前，对收录的相关文件进行分类，再按分类归纳核心要点，以便读者最便捷地查找使用。

3. 丛书紧扣法律条文，在主法条的相关规定之后附上案例指引，收录最高人民法院、最高人民检察院指导性案例、公报案例以及相关机构公布的典型案例的裁判摘要、案例要旨或案情摘要等。通过相关案例，可以进一步领会和把握法律条文的适用，从而作为解决实际问题的参考。并对案例指引制作索引目录，方便读者查找。

4. 丛书以脚注的形式，对各类法律文件之间或者同一法律文件不同条文之间的适用关系、重点法条疑难之处进行说明，以便读者系统地理解我国现行各个法律部门的规则体系，从而更好地为教学科研和司法实践服务。

5. 丛书结合二维码技术的应用为广大读者提供增值服务，扫描前勒口二维码，即可免费部分使用中国法制出版社推出的【法融】数据库。【法融】数据库中“国家法律法规”栏目便于读者查阅法律文件准确全文及效力的同时，更有部分法律文件权威英文译本等独家资源分享。“最高法指导案例”和“最高检指导案例”两个栏目提供最高人民法院和最高人民检察院指导性案例的全文，为读者提供更多增值服务。

中国法制出版社
2022年12月

目 录

第一章 总 则

第二章 工会组织

第三章　工会的权利和义务

第四章　基层工会组织

第五章　工会的经费和财产

第六章　法律责任

第七章　附　　则

附录三

案例索引目录

中华人民共和国工会法

（1992 年 4 月 3 日第七届全国人民代表大会第五次会议通过　根据 2001 年 10 月 27 日第九届全国人民代表大会常务委员会第二十四次会议《关于修改〈中华人民共和国工会法〉的决定》第一次修正　根据 2009 年 8 月 27 日第十一届全国人民代表大会常务委员会第十次会议《关于修改部分法律的决定》第二次修正　根据 2021 年 12 月 24 日第十三届全国人民代表大会常务委员会第三十二次会议《关于修改〈中华人民共和国工会法〉的决定》第三次修正）

目　　录

第一章　总　　则

第一条　立法目的①

为保障工会在国家政治、经济和社会生活中的地位，确定工会的权利与义务，发挥工会在社会主义现代化建设事业中的作用，根据宪法，制定本法。

① 条文主旨为编者所加，下同。

● 其他规范性文件

《中华全国总工会关于新形势下加强基层工会建设的意见》（2014年7月29日[①] 总工发〔2014〕22号）

为深入贯彻党的十八大、十八届三中全会和习近平总书记系列重要讲话特别是关于工人阶级和工会工作的重要指示精神，进一步夯实工会基层基础，增强基层工会组织吸引力凝聚力，现就新形势下加强基层工会建设提出如下意见。

一、新形势下加强基层工会建设的重要意义、指导思想和目标要求

1. 工会是党联系职工群众的桥梁和纽带，基层工会直接联系和服务职工群众，是工会全部工作的基础，是落实工会各项工作的组织者、推动者和实践者。新形势下加强基层工会建设，是巩固党执政的阶级基础和群众基础的必然要求，是动员广大职工积极投身改革、实现中国梦的迫切需要，是服务职工、维护职工合法权益、构建和谐劳动关系的重要保障，是加强工会自身建设、增强工会组织活力、推进国家治理体系和治理能力现代化的客观需要。近年来，各级工会主动适应企业组织形式、职工队伍结构和劳动关系的变化，始终把抓基层、打基础、增活力作为重点工作，在维护职工合法权益、构建和谐劳动关系、推动经济社会发展中发挥了重要作用。但从总体上看，基层工会工作与形势任务的要求、党中央的重托和职工群众的期盼仍有较大差距，主要表现在：工会组建工作与企业快速发展、组织形式多样化的特点不相适应；工会会员发展和管理与职工队伍迅速壮大、内部结构的深刻变化不相适应；工会组织体制、运行机制与基层工会工作创新发展的迫切需要不相适应；工会活动的内容方式与职工群众多

---

① 本书法律文件使用简称，以下不再标注。本书所标法律文件的日期为该文件的通过、发布、修订后公布、实施日期之一，以下不再标注。

样化的需求不相适应；工会干部队伍建设与基层工会所承担的工作职责不相适应；为基层工会提供的指导服务保障与基层工会面临的繁重任务不相适应。各级工会要进一步统一思想、提高认识，切实增强责任感和使命感，按照“巩固、发展、提高”的要求，以职工满意不满意、工会作用发挥充分不充分为标尺，全面加强基层工会建设，努力开创基层工会工作新局面。

2. 新形势下加强基层工会建设，要高举中国特色社会主义伟大旗帜，坚持以邓小平理论、“三个代表”重要思想、科学发展观为指导，贯彻落实习近平总书记系列重要讲话精神，坚持走中国特色社会主义工会发展道路，牢牢把握为实现中华民族伟大复兴的中国梦而奋斗这个我国工人运动的时代主题，坚持依法建会、依法管会、依法履职、依法维权，以组织建设为基础，以作用发挥为关键，以健全机制为保障，以职工满意为标准，突出服务职工、突出问题导向、突出改革创新，着力加强基层服务型工会建设，扩大覆盖面、增强凝聚力，努力把基层工会建设成为职工群众信赖的“职工之家”，把广大基层工会干部锤炼成为听党话、跟党走、职工群众信赖的“娘家人”。

3. 新形势下加强基层工会建设，要坚持从工会组织的性质和特点出发，努力建设“六有”工会：一是有依法选举的工会主席，建设心系职工、善于维权、开拓进取的骨干队伍；二是有独立健全的组织机构，完善工会委员会、经费审查委员会、女职工委员会等组织；三是有服务职工的活动载体，满足职工的多样化需求；四是有健全完善的制度机制，实现工会工作的群众化、民主化、制度化、法制化；五是有自主管理的工会经费，真正用于服务职工和工会活动；六是有会员满意的工作绩效，切实让职工群众感受到工会是“职工之家”。通过 3-5 年努力，使基层工会覆盖面明显扩大，服务职工能力明显提高，工会组织吸引力凝聚力明显增强，力争实现全国 80%以上的基层工会基本达到“六有”目标。

二、加强基层工会组织建设

4. 加强企业和机关事业单位工会建设。企业和机关事业单位工会是基层工会的主体。要适应工业化、信息化、城镇化和农业现代化，依法推进各类企业和机关事业单位普遍建立工会组织，巩固建会成果，提高建会质量。国有及国有控股企业、机关、事业单位工会组建实现全覆盖，职工人数较多、规模以上企业工会组建实现全覆盖。积极推进非公有制企业、社会组织以及服务业单位建会工作，25 人以上单位应单独组建工会，25 人以下单位一般通过联合基层工会实现组织覆盖。切实纠正企业和机关事业单位改革改制中撤销工会或将工会合并到党群工作部门的现象。

5. 加强乡镇（街道）、开发区（工业园区）工会建设。乡镇（街道）、开发区（工业园区）工会承担地方工会和基层工会双重职责。积极推进乡镇（街道）、开发区（工业园区）组建工会，已经建立工会工作委员会的，要逐步向工会联合会、总工会等组织形式转变。企业 100 家左右、职工 5000 人左右的乡镇（街道）、省级以上开发区（工业园区）可以设立总工会，作为一级地方工会组织，履行地方工会领导职责。乡镇（街道）、开发区（工业园区）工会组织机构单独设置，工会主席按党政同级副职配备，副主席享受中层正职待遇。乡镇（街道）设立总工会的，要积极推动乡镇（街道）党（工）委副书记兼任总工会主席，配备 1 名专职副主席，并配备专职工会干事，同时选配好兼职副主席和委员。

6. 加强区域（行业）基层工会联合会建设。按照地域相近、行业相同的原则，在县以下建立区域性或行业性基层工会联合会。联合会委员会由专职工作人员和所属基层工会主席组成，也可吸收党委政府相关部门人员参加。联合会原则上至少配备 1 名专职工作人员，会员人数较多的应适当增加配备人数。加强村

（社区）工会建设，努力实现对不具备单独建会条件的小微企业和零散就业人员全覆盖。规范联合基层工会组织架构，所辖单位原则上不超过50家。

7. 加强基层工会干部队伍建设。基层工会干部队伍是基层工会赖以发挥作用的关键。要在同级党组织和上级工会的领导下，充分发扬民主，依法依规推进基层工会民主选举。按照积极稳妥、确保质量的要求，扎实推进基层工会主席（副主席）由会员大会或者会员代表大会直接选举产生。根据各地实际和工作需要，上级工会可以向基层工会推荐、选派工会主席候选人。积极争取公益性岗位，运用市场化、社会化方式聘用社会化工会工作者，建立完善社会化工会工作者选聘、使用、履职、考核、退出等机制。加强基层工会干部培训工作，切实增强政治意识、大局意识和服务意识，不断提高履职能力。基层工会主席上岗一年内应参加培训。

8. 加强会员发展和会籍管理工作。加大会员发展力度，最大限度地把广大职工组织到工会中来。切实做好农民工会员发展工作，积极探索运用多种形式，把农民工吸引到工会中来、吸引到工会活动中来。加强对职工特别是农民工服务类社会组织的团结、联系和吸纳，通过服务和活动吸引凝聚职工，充分发挥工会枢纽型社会组织的作用。推进会员管理工作制度化、规范化、信息化，健全会员档案，做好会员登记和会员证发放工作，积极推进会员实名制管理，通过举行职工入会仪式等多种途径增强会员意识。会员组织关系随劳动关系流动，完善“源头入会、凭证接转、属地管理”机制，畅通会员组织关系接转渠道。

三、明确基层工会建设的主要任务

9. 教育引导职工。培育和践行社会主义核心价值观，提高职工的道德素养，激发职工奋发向上、崇德向善的正能量。大力弘扬劳动精神、劳模精神和工人阶级伟大品格，深入开展“中国梦

·劳动美”主题教育活动，倡导辛勤劳动、诚实劳动、科学劳动。加强职工思想政治工作，注重对职工的人文关怀、心理疏导和情绪引导，突出做好农民工、青年职工和知识分子等职工群体的思想工作。加强职工文化建设，广泛开展职工文化体育活动，丰富职工精神文化生活。加强普法宣传教育，提高职工法律意识。

10. 推动改革发展。引导职工群众拥护支持改革、参与推动改革，夯实全面深化改革的群众基础。深入开展多种形式的劳动竞赛活动，深化合理化建议、技术攻关、技术革新、发明创造等群众性技术创新活动。加强班组建设，广泛开展“工人先锋号”创建活动。深入实施职工素质建设工程，加大职工职业技能培训力度，建立健全技术工人培养、评价、使用、激励机制，培养造就知识型、技术型、创新型的高素质职工队伍。

11. 履行维权职责。认真履行维护职工合法权益的基本职责，坚持以职工为本，主动依法科学维权。紧紧围绕职工最关心最直接最现实的利益问题、最困难最操心最忧虑的实际问题，以一线职工、农民工、困难职工等为重点群体，以劳动就业、技能培训、收入分配、社会保障、安全卫生等为重点领域，切实维护好广大职工的各项合法权益。坚持维权与维稳相统一，引导职工依法理性表达利益诉求，维护职工队伍和社会和谐稳定。

12. 协调劳动关系。建立健全科学有效的利益协调机制、诉求表达机制、矛盾调处机制、权益保障机制，推动形成规范有序、公正合理、互利共赢、和谐稳定的社会主义新型劳动关系。引导企业开展创建和谐劳动关系活动，依法推动企业普遍开展工资集体协商，促进基础扎实、条件成熟的行业建立集体协商制度。建立健全以职代会为基本形式的企事业单位民主管理制度、厂务公开制度和职工董事职工监事制度。加强劳动争议特别是集体劳动争议调处工作。深入开展“安康杯”竞赛活动，改善劳动安全卫生条件，保障职工群众生命安全和健康权益。

13. 服务职工群众。坚持全心全意为职工服务的宗旨，以服务增强工会组织的吸引力和凝聚力，以服务增强职工群众对工会组织的归属感和认同感。深化“面对面、心贴心、实打实服务职工在基层”活动长效机制，积极为职工办实事、做好事、解难事。加快构建服务职工工作体系，按照“会、站、家”一体化的思路，把组建工会、创办职工帮扶服务中心、建设“职工之家”统一起来，着力打造基层服务型工会。大力推行会员普惠制，加大投入、创新方式、完善机制，使全体会员都能享受到工会组织提供的实实在在的服务。探索向职工服务类社会组织购买服务，推进项目制、订单式、社会化服务方式。

四、加强基层工会建设的方法措施

14. 坚持分类指导。坚持从实际出发，在认真履行基本职责的基础上，针对不同性质、不同工作基础、不同组织形式的基层工会，提出不同的工作要求。国有企业工会要围绕生产经营搞好服务，保障职工参与管理和监督的民主权利，组织职工为企业改革发展献力献策。非公有制企业工会要围绕构建互利双赢的劳动关系，代表和维护职工合法权益，促进企业科学发展、和谐稳定。机关工会要围绕机关中心工作，开展群众性精神文明创建活动，不断丰富职工精神文化生活。事业单位工会要围绕深化分类改革、促进事业发展，做好职工思想政治工作，不断提升公益服务水平。区域（行业）基层工会联合会要有效指导所属单位工会开展工作，推动区域（行业）性维权和服务机制建设。

15. 完善工作格局。健全完善党委领导、政府支持、工会运作、职工参与、社会协同的工作格局。深化党建带动工建、工建服务党建、党工共建机制，推动基层工会建设纳入党建工作规划和考核体系。健全完善各级地方工会、产业工会与政府联席（系）会议制度、劳动关系三方协商机制，逐步向乡镇（街道）、开发区（工业园区）延伸。积极参与和促进人大立法，配合各级人大、政协开展执法检查、专题视察。推动建立企业经营者履行社会责任激励引导机制，争取相关部门在推荐协商企业界党代表、人大代表、政协委员、工商联会员及评选劳动模范、五一劳动奖章、各类先进企业时将企业经营者支持工会工作、履行社会责任作为必要条件，并征求同级工会意见。加强与国资委、工商联、企业协会等单位协作，选树典型，调动企业经营者积极性，为开展工会工作创造良好的外部环境。

16. 强化激励机制。关心爱护基层工会干部，按照有关规定全面落实保障待遇，让他们在政治上有关心、经济上有保障、职业上有发展，增强基层工会干部的积极性及职业荣誉感。积极推动基层工会主席享受同级党政副职待遇。大力表彰基层工会建设中涌现出的先进集体和先进个人，事迹特别突出的分别授予五一劳动奖状、五一劳动奖章。有条件的地方可以由上级工会向基层兼职工会干部发放补贴。健全完善工会主席合法权益保护机制，用好用活工会干部权益保障金。基层工会主席劳动合同变更、解除或终止前应向上级工会报告和备案。

17. 畅通联系渠道。健全完善基层工会向同级党组织和上级工会报告工作制度。建立健全劳动关系预警、预判、预报和紧急处置机制，发生集体劳动争议时，基层工会主席应第一时间深入职工了解情况并向上级工会报告。在基层工会难以履行维权职责时，上级工会要加强指导帮助或“上代下”维权。积极推进工会联系点制度建设，探索建立各级工会代表大会代表联系职工群众制度。建立健全基层工会与行政沟通协商制度。

18. 深化建家活动。职工之家建设是加强基层工会建设的本质要求和综合载体。要以职工之家建设为引领，以会员是否满意为基本标准，建立健全基层工会建设综合考核评价体系。围绕实践“两个信赖”，深入开展“深化建家达标创优”活动，探索建立各层级模范职工之家创建、申报、考核、表彰、复查等制度，提升职工之家品牌影响力。坚持依靠会员办工会，深化“工会组织亮牌子、工会主席亮身份”活动，推进会员评家、会务公开以及会员代表常任制等工作，落实会员的知情权、参与权、选举权和监督权。探索推进联合职工之家、网上职工之家建设。基层单位及其党政负责人拟推荐申报工会系统评选表彰的各层级五一劳动奖状、五一劳动奖章等荣誉称号的，其工会组织应荣获相应层级的模范职工之家称号。

19. 加大经费保障。积极推动税务部门全额代征工会经费，保证基层工会经费足额到位。上级工会按照权随责走、费随事转原则，通过转移支付、项目化管理等方式，把工会经费向基层工会倾斜。在基层工会自愿基础上，探索实行财务集中管理、分户核算的“上代下”会计核算模式。各地工会要扩大工会经费来源渠道，积极承接政府转移职能和项目，争取政府财政补助、活动经费或专项经费，强化基层工会经费保障。全总在对下补助中安排专项资金用于乡镇（街道）工会（不低于补助总额的10%），并专款专用。省及省以下各级工会都要加大对乡镇（街道）、开发区（工业园区）工会和基层工会资金投入力度，把更多的资金用在职工身上。

五、加强基层工会建设的组织领导

20. 加强统筹谋划。各级工会要站在全局和战略的高度，把加强基层工会建设列入重要议事日程，制定工作规划和具体实施办法，加强统筹协调。省级和地市级工会主要抓好基层工会建设的总体规划、资源统筹、宏观指导和督促检查，为推进基层工会建设提供理论、法律、政策和信息等方面服务。县级工会要制定具体实施意见，加强具体指导，集中时间、组织专人推动落实，帮助基层工会解决遇到的困难和问题。乡镇（街道）、开发区（工业园区）工会要加强自身建设，抓好村（社区）、企业工会建设，发挥承上启下的重要作用。产业（行业）工会要立足产业（行业）特点，认真研究产业发展趋势、产业政策、行业劳动安全卫生和行业劳动标准，加强县以下行业工会联合会建设，搭建基层工会建设的载体平台，组织开展富有产业（行业）特色的工会活动。

21. 落实领导责任。逐级建立加强基层工会建设工作领导小组，明确各级工会主要领导为第一责任人，形成主要领导亲自抓、分管领导具体抓、职能部门共同抓、一级抓一级、层层抓落实的工作格局。推动建立上级工会对下级工会开展基层工会建设考核评价制度，每年至少召开一次考核评议会。建立健全基层工会建设目标管理、定期研究、工作通报等制度，加强督查指导，及时研究解决问题。

22. 强化宣传引导。精心培育打造基层工会建设的先进典型，充分发挥示范辐射和带动作用。加强舆论宣传，运用现场会、观摩会、学习交流会和各种宣传阵地，及时宣传推广基层工会建设的成功经验和做法，形成推进基层工会建设的良好氛围。充分利用网站、微博、微信、QQ 群等现代传媒手段，不断增强宣传实效，扩大工会工作影响力。

23. 改进工作作风。认真践行党的群众路线，落实“三严三实”要求，加强党风廉政建设，健全完善改进作风、联系基层、服务职工的长效机制。坚持群众化、民主化，破除机关化、行政化，坚持工作重心下沉、资源配置下沉和组织力量下沉，为基层工会开展工作创造良好条件。各级工会干部特别是领导干部要走出高楼大院，摆脱文山会海，更多到基层工会和职工群众中去，帮助他们排忧解难。要顺应时代要求，适应社会变化，善于创造科学有效的工作方法，让职工群众真正感到工会是“职工之家”，工会干部是最可信赖的“娘家人”。

第二条 工会性质及基本职责

工会是中国共产党领导的职工自愿结合的工人阶级群众组织，是中国共产党联系职工群众的桥梁和纽带。

中华全国总工会及其各工会组织代表职工的利益，依法维护职工的合法权益。

● 法　律

1.《民法典》（2020 年 5 月 28 日）

第 90 条　具备法人条件，基于会员共同意愿，为公益目的或者会员共同利益等非营利目的设立的社会团体，经依法登记成立，取得社会团体法人资格；依法不需要办理法人登记的，从成立之日起，具有社会团体法人资格。

第 91 条　设立社会团体法人应当依法制定法人章程。

社会团体法人应当设会员大会或者会员代表大会等权力机构。

社会团体法人应当设理事会等执行机构。理事长或者会长等负责人按照法人章程的规定担任法定代表人。

● 行政法规及文件

2.《国务院办公厅关于深入贯彻工会法支持工会工作的通知》（2004 年 12 月 15 日　国办发〔2004〕90 号）

各省、自治区、直辖市人民政府，国务院各部委、各直属机构：

《中华人民共和国工会法》（以下简称工会法）公布实施以来，各地区、各有关部门认真贯彻执行，并不断探索加强与工会组织联系的机制和方法，注重发挥工会的作用，积极支持工会工作，取得了明显成效。各级工会组织坚持以邓小平理论和“三个代表”重要思想为指导，紧紧围绕改革发展稳定的大局，积极配合党委和政府工作，团结和动员广大职工群众投身改革开放和社会主义现代化建设事业，为促进经济社会发展、维护社会政治稳定做了大量工作，发挥了不可替代的作用。为深入贯彻实施工会法，进一步支持各级工会组织发挥应有的作用，经国务院同意，现就有关问题通知如下：

一、充分认识新形势下做好工会工作的重要意义。工人阶级是我们国家的领导阶级，是先进社会生产力和生产关系的代表，是改革开放和社会主义现代化建设的主力军。全心全意依靠工人阶级既是我们党和国家强大的政治优势，也是改革发展取得胜利的重要保证。作为党领导下的工人阶级群众组织，工会在党和政府与广大职工群众之间发挥着重要的桥梁和纽带作用。充分发挥工会组织密切联系职工群众、维护职工合法权益、促进社会稳定的作用，对于全面建设小康社会具有十分重要的意义。特别是随着社会主义市场经济体制的逐步建立和不断完善，我国经济结构和社会结构发生了深刻变化，各种利益关系和社会矛盾更加复杂。在新的形势下，妥善处理经济社会发展中的各种矛盾和问题，协调好改革进程中不同群体的利益关系，必须更好地发挥各级工会组织的作用。各地区、各有关部门要从改革发展稳定的大局出发，以实现好、维护好、发展好广大职工群众的根本利益为出发点和落脚点，高度重视并大力支持工会工作，尊重职工群众的主人翁地位，充分调动和发挥好广大职工群众的积极性、创造性，引导他们积极投身于社会主义现代化建设，自觉维护社会稳定。

二、完善民主参与机制，充分发挥工会组织的作用。各地区、各有关部门要全面贯彻实施工会法，按照依法行政和全面建设法治政府的要求，不断拓宽民主参与的渠道。凡研究制定涉及职工切身利益的法律法规、国民经济和社会发展战略、发展规划，要听取工会组织的意见；县级以上地方政府应当通过召开会议或者其他适当方式，向同级工会通报政府的重要工作部署和与工会工作有关的政策措施，研究解决工会反映的职工群众的意见和要求；研究制定劳动就业、工资福利、职业安全卫生保障等与职工利益直接相关的政策措施，要主动邀请工会代表参加并认真听取他们的意见；国有企业改制方案和国有控股企业改制为非国有企业的方案，必须提交企业职工代表大会或职工大会审议，并注意听取工会的意见；召开涉及职工利益和权益保障方面的会议，以及开展安全生产监督检查、事故调查处理等工作，要请工会组织参加；评选、表彰劳动模范等有关工作，要与工会共同研究并组织实施。

三、建立健全劳动关系三方协调机制。各级劳动保障部门要按照工会法的要求，会同同级工会组织和企业方面代表进一步加强三方协调机制建设，健全制度，明确职责，规范运作，并逐步向基层延伸。要定期研究和分析经济结构、产业结构调整和企业改制对劳动关系的影响，认真协商解决涉及劳动关系方面的重大问题。对一些带有普遍性、倾向性的问题，要加强经常性的协调与沟通，及时研究解决办法，充分发挥这一机制在协调劳动关系方面的作用。同时，劳动保障部门要会同工会组织积极指导和推动企业建立、完善劳动合同制度和平等协商、集体合同制度，指导和加强劳动争议调处工作，促进劳动关系的和谐稳定。

四、加强与工会组织的情况沟通和信息交流，建立健全经常性的沟通交流机制。国务院有关部门要进一步加强与全国总工会的信息沟通，抓紧完善发展改革委、劳动保障部、民政部、国资委、安全监管局等有关部门和单位与全国总工会的经常性沟通机制。地方各级政府及有关部门也要加强与同级工会组织的信息沟通，逐步建立地方政府有关部门和单位与工会组织的经常性沟通交流机制。各地区、各有关部门要进一步做好有关工作信息的收集、综合和交流工作，特别是要做好重大事件、重要信息的通报工作，保证信息交流渠道畅通。

五、努力为工会组织开展工作创造必要的条件。各地区、各有关部门要主动为工会组织依法履行职责、有效开展工作创造条件，并提供必要的物质保障。要积极支持工会通过职工代表大会或者其他形式组织职工参与本单位的民主决策、民主管理和民主监督，支持工会开展社会主义劳动竞赛、职工经济技术创新和送温暖活动，支持工会建立困难职工帮扶中心和加强职业安全健康、劳动保护工作，支持工会举办为职工服务的职业介绍、职业培训、职工互助保障以及各种丰富职工精神生活的文化体育事业等。对那些与职工利益密切相关，又有利于发挥工会优势的工作，要更多地委托给工会组织去做，不断增强工会的服务功能。

● 部门规章及文件

3.《人力资源社会保障部、国家发展改革委、交通运输部、应急部、市场监管总局、国家医保局、最高人民法院、全国总工会关于维护新就业形态劳动者劳动保障权益的指导意见》（2021年7月16日　人社部发〔2021〕56号）

各省、自治区、直辖市人民政府、高级人民法院、总工会，新疆生产建设兵团，新疆维吾尔自治区高级人民法院生产建设兵团分院，新疆生产建设兵团总工会：

近年来，平台经济迅速发展，创造了大量就业机会，依托互联网平台就业的网约配送员、网约车驾驶员、货车司机、互联网营销师等新就业形态劳动者数量大幅增加，维护劳动者劳动保障权益面临新情况新问题。为深入贯彻落实党中央、国务院决策部署，支持和规范发展新就业形态，切实维护新就业形态劳动者劳动保障权益，促进平台经济规范健康持续发展，经国务院同意，现提出以下意见：

一、规范用工，明确劳动者权益保障责任

（一）指导和督促企业依法合规用工，积极履行用工责任，稳定劳动者队伍。主动关心关爱劳动者，努力改善劳动条件，拓展职业发展空间，逐步提高劳动者权益保障水平。培育健康向上的企业文化，推动劳动者共享企业发展成果。

（二）符合确立劳动关系情形的，企业应当依法与劳动者订立劳动合同。不完全符合确立劳动关系情形但企业对劳动者进行劳动管理（以下简称不完全符合确立劳动关系情形）的，指导企业与劳动者订立书面协议，合理确定企业与劳动者的权利义务。个人依托平台自主开展经营活动、从事自由职业等，按照民事法律调整双方的权利义务。

（三）平台企业采取劳务派遣等合作用工方式组织劳动者完成平台工作的，应选择具备合法经营资质的企业，并对其保障劳动者权益情况进行监督。平台企业采用劳务派遣方式用工的，依法履行劳务派遣用工单位责任。对采取外包等其他合作用工方式，劳动者权益受到损害的，平台企业依法承担相应责任。

二、健全制度，补齐劳动者权益保障短板

（四）落实公平就业制度，消除就业歧视。企业招用劳动者不得违法设置性别、民族、年龄等歧视性条件，不得以缴纳保证金、押金或者其他名义向劳动者收取财物，不得违法限制劳动者在多平台就业。

（五）健全最低工资和支付保障制度，推动将不完全符合确立劳动关系情形的新就业形态劳动者纳入制度保障范围。督促企业向提供正常劳动的劳动者支付不低于当地最低工资标准的劳动报酬，按时足额支付，不得克扣或者无故拖欠。引导企业建立劳动报酬合理增长机制，逐步提高劳动报酬水平。

（六）完善休息制度，推动行业明确劳动定员定额标准，科学确定劳动者工作量和劳动强度。督促企业按规定合理确定休息办法，在法定节假日支付高于正常工作时间劳动报酬的合理报酬。

（七）健全并落实劳动安全卫生责任制，严格执行国家劳动安全卫生保护标准。企业要牢固树立安全“红线”意识，不得制定损害劳动者安全健康的考核指标。要严格遵守安全生产相关法律法规，落实全员安全生产责任制，建立健全安全生产规章制度和操作规程，配备必要的劳动安全卫生设施和劳动防护用品，及时对劳动工具的安全和合规状态进行检查，加强安全生产和职业卫生教育培训，重视劳动者身心健康，及时开展心理疏导。强化恶劣天气等特殊情形下的劳动保护，最大限度减少安全生产事故和职业病危害。

（八）完善基本养老保险、医疗保险相关政策，各地要放开灵活就业人员在就业地参加基本养老、基本医疗保险的户籍限制，个别超大型城市难以一步实现的，要结合本地实际，积极创造条件逐步放开。组织未参加职工基本养老、职工基本医疗保险的灵活就业人员，按规定参加城乡居民基本养老、城乡居民基本医疗保险，做到应保尽保。督促企业依法参加社会保险。企业要引导和支持不完全符合确立劳动关系情形的新就业形态劳动者根据自身情况参加相应的社会保险。

（九）强化职业伤害保障，以出行、外卖、即时配送、同城货运等行业的平台企业为重点，组织开展平台灵活就业人员职业伤害保障试点，平台企业应当按规定参加。采取政府主导、信息化引领和社会力量承办相结合的方式，建立健全职业伤害保障管理服务规范和运行机制。鼓励平台企业通过购买人身意外、雇主责任等商业保险，提升平台灵活就业人员保障水平。

（十）督促企业制定修订平台进入退出、订单分配、计件单价、抽成比例、报酬构成及支付、工作时间、奖惩等直接涉及劳动者权益的制度规则和平台算法，充分听取工会或劳动者代表的意见建议，将结果公示并告知劳动者。工会或劳动者代表提出协商要求的，企业应当积极响应，并提供必要的信息和资料。指导企业建立健全劳动者申诉机制，保障劳动者的申诉得到及时回应和客观公正处理。

三、提升效能，优化劳动者权益保障服务

（十一）创新方式方法，积极为各类新就业形态劳动者提供个性化职业介绍、职业指导、创业培训等服务，及时发布职业薪酬和行业人工成本信息等，为企业和劳动者提供便捷化的劳动保障、税收、市场监管等政策咨询服务，便利劳动者求职就业和企业招工用工。

（十二）优化社会保险经办，探索适合新就业形态的社会保险经办服务模式，在参保缴费、权益查询、待遇领取和结算等方面提供更加便捷的服务，做好社会保险关系转移接续工作，提高社会保险经办服务水平，更好保障参保人员公平享受各项社会保险待遇。

（十三）建立适合新就业形态劳动者的职业技能培训模式，保障其平等享有培训的权利。对各类新就业形态劳动者在就业地参加职业技能培训的，优化职业技能培训补贴申领、发放流程，加大培训补贴资金直补企业工作力度，符合条件的按规定给予职业技能培训补贴。健全职业技能等级制度，支持符合条件的企业按规定开展职业技能等级认定。完善职称评审政策，畅通新就业形态劳动者职称申报评价渠道。

（十四）加快城市综合服务网点建设，推动在新就业形态劳动者集中居住区、商业区设置临时休息场所，解决停车、充电、饮水、如厕等难题，为新就业形态劳动者提供工作生活便利。

（十五）保障符合条件的新就业形态劳动者子女在常住地平等接受义务教育的权利。推动公共文体设施向劳动者免费或低收费开放，丰富公共文化产品和服务供给。

四、齐抓共管，完善劳动者权益保障工作机制

（十六）保障新就业形态劳动者权益是稳定就业、改善民生、

加强社会治理的重要内容。各地区要加强组织领导，强化责任落实，切实做好新就业形态劳动者权益保障各项工作。人力资源社会保障部、国家发展改革委、交通运输部、应急部、市场监管总局、国家医保局、最高人民法院、全国总工会等部门和单位要认真履行职责，强化工作协同，将保障劳动者权益纳入数字经济协同治理体系，建立平台企业用工情况报告制度，健全劳动者权益保障联合激励惩戒机制，完善相关政策措施和司法解释。

（十七）各级工会组织要加强组织和工作有效覆盖，拓宽维权和服务范围，积极吸纳新就业形态劳动者加入工会。加强对劳动者的思想政治引领，引导劳动者理性合法维权。监督企业履行用工责任，维护好劳动者权益。积极与行业协会、头部企业或企业代表组织开展协商，签订行业集体合同或协议，推动制定行业劳动标准。

（十八）各级法院和劳动争议调解仲裁机构要加强劳动争议办案指导，畅通裁审衔接，根据用工事实认定企业和劳动者的关系，依法依规处理新就业形态劳动者劳动保障权益案件。各类调解组织、法律援助机构及其他专业化社会组织要依法为新就业形态劳动者提供更加便捷、优质高效的纠纷调解、法律咨询、法律援助等服务。

（十九）各级人力资源社会保障行政部门要加大劳动保障监察力度，督促企业落实新就业形态劳动者权益保障责任，加强治理拖欠劳动报酬、违法超时加班等突出问题，依法维护劳动者权益。各级交通运输、应急、市场监管等职能部门和行业主管部门要规范企业经营行为，加大监管力度，及时约谈、警示、查处侵害劳动者权益的企业。

各地区各有关部门要认真落实本意见要求，出台具体实施办法，加强政策宣传，积极引导社会舆论，增强新就业形态劳动者职业荣誉感，努力营造良好环境，确保各项劳动保障权益落到实处。

● 其他规范性文件

4.《**中华全国总工会关于切实维护新就业形态劳动者劳动保障权益的意见**》（2021 年 7 月 28 日　总工发〔2021〕12 号）

为深入贯彻落实党的十九大和十九届二中、三中、四中、五中全会精神，贯彻落实习近平总书记关于新就业形态、平台经济的重要讲话和重要指示精神，现就切实维护新就业形态劳动者劳动保障权益工作，提出以下意见。

一、总体要求

（一）重要意义。党中央高度重视维护好新就业形态劳动者劳动保障权益。习近平总书记多次作出明确指示，要求维护好新就业形态劳动者合法权益。新就业形态劳动者在我国经济社会发展中发挥着不可或缺的重要作用，解决好他们在劳动报酬、社会保障、劳动保护、职业培训、组织建设、民主参与和精神文化需求等方面面临的困难和问题，是落实习近平总书记重要指示和党中央决策部署的必然要求，是促进平台经济长期健康发展的必然要求，是工会履行好维权服务基本职责的必然要求。各级工会要充分认识维护新就业形态劳动者劳动保障权益的重要性紧迫性，强化责任担当，积极开拓创新，做实做细各项工作。

（二）指导思想。坚持以习近平新时代中国特色社会主义思想为指导，深入学习贯彻习近平总书记关于工人阶级和工会工作的重要论述，坚持以党建带工建的工作原则，坚持以职工为中心的工作导向，坚持立足大局、顺势而为、审慎稳妥的工作方针，聚焦解决新就业形态劳动者最关心最直接最现实的急难愁盼问题，推动建立健全新就业形态劳动者权益保障机制，不断增强新就业形态劳动者的获得感、幸福感、安全感，最大限度地把新就业形态劳动者吸引过来、组织起来、稳固下来，进一步夯实党长期执政的阶级基础和群众基础。

二、工作举措

（三）强化思想政治引领。切实履行好工会组织的政治责任，坚持不懈用习近平新时代中国特色社会主义思想教育引导新就业形态劳动者，增强他们对中国特色社会主义和社会主义核心价值观的思想认同、情感认同，更加紧密地团结在以习近平同志为核心的党中央周围。深入新就业形态劳动者群体，广泛宣传党的路线方针政策和保障新就业形态劳动者群体权益的政策举措，将党的关怀和温暖及时送达。深入了解新就业形态劳动者群体的思想状况、工作实际、生活需求，引导他们依法理性表达利益诉求。关心关爱新就业形态劳动者，以多样性服务项目实效打动人心、温暖人心、影响人心、凝聚人心，团结引导他们坚定不移听党话、跟党走。

（四）加快推进建会入会。加强对新就业形态劳动者入会问题的研究，加快制定出台相关指导性文件，对建立平台企业工会组织和新就业形态劳动者入会予以引导和规范。强化分类指导，明确时间节点，集中推动重点行业企业特别是头部企业及其下属企业、关联企业依法普遍建立工会组织，积极探索适应货车司机、网约车司机、快递员、外卖配送员等不同职业特点的建会入会方式，通过单独建会、联合建会、行业建会、区域建会等多种方式扩大工会组织覆盖面，最大限度吸引新就业形态劳动者加入工会。保持高度政治责任感和敏锐性，切实维护工人阶级和工会组织的团结统一。

（五）切实维护合法权益。发挥产业工会作用，积极与行业协会、头部企业或企业代表组织就行业计件单价、订单分配、抽成比例、劳动定额、报酬支付办法、进入退出平台规则、工作时间、休息休假、劳动保护、奖惩制度等开展协商，维护新就业形态劳动者的劳动经济权益。督促平台企业在规章制度制定及算法等重大事项确定中严格遵守法律法规要求，通过职工代表大会、劳资恳谈会等民主管理形式听取劳动者意见诉求，保障好劳动者的知情权、参与权、表达权、监督权等民主政治权利。督促平台企业履行社会责任，促进新就业形态劳动者体面劳动、舒心工作、全面发展。加强工会劳动法律监督，配合政府及其有关部门监察执法，针对重大典型违法行为及时发声，真正做到哪里有职工，哪里就应该有工会组织，哪里的职工合法权益受到侵害，哪里的工会就要站出来说话。

（六）推动健全劳动保障法律制度。积极推动和参与制定修改劳动保障法律法规，充分表达新就业形态劳动者意见诉求，使新就业形态劳动者群体各项权益在法律源头上得以保障。配合政府及其有关部门，加快完善工时制度，推进职业伤害保障试点工作。推动司法机关出台相关司法解释和指导案例。

（七）及时提供优质服务。深入开展“尊法守法·携手筑梦”服务农民工公益法律服务行动和劳动用工“法律体检”活动，广泛宣传相关劳动法律法规及政策规定，督促企业合法用工。推动完善社会矛盾纠纷多元预防调处化解综合机制，重点针对职业伤害、工作时间、休息休假、劳动保护等与平台用工密切相关的问题，为新就业形态劳动者提供法律服务。充分利用工会自有资源和社会资源，加强职工之家建设，推进司机之家等服务阵地建设，规范和做好工会户外劳动者服务站点工作，联合开展货车司机职业发展与保障行动、组织和关爱快递员、外卖送餐员行动等。加大普惠服务工作力度，丰富工会服务新就业形态劳动者的内容和方式。针对新就业形态劳动者特点和需求组织各类文体活动，丰富他们的精神文化生活。

（八）提升网上服务水平。加快推进智慧工会建设，紧扣新就业形态劳动者依托互联网平台开展工作的特点，大力推行网上入会方式，创新服务内容和服务模式，让广大新就业形态劳动者全面了解工会、真心向往工会、主动走进工会。构建“互联网+”

服务职工体系，完善网上普惠服务、就业服务、技能竞赛、困难帮扶、法律服务等，形成线上线下有机融合、相互支撑的组织体系，为新就业形态劳动者提供更加及时精准的服务。

（九）加强素质能力建设。针对新就业形态劳动者职业特点和需求，开展职业教育培训、岗位技能培训、职业技能竞赛等活动，推动新就业形态劳动者职业素质整体提升。组织开展贴近新就业形态劳动者群体特点的法治宣传教育，提高劳动者维权意识和维权能力。开展心理健康教育，提升新就业形态劳动者适应城市生活、应对困难压力、缓解精神负担的能力。

三、组织保障

（十）加强组织领导。牢固树立大局观念，将新就业形态劳动者劳动权益保障作为当前和今后一段时期各级工会的重点任务，协助党委政府做好工作。各级工会要落实属地责任，成立主要领导任组长，各相关部门和产业工会共同参加的工作领导小组，制定工作方案，明确目标任务、责任分工、时间安排，配强工作力量，加大经费投入，形成一级抓一级、层层抓落实的工作机制。

（十一）深化调查研究。组织干部职工开展赴基层蹲点活动，深入一线蹲点调研，面对面了解新就业形态劳动者权益保障方面存在的突出问题，准确掌握一手资料，有针对性地研究提出对策建议。加强对平台经济领域劳动用工情况及劳动关系发展形势的分析研判，及时发现和积极解决苗头性、倾向性问题，做到早发现、早预警、早处置。

（十二）密切协作配合。积极推动建立工作协调联动机制，形成党委领导、政府支持、各方协同、工会力推、劳动者参与的工作格局。重要情况要第一时间向党委报告、请示。通过与政府联席会议制度及时报告情况、研究问题。充分发挥各级协调劳动关系三方机制作用，及时就新就业形态劳动者权益保障相关重大问题进行沟通协商，推动出台相关制度文件。加强与相关部门、行业协会和头部企业的沟通联系，推动制定相关标准和工作指引，保障劳动者权益。联系和引导劳动关系领域社会组织服务新就业形态劳动者。工会各部门、产业工会要牢固树立“一盘棋”思想，主动担当、密切配合，齐心协力推进工作。

（十三）注重工作实效。坚持问题导向、目标导向，压实责任，细化措施，狠抓落实。在充分摸清情况、掌握困难和问题的基础上谋划解决办法，把新就业形态劳动者满意不满意作为检验工作成效的标准。切实改进工作作风，敢于啃硬骨头，勇于担当、迎难而上，扎实有序推进各项工作。一边推进一边总结，逐步建立健全务实管用的工作机制，形成一批可复制、可推广的典型经验。

（十四）加大宣传力度。充分运用各地主流媒体、工会宣传阵地以及“两微一端”等线上线下宣传手段，面向平台企业和广大新就业形态劳动者开展形式多样的宣传活动，介绍工会的性质、作用和工会维权服务实效。注重培养、选树新就业形态劳动者和平台企业先进典型，及时表彰宣传，发挥示范作用。通过现代媒体平台扩大舆论影响，广泛凝聚共识，推动形成全社会共同关爱和服务新就业形态劳动者群体的良好氛围。

各地工会要根据本意见，结合当地实际研究制定相应的实施办法，认真抓好落实。

第三条 劳动者有依法参加和组织工会的权利

在中国境内的企业、事业单位、机关、社会组织（以下统称用人单位）中以工资收入为主要生活来源的劳动者，不分民族、种族、性别、职业、宗教信仰、教育程度，都有依法参加和组织工会的权利。任何组织和个人不得阻挠和限制。

工会适应企业组织形式、职工队伍结构、劳动关系、就业形态等方面的发展变化，依法维护劳动者参加和组织工会的权利。

● 宪　法

1.《宪法》（2018 年 3 月 11 日）

第 35 条　中华人民共和国公民有言论、出版、集会、结社、游行、示威的自由。

● 法　律

2.《劳动法》（2018 年 12 月 29 日）

第 7 条　劳动者有权依法参加和组织工会。

工会代表和维护劳动者的合法权益，依法独立自主地开展活动。

3.《劳动合同法》（2012 年 12 月 28 日）

第 64 条　被派遣劳动者有权在劳务派遣单位或者用工单位依法参加或者组织工会，维护自身的合法权益。

4.《公司法》（2018 年 10 月 26 日）

第 18 条　公司职工依照《中华人民共和国工会法》组织工会，开展工会活动，维护职工合法权益。公司应当为本公司工会提供必要的活动条件。公司工会代表职工就职工的劳动报酬、工作时间、福利、保险和劳动安全卫生等事项依法与公司签订集体合同。

公司依照宪法和有关法律的规定，通过职工代表大会或者其他形式，实行民主管理。

公司研究决定改制以及经营方面的重大问题、制定重要的规章制度时，应当听取公司工会的意见，并通过职工代表大会或者其他形式听取职工的意见和建议。

5. **《外商投资法》**（2019年3月15日）

第8条 外商投资企业职工依法建立工会组织，开展工会活动，维护职工的合法权益。外商投资企业应当为本企业工会提供必要的活动条件。

6. **《民办教育促进法》**（2018年12月29日）

第27条 民办学校依法通过以教师为主体的教职工代表大会等形式，保障教职工参与民主管理和监督。

民办学校的教师和其他工作人员，有权依照工会法，建立工会组织，维护其合法权益。

7. **《个人独资企业法》**（1999年8月30日）

第6条 个人独资企业应当依法招用职工。职工的合法权益受法律保护。

个人独资企业职工依法建立工会，工会依法开展活动。

案例指引

1. **外卖配送员刘某与某配送中心确认劳动关系争议案**（《新就业形态劳动者劳动关系确认争议典型案例发布》）①

案例摘要：刘某到某配送中心担任E平台外卖送餐骑手，双方未订立劳动合同。后刘某派送途中因交通事故受伤。配送中心在事故后为刘某出具《工作证明》、《误工停发工资证明》。刘某请求认定工伤。配送中心认为刘某是E平台注册骑手，否认劳动关系。刘某申请仲裁，要求确认劳动关系，后双方诉至法院。仲裁和法院均认定存在劳动关系。某配送中心与刘某均具备法律规定的劳动关系主体资格。刘某接受配送中心的考勤管理和工作安排，按月领取工资。交通事故后，该中心开具的《工作证明》、《误工停发工资证明》

① 来源：中工网，载https://www.workercn.cn/c/2021-12-01/6930709.shtml，最后访问时间为2022年10月13日。本书收录的部分案例经编者加工整理，下文不再特别提示。

都记载刘某是其员工，故仲裁和法院一致认定双方存在劳动关系。

2. **外卖配送员胡某某与某信息公司确认劳动关系争议案**（《新就业形态劳动者劳动关系确认争议典型案例发布》）①

案例摘要：某信息公司与某快递公司签订配送代理合作协议，由快递公司经营配送业务。胡某某在快递公司外包给M公司的配送点从事送餐工作，未签订劳动合同，因送餐途中发生交通事故受伤，向信息公司请求认定工伤。信息公司认为双方不存在劳动关系。胡某某申请仲裁，后诉至法院，要求确认其与信息公司的劳动关系。仲裁和法院均未认定劳动关系。当事人对自己的主张承担举证责任。胡某某从事平台送餐服务，但未提供证据证明其从信息公司领取劳动报酬、接受该公司劳动用工管理，对胡某某进行管理和发放工资仅与M公司有关联。信息公司与快递公司系合作关系，快递公司与M公司系承包关系，无法认定胡某某与信息公司建立劳动关系。

3. **外卖配送员周某与某信息公司确认劳动关系争议案**（《新就业形态劳动者劳动关系确认争议典型案例发布》）②

案例摘要：周某在某信息公司开发运营的A平台注册为骑手，后自行转向B平台注册，《B平台用户协议》明确“仅提供信息撮合服务”、“不存在任何形式的劳动/雇佣关系”。B平台不限定工作区域，不提供劳动工具，不支付底薪，只计算提成，注册骑手自由抢单。周某在送餐途中遇交通事故受伤，向信息公司请求认定工伤。信息公司否认劳动关系。周某申请仲裁，要求确认劳动关系，后诉至法院。仲裁和法院均未认定劳动关系。《B平台用户协议》明确了平台与骑手不成立劳动关系，周某已阅读知晓。平台不规定出勤时间、不分配工作任务，足见信息公司并未对骑手进行劳动过程管理，

---

① 来源：中工网，载https：//www.workercn.cn/c/2021-12-01/6930709.shtml，最后访问时间为2022年10月13日。

② 来源：中工网，载https：//www.workercn.cn/c/2021-12-01/6930709.shtml，最后访问时间为2022年10月13日。

对骑手顾客满意度、投诉等问题进行管理，属业务质效管理，是企业经营的必要措施，与劳动法上的用工管理有根本区别。

4. 网约车司机刘某某与某科技公司确认劳动关系争议案（《新就业形态劳动者劳动关系确认争议典型案例发布》）①

案例摘要：刘某某在某科技公司运营的网约车平台注册，自备符合平台要求的车辆从事专车司机服务，双方没有签订劳动合同。平台《专快车服务协议》约定公司与所有提供网约车服务的司机仅存在挂靠合作关系，不存在劳动关系。刘某某在其驾驶的注册车辆内突发疾病死亡，其近亲属为认定工伤申请仲裁，要求确认刘某某与科技公司存在劳动关系，后诉至法院。仲裁和法院均未确认劳动关系。科技公司要求司机统一着装、按时刷脸报到、接受培训、服务被投诉受处罚等，是保证服务质量的必要规范，不足以认定对司机进行劳动用工管理。刘某某可自主登录平台接单，工作完全自行安排，所得报酬由自主选择的接单量确定，难以认定与科技公司存在经济和人身从属性。

5. 网约车司机许某某与某公司确认劳动关系争议案（《新就业形态劳动者劳动关系确认争议典型案例发布》）②

案例摘要：许某某根据某公司发布的招聘广告，入职从事网约车司机工作，双方签订了《网约车租赁协议》，约定公司的小轿车租赁给许某某，并明确约定租金、租期等。公司为许某某购买社会保险，费用由双方按比例分担。后双方协商解除租赁关系。许某某申请仲裁，请求确认劳动关系并支付工资报酬和赔偿金等，后诉至法院。法院没有认定劳动关系。某公司与许某某签订《网约车租赁协议》，合同约定许某某可自行掌握工作时间及是否接单，获取酬劳亦

---

① 来源：中工网，载 https://www.workercn.cn/c/2021-12-01/6930709.shtml，最后访问时间为 2022 年 10 月 13 日。

② 来源：中工网，载 https://www.workercn.cn/c/2021-12-01/6930709.shtml，最后访问时间为 2022 年 10 月 13 日。

非从公司处领取，许某某人格上、经济上和组织上对公司依附程度较弱，不符合劳动关系本质特征。许某某可另行起诉主张其他要求。

6. 货车司机吴某与某物流公司确认劳动关系争议案（《新就业形态劳动者劳动关系确认争议典型案例发布》）①

案例摘要：2020 年 2 月起吴某驾驶某物流公司的货车按照固定路线送货，双方未订立劳动合同。2020 年 5 月吴某发生交通事故，向某物流公司请求认定工伤。为认定工伤吴某申请仲裁，请求确认劳动关系，后诉至法院。仲裁和法院均未认定劳动关系。在劳动关系中，用人单位和劳动者之间存在经济和人身从属性。本案证据表明吴某与物流公司按比例分配收入，且吴某不需接受物流公司的日常考勤和规章制度约束，故难以认定双方存在劳动关系意义上的经济和人身从属性。

7. 货车司机谢某与某集团公司确认劳动关系争议案（《新就业形态劳动者劳动关系确认争议典型案例发布》）②

案例摘要：谢某在某集团公司驾驶公司名下的车辆从事毛鸡运输，工作中需佩戴公司发放的《车队司机出入证》并遵守公司规定和员工守则。双方未订立劳动合同。2019 年底谢某达到法定退休年龄离职，要求集团公司补缴社会保险、支付经济补偿金等。集团公司以畜禽运输不是其业务范围、系运输业务外包方聘用管理谢某为由否认劳动关系。谢某申请仲裁，请求确认劳动关系、补缴社会保险等，后诉至法院。仲裁未确认劳动关系，法院经历两审和再审最终认定劳动关系。本案争议焦点：一是劳动者提供的劳动是否系用人单位业务组成部分。集团公司工商登记的经营范围是畜禽饲养、收购、屠宰加工和销售，畜禽运输是开展业务的必要辅助性内容，因此谢某的工作是公司业务的组成部分。二是劳动者是否受用人单

---

① 来源：中工网，载 https：//www.workercn.cn/c/2021-12-01/6930709.shtml，最后访问时间为 2022 年 10 月 13 日。

② 来源：中工网，载 https：//www.workercn.cn/c/2021-12-01/6930709.shtml，最后访问时间为 2022 年 10 月 13 日。

位的劳动管理。谢某驾驶的车辆归属以及工作中须遵守的有关要求，均体现其实际受到集团公司用工管理。故法院认定劳动关系。

8. 网络主播汪某某与某珠宝公司确认劳动关系争议案（《新就业形态劳动者劳动关系确认争议典型案例发布》）①

案例摘要：某珠宝公司与某科技公司签订《电商平台直播合作协议》，约定科技公司为珠宝公司在F平台上开设直播间，珠宝公司提供商品并自行雇人直播讲解、售卖。珠宝公司法定代表人岑某某通知汪某某面试F平台主播工作，双方通过微信约定底薪、提成比例和工作时间等，没有订立劳动合同。汪某某与科技公司签订《主播保密协议》，每月收入由岑某某通过微信或支付宝转账支付。后汪某某离职并要求支付提成等，珠宝公司称汪某某是科技公司员工，否认劳动关系。汪某某申请仲裁，后诉至法院。仲裁和法院均认定汪某某与珠宝公司存在劳动关系。劳动关系是否成立，不能仅凭书面协议内容进行推定，而应依据实际用工管理情况综合判定。虽然汪某某与珠宝公司签订《主播保密协议》，但实际上是珠宝公司法定代表人对汪某某进行招聘、安排其在直播间工作，且按月支付劳动报酬，证明汪某某接受珠宝公司劳动管理，双方构成劳动关系。

9. 网络主播许某某与某传媒公司确认劳动关系争议案（《新就业形态劳动者劳动关系确认争议典型案例发布》）②

案例摘要：许某某与某传媒公司签订《主播经纪合约》，约定为签约艺人与经纪公司的关系，传媒公司每月按比例支付直播劳务收益（主要通过粉丝打赏获得），有权监督和审查许某某的行为。许某某在第三方所有的平台上直播，直播间由传媒公司注册。后许某某以传媒公司未依法支付劳动报酬为由提出辞职，申请仲裁要求支付

---

① 来源：中工网，载 https://www.workercn.cn/c/2021-12-01/6930709.shtml，最后访问时间为2022年10月13日。

② 来源：中工网，载 https://www.workercn.cn/c/2021-12-01/6930709.shtml，最后访问时间为2022年10月13日。

经济补偿等，传媒公司称双方系合作关系，后双方诉至法院。仲裁和法院均未认定劳动关系。书面合同系当事人对权利义务关系达成合意的表现形式。双方签订《主播经纪合约》而非劳动合同，约定建立经纪关系而非劳动关系。许某某直播所在平台既不为传媒公司所有，直播内容也不属于公司业务事项，双方按比例分配收益，即使公司基于合约对许某某进行的必要管理，也不足以认定构成劳动关系中的人身隶属和经济从属关系。

10. 网约厨师张某与某信息公司确认劳动关系争议案（《新就业形态劳动者劳动关系确认争议典型案例发布》）①

案例摘要：某信息公司运营的“G 厨师”APP② 可在线预约厨师上门提供烹饪服务。张某经人介绍在“G 厨师”APP 平台从事厨师工作，双方签订《合作协议》，未签劳动合同。数月后张某主张信息公司违法解除劳动关系，要求支付工资、经济补偿金和赔偿金等。信息公司否认劳动关系。张某申请仲裁，后诉至法院，请求确认劳动关系并支持相关要求。法院认定存在劳动关系。本案双方虽签订了《合作协议》，但仍应审查双方事实上是否构成劳动关系。APP 平台对张某进行指派、调度及奖惩等，按月发放较为固定的报酬，表明张某受信息公司的劳动管理，在公司安排的工作地点从事有报酬的劳动，双方具有较强的从属关系，而这正是劳动关系的本质特征。

第四条 工会活动准则

工会必须遵守和维护宪法，以宪法为根本的活动准则，以经济建设为中心，坚持社会主义道路，坚持人民民主专政，坚持中国共产党的领导，坚持马克思列宁主义、毛泽东思想、邓小平理论、“三个代表”重要思想、科学发展观、习近平

① 来源：中工网，载 https：//www.workercn.cn/c/2021-12-01/6930709.shtml，最后访问时间为 2022 年 10 月 13 日。

② 注：APP 是英文 application 的简称，多指智能手机的第三方应用程序。

新时代中国特色社会主义思想，坚持改革开放，保持和增强政治性、先进性、群众性，依照工会章程独立自主地开展工作。

工会会员全国代表大会制定或者修改《中国工会章程》，章程不得与宪法和法律相抵触。

国家保护工会的合法权益不受侵犯。

第五条　工会职能

工会组织和教育职工依照宪法和法律的规定行使民主权利，发挥国家主人翁的作用，通过各种途径和形式，参与管理国家事务、管理经济和文化事业、管理社会事务；协助人民政府开展工作，维护工人阶级领导的、以工农联盟为基础的人民民主专政的社会主义国家政权。

第六条　工会具体职责

维护职工合法权益、竭诚服务职工群众是工会的基本职责。工会在维护全国人民总体利益的同时，代表和维护职工的合法权益。

工会通过平等协商和集体合同制度等，推动健全劳动关系协调机制，维护职工劳动权益，构建和谐劳动关系。

工会依照法律规定通过职工代表大会或者其他形式，组织职工参与本单位的民主选举、民主协商、民主决策、民主管理和民主监督。

工会建立联系广泛、服务职工的工会工作体系，密切联系职工，听取和反映职工的意见和要求，关心职工的生活，帮助职工解决困难，全心全意为职工服务。

● 法　律

1.《劳动法》（2018 年 12 月 29 日）

第 33 条　企业职工一方与企业可以就劳动报酬、工作时间、休息休假、劳动安全卫生、保险福利等事项，签订集体合同。集体合同草案应当提交职工代表大会或者全体职工讨论通过。

集体合同由工会代表职工与企业签订；没有建立工会的企业，由职工推举的代表与企业签订。

第 34 条　集体合同签订后应当报送劳动行政部门；劳动行政部门自收到集体合同文本之日起十五日内未提出异议的，集体合同即行生效。

第 35 条　依法签订的集体合同对企业和企业全体职工具有约束力。职工个人与企业订立的劳动合同中劳动条件和劳动报酬等标准不得低于集体合同的规定。

2.《劳动合同法》（2012 年 12 月 28 日）

第 51 条　企业职工一方与用人单位通过平等协商，可以就劳动报酬、工作时间、休息休假、劳动安全卫生、保险福利等事项订立集体合同。集体合同草案应当提交职工代表大会或者全体职工讨论通过。

集体合同由工会代表企业职工一方与用人单位订立；尚未建立工会的用人单位，由上级工会指导劳动者推举的代表与用人单位订立。

第 52 条　企业职工一方与用人单位可以订立劳动安全卫生、女职工权益保护、工资调整机制等专项集体合同。

第 53 条　在县级以下区域内，建筑业、采矿业、餐饮服务业等行业可以由工会与企业方面代表订立行业性集体合同，或者订立区域性集体合同。

第 54 条　集体合同订立后，应当报送劳动行政部门；劳动行政部门自收到集体合同文本之日起十五日内未提出异议的，集体合同即行生效。

依法订立的集体合同对用人单位和劳动者具有约束力。行业性、区域性集体合同对当地本行业、本区域的用人单位和劳动者具有约束力。

第55条 集体合同中劳动报酬和劳动条件等标准不得低于当地人民政府规定的最低标准；用人单位与劳动者订立的劳动合同中劳动报酬和劳动条件等标准不得低于集体合同规定的标准。

第56条 用人单位违反集体合同，侵犯职工劳动权益的，工会可以依法要求用人单位承担责任；因履行集体合同发生争议，经协商解决不成的，工会可以依法申请仲裁、提起诉讼。

3. **《社会保险法》**（2018年12月29日）

第9条 工会依法维护职工的合法权益，有权参与社会保险重大事项的研究，参加社会保险监督委员会，对与职工社会保险权益有关的事项进行监督。

4. **《就业促进法》**（2015年4月24日）

第9条 工会、共产主义青年团、妇女联合会、残疾人联合会以及其他社会组织，协助人民政府开展促进就业工作，依法维护劳动者的劳动权利。

5. **《乡镇企业法》**（1996年10月29日）

第14条 乡镇企业依法实行民主管理，投资者在确定企业经营管理制度和企业负责人，作出重大经营决策和决定职工工资、生活福利、劳动保护、劳动安全等重大问题时，应当听取本企业工会或者职工的意见，实施情况要定期向职工公布，接受职工监督。

案例指引

1. **怀孕女工旷工案**（《2016年北京工会劳动维权十大案例评析》）①

案例摘要：本案争议焦点，是单位能否以怀孕女工严重违反公司规章制度为由与其解除劳动关系。从《劳动合同法》第39条来看，在孕期、产期、哺乳期的女职工，存在该条款规定的情形的，单位可以与其解除劳动合同。本案中，女工母某没有证据证明其休假是经过公司批准的，也没有提供医生开具的病假单和诊断证明，所以其擅自休假的行为构成了旷工。另外，单位将有关规章制度快递给她，她本人应该知晓其行为的性质和法律后果，故公司以旷工为由与其解除劳动关系是有法律依据的。该案给我们一个启示：工会在调解劳动争议过程中，既要保护职工的合法权益，也应注意保护用人单位的合法权益。只有在合法的基础上讲理、讲情，才能化解双方的矛盾，推动整个社会建立和谐稳定的劳动关系。

2. **确认劳动关系案**（《2019年北京工会劳动维权十大案例评析》）②

案例摘要：建设单位在工程概算中应将工伤保险费用单独列支，但是在实际情况中，承包单位往往将劳务分包给劳务公司。一些劳务公司不与工人签订劳动合同，不缴纳社会保险费，工资也都是现金发放。因为未签订书面劳动合同，工人在工作中受到伤害，必须先证明和建筑公司或劳务公司存在劳动关系，才能进行工伤认定、伤残评定，获得应有的工伤赔偿。劳动关系认定难，成为挡在工伤职工维权道路上的一道坎。通过本案例，建议农民工在工作期间注意保留诸如工资发放凭证、工作证等能证明存在劳动关系的证据，以便在需要证明存在劳动关系时有所准备。

---

① 来源：京工网，载 https://www.workerbj.cn/jgw/html/weiquan/shuofa/2017/0125/47028.html，最后访问时间为2021年12月26日。

② 来源：京工网，载 https://www.workerbj.cn/jgw/html/weiquan/shuofa/2020/0427/110970.html，最后访问时间为2021年12月26日。

3. **刘某与某服饰有限公司劳动合同纠纷案**（《2019年职工法律援助十大典型案例》）①

案例摘要：签订劳动合同，是构建和谐劳动关系中必须系好的“第一粒扣子”，这是本案重要的社会价值体现。目前，用工先签约，按约去履行，仍然是小企业、民营企业用工过程中的短板，遵守“契约文化”的社会氛围尚未完全形成。政府、企业、工会等构建和谐劳动关系的各个主体，应发挥“钉钉子”精神，从流程、细节、查纠等细微处入手，深入推进《中共中央、国务院关于构建和谐劳动关系的意见》中“健全劳动关系协调机制”和“全面实行劳动合同制度”等制度和机制的落地生根，打造好构建和谐劳动关系的根基。任何人不得从其违法行为中获利。目前，不签、假签劳动合同的现象，在一些用人单位仍然存在。《劳动合同法》第3条规定了订立劳动合同应当遵循合法、公平、平等自愿、协商一致、诚实信用的基本原则，用人单位和劳动者均应当遵守。劳动者与用人单位签订空白劳动合同，双方不存在基于“平等自愿、协商一致”的劳动合同成立的合意，用人单位滥用职工信任，迷信所谓的签订空白劳动合同的损招、怪招更是“错上加错”，其非法目的当然不能实现。用人单位招用劳动者，应当自用工之日起一个月内签订书面的劳动合同。用人单位未及时签订劳动合同的，应当承担给付“双倍工资”的法律责任。职工因签订空白合同而造成权利救济上的不利和被动时，更应体会到签订劳动合同“诚信”原则的可贵。

第七条 工会对企业生产的服务与职工教育

工会动员和组织职工积极参加经济建设，努力完成生产任务和工作任务。教育职工不断提高思想道德、技术业务和科学文化素质，建设有理想、有道德、有文化、有纪律的职工队伍。

① 来源：河北省总工会，载 http：//www.hebgh.org/sjd/wqfw/flyz/202008/t20200817_350194.html，最后访问时间为2022年10月12日。

● 法　律

1.《消防法》（2021 年 4 月 29 日）

第 6 条　各级人民政府应当组织开展经常性的消防宣传教育，提高公民的消防安全意识。

机关、团体、企业、事业等单位，应当加强对本单位人员的消防宣传教育。

应急管理部门及消防救援机构应当加强消防法律、法规的宣传，并督促、指导、协助有关单位做好消防宣传教育工作。

教育、人力资源行政主管部门和学校、有关职业培训机构应当将消防知识纳入教育、教学、培训的内容。

新闻、广播、电视等有关单位，应当有针对性地面向社会进行消防宣传教育。

工会、共产主义青年团、妇女联合会等团体应当结合各自工作对象的特点，组织开展消防宣传教育。

村民委员会、居民委员会应当协助人民政府以及公安机关、应急管理等部门，加强消防宣传教育。

2.《人口与计划生育法》（2021 年 8 月 20 日）

第 7 条　工会、共产主义青年团、妇女联合会及计划生育协会等社会团体、企业事业组织和公民应当协助人民政府开展人口与计划生育工作。

3.《国防教育法》（2018 年 4 月 27 日）

第 8 条　教育、退役军人事务、文化宣传等部门，在各自职责范围内负责国防教育工作。

征兵、国防科研生产、国民经济动员、人民防空、国防交通、军事设施保护等工作的主管部门，依照本法和有关法律、法规的规定，负责国防教育工作。

工会、共产主义青年团、妇女联合会以及其他有关社会团体，协助人民政府开展国防教育。

4.《**禁毒法**》（2007年12月29日）

第12条 各级人民政府应当经常组织开展多种形式的禁毒宣传教育。

工会、共产主义青年团、妇女联合会应当结合各自工作对象的特点，组织开展禁毒宣传教育。

5.《**科学技术普及法**》（2002年6月29日）

第18条 工会、共产主义青年团、妇女联合会等社会团体应当结合各自工作对象的特点组织开展科普活动。

第八条 加强产业工人队伍建设

工会推动产业工人队伍建设改革，提高产业工人队伍整体素质，发挥产业工人骨干作用，维护产业工人合法权益，保障产业工人主人翁地位，造就一支有理想守信念、懂技术会创新、敢担当讲奉献的宏大产业工人队伍。

部门规章及文件

1.《**住房和城乡建设部等部门关于加快培育新时代建筑产业工人队伍的指导意见**》（2020年12月18日 建市〔2020〕105号）

各省、自治区、直辖市及计划单列市、新疆生产建设兵团住房和城乡建设厅（委、管委、局）、发展改革委、教育厅（局）、工业和信息化厅（局）、人力资源社会保障厅（局）、交通运输厅（局、委）、水利厅（局）、市场监管局、总工会，北京市规划和自然资源委，国家税务总局各省、自治区、直辖市和计划单列市税务局，各地区铁路监督管理局，民航各地区管理局，中华全国铁路总工会、中国民航工会全国委员会、中国金融工会全国委员会、中央和国家机关工会联合会：

党中央、国务院历来高度重视产业工人队伍建设工作，制定出台了一系列支持产业工人队伍发展的政策措施。建筑产业工人是我国产业工人的重要组成部分，是建筑业发展的基础，为经济发展、城镇化建设作出重大贡献。同时也要看到，当前我国建筑产业工人队伍仍存在无序流动性大、老龄化现象突出、技能素质低、权益保障不到位等问题，制约建筑业持续健康发展。为深入贯彻落实党中央、国务院决策部署，加快培育新时代建筑产业工人（以下简称建筑工人）队伍，提出如下意见。

一、总体思路

以习近平新时代中国特色社会主义思想为指导，全面贯彻党的十九大和十九届二中、三中、四中、五中全会精神，统筹推进"五位一体"总体布局和协调推进"四个全面"战略布局，牢固树立新发展理念，坚持以人民为中心的发展思想，以推进建筑业供给侧结构性改革为主线，以夯实建筑产业基础能力为根本，以构建社会化专业化分工协作的建筑工人队伍为目标，深化"放管服"改革，建立健全符合新时代建筑工人队伍建设要求的体制机制，为建筑业持续健康发展和推进新型城镇化提供更有力的人才支撑。

二、工作目标

到 2025 年，符合建筑行业特点的用工方式基本建立，建筑工人实现公司化、专业化管理，建筑工人权益保障机制基本完善；建筑工人终身职业技能培训、考核评价体系基本健全，中级工以上建筑工人达 1000 万人以上。

到 2035 年，建筑工人就业高效、流动有序，职业技能培训、考核评价体系完善，建筑工人权益得到有效保障，获得感、幸福感、安全感充分增强，形成一支秉承劳模精神、劳动精神、工匠精神的知识型、技能型、创新型建筑工人大军。

三、主要任务

（一）引导现有劳务企业转型发展。改革建筑施工劳务资质，大幅降低准入门槛。鼓励有一定组织、管理能力的劳务企业引进人才、设备等向总承包和专业承包企业转型。鼓励大中型劳务企业充分利用自身优势搭建劳务用工信息服务平台，为小微专业作业企业与施工企业提供信息交流渠道。引导小微型劳务企业向专业作业企业转型发展，进一步做专做精。

（二）大力发展专业作业企业。鼓励和引导现有劳务班组或有一定技能和经验的建筑工人成立以作业为主的企业，自主选择1—2个专业作业工种。鼓励有条件的地区建立建筑工人服务园，依托“双创基地”、创业孵化基地，为符合条件的专业作业企业落实创业相关扶持政策，提供创业服务。政府投资开发的孵化基地等创业载体应安排一定比例场地，免费向创业成立专业作业企业的农民工提供。鼓励建筑企业优先选择当地专业作业企业，促进建筑工人就地、就近就业。

（三）鼓励建设建筑工人培育基地。引导和支持大型建筑企业与建筑工人输出地区建立合作关系，建设新时代建筑工人培育基地，建立以建筑工人培育基地为依托的相对稳定的建筑工人队伍。创新培育基地服务模式，为专业作业企业提供配套服务，为建筑工人谋划职业发展路径。

（四）加快自有建筑工人队伍建设。引导建筑企业加强对装配式建筑、机器人建造等新型建造方式和建造科技的探索和应用，提升智能建造水平，通过技术升级推动建筑工人从传统建造方式向新型建造方式转变。鼓励建筑企业通过培育自有建筑工人、吸纳高技能技术工人和职业院校（含技工院校，下同）毕业生等方式，建立相对稳定的核心技术工人队伍。鼓励有条件的企业建立首席技师制度、劳模和工匠人才（职工）创新工作室、技能大师工作室和高技能人才库，切实加强技能人才队伍建设。项目发包时，鼓励发包人在同等条件下优先选择自有建筑工人占比大的企业；评优评先时，同等条件下优先考虑自有建筑工人占比大的项目。

（五）完善职业技能培训体系。完善建筑工人技能培训组织实施体系，制定建筑工人职业技能标准和评价规范，完善职业（工种）类别。强化企业技能培训主体作用，发挥设计、生产、施工等资源优势，大力推行现代学徒制和企业新型学徒制。鼓励企业采取建立培训基地、校企合作、购买社会培训服务等多种形式，解决建筑工人理论与实操脱节的问题，实现技能培训、实操训练、考核评价与现场施工有机结合。推行终身职业技能培训制度，加强建筑工人岗前培训和技能提升培训。鼓励各地加大实训基地建设资金支持力度，在技能劳动者供需缺口较大、产业集中度较高的地区建设公共实训基地，支持企业和院校共建产教融合实训基地。探索开展智能建造相关培训，加大对装配式建筑、建筑信息模型（BIM）等新兴职业（工种）建筑工人培养，增加高技能人才供给。

（六）建立技能导向的激励机制。各地要根据项目施工特点制定施工现场技能工人基本配备标准，明确施工现场各职业（工种）技能工人技能等级的配备比例要求，逐步提高基本配备标准。引导企业不断提高建筑工人技能水平，对使用高技能等级工人多的项目，可适当降低配备比例要求。加强对施工现场作业人员技能水平和配备标准的监督检查，将施工现场技能工人基本配备标准达标情况纳入相关诚信评价体系。建立完善建筑职业（工种）人工价格市场化信息发布机制，为建筑企业合理确定建筑工人薪酬提供信息指引。引导建筑企业将薪酬与建筑工人技能等级挂钩，完善激励措施，实现技高者多得、多劳者多得。

（七）加快推动信息化管理。完善全国建筑工人管理服务信息平台，充分运用物联网、计算机视觉、区块链等现代信息技术，实现建筑工人实名制管理、劳动合同管理、培训记录与考核评价信息管理、数字工地、作业绩效与评价等信息化管理。制定统一数据标准，加强各系统平台间的数据对接互认，实现全国数据互联共享。加强数据分析运用，将建筑工人管理数据与日常监管相结合，建立预警机制。加强信息安全保障工作。

（八）健全保障薪酬支付的长效机制。贯彻落实《保障农民工工资支付条例》，工程建设领域施工总承包单位对农民工工资支付工作负总责，落实工程建设领域农民工工资专用账户管理、实名制管理、工资保证金等制度，推行分包单位农民工工资委托施工总承包单位代发制度。依法依规对列入拖欠农民工工资“黑名单”的失信违法主体实施联合惩戒。加强法律知识普及，加大法律援助力度，引导建筑工人通过合法途径维护自身权益。

（九）规范建筑行业劳动用工制度。用人单位应与招用的建筑工人依法签订劳动合同，严禁用劳务合同代替劳动合同，依法规范劳务派遣用工。施工总承包单位或者分包单位不得安排未订立劳动合同并实名登记的建筑工人进入项目现场施工。制定推广适合建筑业用工特点的简易劳动合同示范文本，加大劳动监察执法力度，全面落实劳动合同制度。

（十）完善社会保险缴费机制。用人单位应依法为建筑工人缴纳社会保险。对不能按用人单位参加工伤保险的建筑工人，由施工总承包企业负责按项目参加工伤保险，确保工伤保险覆盖施工现场所有建筑工人。大力开展工伤保险宣教培训，促进安全生产，依法保障建筑工人职业安全和健康权益。鼓励用人单位为建筑工人建立企业年金。

（十一）持续改善建筑工人生产生活环境。各地要依法依规及时为符合条件的建筑工人办理居住证，用人单位应及时协助提供相关证明材料，保障建筑工人享有城市基本公共服务。全面推行文明施工，保证施工现场整洁、规范、有序，逐步提高环境标准，引导建筑企业开展建筑垃圾分类管理。不断改善劳动安全卫生标准和条件，配备符合行业标准的安全帽、安全带等具有防护功能的工装和劳动保护用品，制定统一的着装规范。施工现场按规定设置避难场所，定期开展安全应急演练。鼓励有条件的企业按照国家规定进行岗前、岗中和离岗时的职业健康检查，并将职工劳动安全防护、劳动条件改善和职业危害防护等纳入平等协商内容。大力改善建筑工人生活区居住环境，根据有关要求及工程实际配置空调、淋浴等设备，保障水电供应、网络通信畅通，达到一定规模的集中生活区要配套食堂、超市、医疗、法律咨询、职工书屋、文体活动室等必要的机构设施，鼓励开展物业化管理。将符合当地住房保障条件的建筑工人纳入住房保障范围。探索适应建筑业特点的公积金缴存方式，推进建筑工人缴存住房公积金。加大政策落实力度，着力解决符合条件的建筑工人子女城市入托入学等问题。

四、保障措施

（一）加强组织领导。各地要充分认识建筑工人队伍建设的重要性和紧迫性，强化部门协作、建立协调机制、细化工作措施，扎实推进建筑工人队伍建设。要强化建筑工人队伍的思想政治引领。加强宣传思想文化阵地建设，深化理想信念教育，培育和践行社会主义核心价值观，坚持不懈用习近平新时代中国特色社会主义思想教育和引导广大建筑工人。要按照《建筑工人施工现场生活环境基本配置指南》《建筑工人施工现场劳动保护基本配置指南》《建筑工人施工现场作业环境基本配置指南》（见附件）要求，结合本地区实际进一步细化落实，加强监督检查，切实改善建筑工人生产生活环境，提高劳动保障水平。

（二）发挥工会组织和社会组织积极作用。充分发挥工会组织作用，着力加强源头（劳务输出地）建会、专业作业企业建会和用工方建会，提升建筑工人入会率。鼓励依托现有行业协会等社会组织，建设建筑工人培育产业协作机制，搭建施工专业作业用工信息服务平台，助力小微专业作业企业发展。

（三）加大政策扶持和财税支持力度。对于符合条件的建筑企业，继续落实在税收、行政事业性收费、政府性基金等方面的相关减税降费政策。落实好职业培训、考核评价补贴等政策，结合实际情况，明确一定比例的建筑安装工程费专项用于施工现场工人技能培训、考核评价。对达到施工现场技能工人配备比例的工程项目，建筑企业可适当减少该项目建筑工人技能培训、考核评价的费用支出。引导建筑企业建立建筑工人培育合作伙伴关系，组建建筑工人培育平台，共同出资培训建筑工人，归集项目培训经费，统筹安排资金使用，提高资金利用效率。指导企业足额提取职工教育经费用于开展职工教育培训，加强监督管理，确保专款专用。对符合条件人员参加建筑业职业培训以及高技能人才培训的，按规定给予培训补贴。

（四）大力弘扬劳模精神、劳动精神和工匠精神。鼓励建筑企业大力开展岗位练兵、技术交流、技能竞赛，扩大参与覆盖面，充分调动建筑企业和建筑工人参与积极性，提高职业技能；加强职业道德规范素养教育，不断提高建筑工人综合素质，大力弘扬和培育工匠精神。坚持正确的舆论导向，宣传解读建筑工人队伍建设改革的重大意义、目标任务和政策举措，及时总结和推广建筑工人队伍建设改革的好经验、好做法。加大建筑工人劳模选树宣传力度，大力宣传建筑工人队伍中的先进典型，营造劳动最光荣、劳动最崇高、劳动最伟大、劳动最美丽的良好氛围。

附件：1. 建筑工人施工现场生活环境基本配置指南（略）

2. 建筑工人施工现场劳动保护基本配置指南（略）

3. 建筑工人施工现场作业环境基本配置指南（略）

2.《关于全面推行中国特色企业新型学徒制 加强技能人才培养的指导意见》（2021年6月8日　人社部发〔2021〕39号）

为贯彻落实党的十九届五中全会精神，加强新时代技能人才培养，现就全面推行中国特色企业新型学徒制提出以下指导意见。

一、指导思想

以习近平新时代中国特色社会主义思想为指导，全面贯彻党的十九大和十九届二中、三中、四中、五中全会精神，深入贯彻落实《新时期产业工人队伍建设改革方案》，以高质量发展为引领，以深化企业改革、加大技能人才培养为宗旨，以满足培育壮大发展新动能、促进产业转型升级和提高企业竞争力为根本，以产教融合、校企合作为重要手段，持续实施职业技能提升行动，面向企业全面推行新型学徒制培训，创新中国特色技能人才培养模式，进一步扩大技能人才培养规模，为实现高质量发展提供有力的人才和技能支撑。

二、基本原则

——坚持需求导向。坚持以满足高质量发展、适应产业变革、技术变革、组织变革和企业技术创新需求为目标，瞄准企业人力资源价值提升需求，面向企业技能岗位员工开展企业新型学徒制培训，满足人岗匹配和技能人才队伍梯次发展需要。

——坚持终身培训。进一步健全终身职业技能培训制度，支持企业职工在职业生涯发展的不同阶段通过多种方式，灵活接受职业技能培训，不断提高职工岗位技能，畅通技能人才职业发展通道。

——坚持校企政联动。在充分发挥企业培训主体作用和院校教育培训优势的基础上，各地人力资源社会保障部门要加强组织管理和协调服务，有序高效开展企业新型学徒制培养工作。

——坚持以用为本。充分利用企业新型学徒制培养成果，积极为企业新型学徒提升技能、干事创业提供机会和条件。鼓励企业新型学徒参与技术革新、技术攻关，在技能岗位发挥关键作用。

三、目标任务

按照政府引导、企业为主、院校参与的原则，在企业全面推行新型学徒制培训，进一步发挥各类企业主体作用，通过企校合作、工学交替方式，组织企业技能岗位新入职、转岗员工参加企业新型学徒制培训，力争使企业技能岗位新入职员工都有机会接受高质量岗前职业技能培训；力争使企业技能岗位转岗员工都有机会接受转岗转业就业储备性技能培训，达到“转岗即能顶岗”。以企业新型学徒制培训为引领，促进企业技能人才培养，不断提升企业技术创新能力和企业竞争力。

四、主要内容

（一）培养对象和培养模式。以至少签订 1 年以上劳动合同的技能岗位新招用和转岗等人员为主要培养对象，企业可结合生产实际自主确定培养对象。发挥企业培养主体作用，培养和评价“双结合”，企业实训基地和院校培训基地“双基地”，企业导师和院校导师“双导师”培养模式，大型企业可依托本企业培训中心等采取“师带徒”的方式，开展企业新型学徒制培养工作。

（二）培养目标和主要方式。学徒培养目标以符合企业岗位需求的中级工、高级工及技师、高级技师为主。培养期限为 1–2 年，特殊情况可延长到 3 年。各类企业特别是规模以上企业可结合实际需求和学徒职业发展、技能提升意愿，采用举办培训班、集训班等形式，采取弹性学制和学分制等管理手段，按照“一班一方案”开展学徒培训。中小微企业培训人员较少的情况，可由地方工商联及所属商会，会同当地人力资源社会保障部门根据培训职业，统一协调和集中多个中小微企业人员开展培训。

（三）培养内容。根据产业转型升级和高质量发展要求，紧扣制造强国、质量强国、数字中国建设之急需和企业未来技能需求，依据国家职业技能标准和行业、企业培训评价规范开展相应职业（工种）培训，积极应用“互联网+”、职业培训包等培训模式。加大企业生产岗位技能、数字技能、绿色技能、安全生产技能和职业道德、职业素养、工匠精神、质量意识、法律常识、创业创新、健康卫生等方面培训力度。

（四）培养主体职责。企业新型学徒培养的主要职责由所在企业承担。企业应与学徒签订培养协议，明确培训目标、培训内容与期限、质量考核标准等内容。同一批次同类职业（工种）可签订集体培养协议。企业委托培训机构承担学徒的部分培训任务，应与培训机构签订合作协议，明确培训的方式、内容、期限、费用、双方责任等具体内容，保证学徒在企业工作的同时，能够到培训机构参加系统的、有针对性的专业知识学习和相关技能训练。

五、激励机制

（一）完善经费补贴政策。对开展学徒培训的企业按规定给予职业培训补贴，补贴资金从职业技能提升行动专账资金或就业补助资金列支。补贴标准由各市（地）以上人力资源社会保障部门会同财政部门确定，学徒每人每年的补贴标准原则上 5000 元以上，补贴期限按照实际培训期限（不超过备案期限）计算，可结合经济发展、培训成本、物价指数等情况定期调整。企业在开展学徒培训前将有关材料报所在地人力资源社会保障部门备案，备案材料应包括培训计划、学徒名册、劳动合同复印件及其他相关材料（具体清单由所在地人力资源社会保障部门自行制定），经审核后列入学徒培训计划，并按规定向企业预支补贴资金。培训任务完成后，应向所在地人力资源社会保障部门及时提交职业资格证书（或职业技能等级证书、培训合格证书、毕业证书）编号或证书复印件、培训视频材料、培训机构出具的行政事业性收费票据（或税务发票）等符合财务管理规定的凭证，由相关部门按照符合补贴申领条件的人员数量，及时拨付其余补贴资金。企业可按照学徒社保缴纳地或就业所在地申领职业培训补贴。

（二）健全企业保障机制。学徒在学习培训期间，企业应当按照劳动合同法的规定支付工资，且工资不得低于企业所在地最低工资标准。企业按照与培训机构签订的合作协议约定，向培训机构支付学徒培训费用，所需资金从企业职工教育经费列支；符合有关政策规定的，由政府提供职业培训和职业技能鉴定补贴。承担带徒任务的企业导师享受导师带徒津贴，津贴标准由企业确定，津贴由企业承担。企业对学徒开展在岗培训、业务研修等企业内部发生的费用，符合有关政策规定的，可从企业职工教育经费中列支。

（三）建立奖励激励机制。充分发挥中华技能大奖获得者、全国技术能手、劳动模范、大国工匠等技能人才传帮带优势，充分利用技能大师（专家）工作室、劳模和工匠人才创新工作室等技能人才培养阵地，鼓励“名师带高徒”、“师徒结对子”，激发师徒主动性和积极性。鼓励企业建立学徒奖学金、师带徒津贴（授课费、课时费），制定职业技术技能等级认定优惠政策，畅通企业间流通渠道。

六、保障措施

（一）加强组织领导。各级人力资源社会保障部门、财政部门、国资监管部门、工会以及工商联要进一步提高认识，增强责任感和紧迫感，把全面推行企业新型学徒制培训作为实施职业技能提升行动、加强高技能人才培养的重要内容，认真组织实施。要建立密切配合、协同推进的工作机制，加强组织领导，全面推动实施。国资监管部门、工商联要以重点行业、重要领域和规模以上企业为着力点，大力推行企业新型学徒制培训。

（二）协调推动实施。企业按属地管理原则纳入当地工作范畴，享受当地政策。各级人力资源社会保障部门要建立与企业的联系制度，做好工作指导。要主动对接属地中央企业，做好资金、政策的落实以及服务保障工作。要加大工作力度，加强工作力量，做好对各类企业特别是中小微企业新型学徒培训的管理服务工作。各企业要加强组织实施，建立人事（劳资）部门牵头，生产、安全、财务、工会等有关部门密切配合、协同推进的工作机制，制定工作方案，认真规划、扎实组织、全面推动。各技工院校要积极参加企业新型学徒培养工作，并将其作为校企合作的重要内容。

（三）加强考核评价。鼓励企业职工人人持证，推动企业全面自主开展技能人才评价，并将参加新型学徒制培训的人员纳入其中。指导企业将学徒技能评价融入日常企业生产活动过程中，灵活运用过程化考核、模块化考核和业绩评审、直接认定等多种方式，对学徒进行职业技能等级认定，加大学徒高级工、技师、高级技师评价工作。加大社会培训评价机构和行业组织的征集遴选力度，注重发挥工商联所属商会作用，大力推行社会化职业技能等级认定。

（四）加强宣传动员。广泛动员企业、院校、培训机构和职工积极参与学徒制培训，扩大企业新型学徒制影响力和覆盖面。强化典型示范，突出导向作用，大力宣传推行企业新型学徒制的典型经验和良好成效，努力营造全社会关心尊重技能人才、重视支持企业职工培训工作的良好社会氛围。

第九条 总工会对外交往方针和原则

中华全国总工会根据独立、平等、互相尊重、互不干涉内部事务的原则，加强同各国工会组织的友好合作关系。

第二章　工 会 组 织

第十条　工会组织原则

工会各级组织按照民主集中制原则建立。

各级工会委员会由会员大会或者会员代表大会民主选举产生。企业主要负责人的近亲属不得作为本企业基层工会委员会成员的人选。

各级工会委员会向同级会员大会或者会员代表大会负责并报告工作，接受其监督。

工会会员大会或者会员代表大会有权撤换或者罢免其所选举的代表或者工会委员会组成人员。

上级工会组织领导下级工会组织。

● 法　律

1. **《工会法》**（2021 年 12 月 24 日）

第 12 条　基层工会、地方各级总工会、全国或者地方产业工会组织的建立，必须报上一级工会批准。

上级工会可以派员帮助和指导企业职工组建工会，任何单位和个人不得阻挠。

● 其他规范性文件

2. **《企业工会工作条例》**（2006 年 12 月 11 日）

第 5 条　企业工会在本企业党组织和上级工会的领导下，依照法律和工会章程独立自主地开展工作，密切联系职工群众，关心职工群众生产生活，热忱为职工群众服务，努力建设成为组织健全、维权到位、工作活跃、作用明显、职工信赖的职工之家。

第 8 条　会员大会或会员代表大会是企业工会的权力机关，

每年召开一至两次会议。经企业工会委员会或三分之一以上会员提议可临时召开会议。

会员代表大会的代表由会员民主选举产生，会员代表实行常任制，任期与企业本届工会委员会相同，可连选连任。

会员在一百人以下的企业工会应召开会员大会。

第 11 条 企业工会委员会由会员大会或会员代表大会差额选举产生，选举结果报上一级工会批准，每届任期三年或者五年。

大型企业工会经上级工会批准，可设立常务委员会，负责工会委员会的日常工作，其下属单位可建立工会委员会。

第 12 条 企业工会委员会是会员大会或会员代表大会的常设机构，对会员大会或会员代表大会负责，接受会员监督。在会员大会或会员代表大会闭会期间，负责日常工作。

第 14 条 企业工会委员会实行民主集中制，重要问题须经集体讨论作出决定。

第十一条 各级工会组织的建立

用人单位有会员二十五人以上的，应当建立基层工会委员会；不足二十五人的，可以单独建立基层工会委员会，也可以由两个以上单位的会员联合建立基层工会委员会，也可以选举组织员一人，组织会员开展活动。女职工人数较多的，可以建立工会女职工委员会，在同级工会领导下开展工作；女职工人数较少的，可以在工会委员会中设女职工委员。

企业职工较多的乡镇、城市街道，可以建立基层工会的联合会。

县级以上地方建立地方各级总工会。

同一行业或者性质相近的几个行业，可以根据需要建立全国的或者地方的产业工会。

全国建立统一的中华全国总工会。

● 法律

1. **《妇女权益保障法》**（2022 年 10 月 30 日）

第 6 条 中华全国妇女联合会和地方各级妇女联合会依照法律和中华全国妇女联合会章程，代表和维护各族各界妇女的利益，做好维护妇女权益、促进男女平等和妇女全面发展的工作。

工会、共产主义青年团、残疾人联合会等群团组织应当在各自的工作范围内，做好维护妇女权益的工作。

● 其他规范性文件

2. **《企业工会工作条例》**（2006 年 12 月 11 日）

第 6 条 企业工会依法组织职工加入工会，维护职工参加工会的权利。

第 7 条 会员二十五人以上的企业建立工会委员会；不足二十五人的可以单独建立工会委员会，也可以由两个以上企业的会员按地域或行业联合建立基层工会委员会。同时按有关规定建立工会经费审查委员会、工会女职工委员会。

企业工会具备法人条件的，依法取得社会团体法人资格，工会主席是法定代表人。

企业工会受法律保护，任何组织和个人不得随意撤销或将工会工作机构合并、归属到其他部门。

企业改制须同时建立健全工会组织。

第 42 条 企业工会有女会员十名以上的，应建立工会女职工委员会，不足十名的应设女职工委员。

女职工委员会在企业工会委员会领导和上一级工会女职工委员会指导下开展工作。

女职工委员会主任由企业工会女主席或副主席担任。企业工会没有女主席或副主席的，由符合相应条件的工会女职工委员担任，享受同级工会副主席待遇。

女职工委员会委员任期与同级工会委员会委员相同。

第43条 女职工委员会依法维护女职工的合法权益，重点是女职工经期、孕期、产期、哺乳期保护，禁忌劳动、卫生保健、生育保险等特殊利益。

第44条 女职工委员会定期研究涉及女职工特殊权益问题，向企业工会委员会和上级女职工委员会报告工作，重要问题应提交企业职工代表大会或职工大会审议。

第45条 企业工会应为女职工委员会开展工作与活动提供必要的经费。

3.《工会基层组织选举工作条例》（2016年10月9日　总工发〔2016〕27号）

第一章　总　　则

第1条 为规范工会基层组织选举工作，加强基层工会建设，发挥基层工会作用，根据《中华人民共和国工会法》《中国工会章程》等有关规定，制定本条例。

第2条 本条例适用于企业、事业单位、机关和其他社会组织单独或联合建立的基层工会委员会。

第3条 基层工会委员会由会员大会或会员代表大会选举产生。工会委员会的主席、副主席，可以由会员大会或会员代表大会直接选举产生，也可以由工会委员会选举产生。

第4条 工会会员享有选举权、被选举权和表决权。保留会籍的人员除外。

第5条 选举工作应坚持党的领导，坚持民主集中制，遵循依法规范、公开公正的原则，尊重和保障会员的民主权利，体现选举人的意志。

第6条 选举工作在同级党组织和上一级工会领导下进行。未建立党组织的在上一级工会领导下进行。

第7条 基层工会委员会换届选举的筹备工作由上届工会委

员会负责。

新建立的基层工会组织选举筹备工作由工会筹备组负责。筹备组成员由同级党组织代表和职工代表组成，根据工作需要，上级工会可以派人参加。

第二章　委员和常务委员名额

第 8 条　基层工会委员会委员名额，按会员人数确定：

不足 25 人，设委员 3 至 5 人，也可以设主席或组织员 1 人；

25 人至 200 人，设委员 3 至 7 人；

201 人至 1000 人，设委员 7 至 15 人；

1001 人至 5000 人，设委员 15 至 21 人；

5001 人至 10000 人，设委员 21 至 29 人；

10001 人至 50000 人，设委员 29 至 37 人；

50001 人以上，设委员 37 至 45 人。

第 9 条　大型企事业单位基层工会委员会，经上一级工会批准，可以设常务委员会，常务委员会由 9 至 11 人组成。

第三章　候选人的提出

第 10 条　基层工会委员会的委员、常务委员会委员和主席、副主席的选举均应设候选人。候选人应信念坚定、为民服务、勤政务实、敢于担当、清正廉洁，热爱工会工作，受到职工信赖。

基层工会委员会委员候选人中应有适当比例的劳模（先进工作者）、一线职工和女职工代表。

第 11 条　单位行政主要负责人、法定代表人、合伙人以及他们的近亲属不得作为本单位工会委员会委员、常务委员会委员和主席、副主席候选人。

第 12 条　基层工会委员会的委员候选人，应经会员充分酝酿讨论，一般以工会分会或工会小组为单位推荐。由上届工会委员会或工会筹备组根据多数工会分会或工会小组的意见，提出候选人建议名单，报经同级党组织和上一级工会审查同意后，提交会员大会或会员代表大会表决通过。

第13条　基层工会委员会的常务委员会委员、主席、副主席候选人，可以由上届工会委员会或工会筹备组根据多数工会分会或工会小组的意见提出建议名单，报经同级党组织和上一级工会审查同意后提出；也可以由同级党组织与上一级工会协商提出建议名单，经工会分会或工会小组酝酿讨论后，由上届工会委员会或工会筹备组根据多数工会分会或工会小组的意见，报经同级党组织和上一级工会审查同意后提出。

根据工作需要，经上一级工会与基层工会和同级党组织协商同意，上一级工会可以向基层工会推荐本单位以外人员作为工会主席、副主席候选人。

第14条　基层工会委员会的主席、副主席，在任职一年内应按规定参加岗位任职资格培训。凡无正当理由未按规定参加岗位任职资格培训的，一般不再提名为下届主席、副主席候选人。

第四章　选举的实施

第15条　基层工会组织实施选举前应向同级党组织和上一级工会报告，制定选举工作方案和选举办法。

基层工会委员会委员候选人建议名单应进行公示，公示期不少于5个工作日。

第16条　会员不足100人的基层工会组织，应召开会员大会进行选举；会员100人以上的基层工会组织，应召开会员大会或会员代表大会进行选举。

召开会员代表大会进行选举的，按照有关规定由会员民主选举产生会员代表。

第17条　参加选举的人数为应到会人数的三分之二以上时，方可进行选举。

基层工会委员会委员和常务委员会委员应差额选举产生，可以直接采用候选人数多于应选人数的差额选举办法进行正式选举，也可以先采用差额选举办法进行预选产生候选人名单，然后进行正式选举。委员会委员和常务委员会委员的差额率分别不低于5%和10%。常务委员会委员应从新当选的工会委员会委员中产生。

第18条 基层工会主席、副主席可以等额选举产生，也可以差额选举产生。主席、副主席应从新当选的工会委员会委员中产生，设立常务委员会的应从新当选的常务委员会委员中产生。

第19条 基层工会主席、副主席由会员大会或会员代表大会直接选举产生的，一般在经营管理正常、劳动关系和谐、职工队伍稳定的中小企事业单位进行。

第20条 召开会员大会进行选举时，由上届工会委员会或工会筹备组主持；不设委员会的基层工会组织进行选举时，由上届工会主席或组织员主持。

召开会员代表大会进行选举时，可以由大会主席团主持，也可以由上届工会委员会或工会筹备组主持。大会主席团成员由上届工会委员会或工会筹备组根据各代表团（组）的意见，提出建议名单，提交代表大会预备会议表决通过。

召开基层工会委员会第一次全体会议选举常务委员会委员、主席、副主席时，由上届工会委员会或工会筹备组或大会主席团推荐一名新当选的工会委员会委员主持。

第21条 选举前，上届工会委员会或工会筹备组或大会主席团应将候选人的名单、简历及有关情况向选举人介绍。

第22条 选举设监票人，负责对选举全过程进行监督。

召开会员大会或会员代表大会选举时，监票人由全体会员或会员代表、各代表团（组）从不是候选人的会员或会员代表中推选，经会员大会或会员代表大会表决通过。

召开工会委员会第一次全体会议选举时，监票人从不是常务委员会委员、主席、副主席候选人的委员中推选，经全体委员会议表决通过。

第 23 条　选举采用无记名投票方式。不能出席会议的选举人，不得委托他人代为投票。

选票上候选人的名单按姓氏笔画为序排列。

第 24 条　选举人可以投赞成票或不赞成票，也可以投弃权票。投不赞成票者可以另选他人。

第 25 条　会员或会员代表在选举期间，如不能离开生产、工作岗位，在监票人的监督下，可以在选举单位设立的流动票箱投票。

第 26 条　投票结束后，在监票人的监督下，当场清点选票，进行计票。

选举收回的选票，等于或少于发出选票的，选举有效；多于发出选票的，选举无效，应重新选举。

每张选票所选人数等于或少于规定应选人数的为有效票，多于规定应选人数的为无效票。

第 27 条　被选举人获得应到会人数的过半数赞成票时，始得当选。

获得过半数赞成票的被选举人人数超过应选名额时，得赞成票多的当选。如遇赞成票数相等不能确定当选人时，应就票数相等的被选举人再次投票，得赞成票多的当选。

当选人数少于应选名额时，对不足的名额可以另行选举。如果接近应选名额且符合第八条规定，也可以由大会征得多数会员或会员代表的同意减少名额，不再进行选举。

第 28 条　大会主持人应当场宣布选举结果及选举是否有效。

第 29 条　基层工会委员会、常务委员会和主席、副主席的选举结果，报上一级工会批准。上一级工会自接到报告 15 日内应予批复。违反规定程序选举的，上一级工会不得批准，应重新选举。

基层工会委员会的任期自选举之日起计算。

第五章　任期、调动、罢免和补选

第30条　基层工会委员会每届任期三年或五年，具体任期由会员大会或会员代表大会决定。经选举产生的工会委员会委员、常务委员会委员和主席、副主席可连选连任。基层工会委员会任期届满，应按期换届选举。遇有特殊情况，经上一级工会批准，可以提前或延期换届，延期时间一般不超过半年。

上一级工会负责督促指导基层工会组织按期换届。

第31条　基层工会主席、副主席任期未满时，不得随意调动其工作。因工作需要调动时，应征得本级工会委员会和上一级工会的同意。

第32条　经会员大会或会员代表大会民主测评和上级工会与同级党组织考察，需撤换或罢免工会委员会委员、常务委员会委员和主席、副主席时，须依法召开会员大会或会员代表大会讨论，非经会员大会全体会员或会员代表大会全体代表无记名投票过半数通过，不得撤换或罢免。

第33条　基层工会主席因工作调动或其他原因空缺时，应及时按照相应民主程序进行补选。

补选主席，如候选人是委员的，可以由工会委员会选举产生，也可以由会员大会或会员代表大会选举产生；如候选人不是委员的，可以经会员大会或会员代表大会补选为委员后，由工会委员会选举产生，也可以由会员大会或会员代表大会选举产生。

补选主席的任期为本届工会委员会尚未履行的期限。

补选主席前征得同级党组织和上一级工会的同意，可暂由一名副主席或委员主持工作，期限一般不超过半年。

第六章　经费审查委员会

第34条　凡建立一级工会财务管理的基层工会组织，应在选举基层工会委员会的同时，选举产生经费审查委员会。

第35条　基层工会经费审查委员会委员名额一般3至11人。经费审查委员会设主任1人，可根据工作需要设副主任1人。

基层工会的主席、分管财务和资产的副主席、财务和资产管理部门的人员，不得担任同级工会经费审查委员会委员。

第36条　基层工会经费审查委员会由会员大会或会员代表大会选举产生。主任、副主任可以由经费审查委员会全体会议选举产生，也可以由会员大会或会员代表大会选举产生。

第37条　基层工会经费审查委员会的选举结果，与基层工会委员会选举结果同时报上一级工会批准。

基层工会经费审查委员会的任期与基层工会委员会相同。

第七章　女职工委员会

第38条　基层工会组织有女会员10人以上的建立女职工委员会，不足10人的设女职工委员。女职工委员会与基层工会委员会同时建立。

第39条　基层工会女职工委员会委员由同级工会委员会提名，在充分协商的基础上产生，也可召开女职工大会或女职工代表大会选举产生。

第40条　基层工会女职工委员会主任由同级工会女主席或女副主席担任，也可经民主协商，按照相应条件配备女职工委员会主任。女职工委员会主任应提名为同级工会委员会或常务委员会委员候选人。基层工会女职工委员会主任、副主任名单，与工会委员会选举结果同时报上一级工会批准。

第八章　附　　则

第41条　乡镇（街道）、开发区（工业园区）、村（社区）建立的工会委员会，县级以下建立的区域（行业）工会联合会如进行选举的，参照本条例执行。

第42条　本条例由中华全国总工会负责解释。

第43条　本条例自发布之日起施行，以往有关规定与本条例不一致的，以本条例为准。1992 年 5 月 18 日全国总工会办公厅印发的《工会基层组织选举工作暂行条例》同时废止。

4.《工会女职工委员会工作条例》（2019 年 3 月 20 日　总工发〔2019〕11 号）

第一章　总　　则

第 1 条　为加强工会女职工委员会组织建设和工会女职工工作，根据《中华人民共和国工会法》和《中国工会章程》的有关规定，制定本条例。

第 2 条　工会女职工委员会是在同级工会委员会领导下和上一级工会女职工委员会指导下的女职工组织，根据女职工的特点和意愿开展工作。

第 3 条　工会女职工委员会以马克思列宁主义、毛泽东思想、邓小平理论、“三个代表”重要思想、科学发展观、习近平新时代中国特色社会主义思想为指导，坚持自觉接受党的领导，保持和增强政治性、先进性、群众性，坚定不移走中国特色社会主义工会发展道路，推动男女平等基本国策的贯彻落实，依法表达和维护女职工的合法权益和特殊利益、竭诚服务女职工。

第二章　基本任务

第 4 条　加强思想政治引领，组织女职工认真学习习近平新时代中国特色社会主义思想，开展理想信念教育，承担团结引导女职工听党话、跟党走的政治责任。教育女职工践行社会主义核心价值观，树立自尊、自信、自立、自强精神，不断提高思想道德素质、科学文化素质、技术技能素质和身心健康素质，建设有理想、有道德、有文化、有纪律的女职工队伍。

第 5 条　按照“五位一体”总体布局和“四个全面”战略布局要求，践行新发展理念，把握为实现中华民族伟大复兴的中国梦而奋斗的工人运动时代主题，弘扬劳模精神、劳动精神、工匠精神，动员和组织广大女职工在改革发展稳定第一线建功立业。

第 6 条　依法维护女职工在政治、经济、文化、社会和家庭等方面的合法权益和特殊利益，同一切歧视、虐待、摧残、迫害女职工的行为作斗争。

第 7 条　参与有关保护女职工权益的法律、法规、规章、政策的制定和完善，监督、协助有关部门贯彻实施。代表和组织女职工依法依规参加本单位的民主管理和民主监督。参与平等协商、签订集体合同和女职工权益保护等专项集体合同工作，并参与监督执行。指导和帮助女职工与用人单位签订并履行劳动合同。参与涉及女职工特殊利益的劳动关系协调和劳动争议调解，及时反映侵害女职工权益问题，督促和参与侵权案件的调查处理。做好对女职工的关爱服务，加强对困难女职工的帮扶救助。

第 8 条　开展家庭文明建设工作，围绕尊老爱幼、男女平等、夫妻和睦、勤俭持家、邻里团结等内容，充分发挥女职工在弘扬中华民族家庭美德、树立良好家风方面的独特作用。

第 9 条　推动营造有利于女职工全面发展的社会环境，发现、培养、宣传和推荐优秀女性人才，组织开展五一巾帼奖等评选表彰。

第 10 条　会同工会有关部门和社会有关方面共同做好女职工工作。在有关方面研究决定涉及女职工利益问题时，积极提出意见建议。

第 11 条　与国际组织开展交流活动，为促进妇女事业发展作出贡献。

第三章　组织制度

第 12 条　各级工会建立女职工委员会。女职工委员会与工会委员会同时建立。企业、事业单位、机关和其他社会组织等工会基层委员会有女会员十人以上的建立女职工委员会，不足十人的设女职工委员。基层工会女职工委员会主任、副主任与工会委员会同时报上级工会审批。

第 13 条　省、自治区、直辖市、地（市、州）总工会女职工委员会，实行垂直领导的产业工会女职工委员会，大型企业、事业单位、机关和其他社会组织等工会女职工委员会应设立办公室（女职工部），负责女职工委员会的日常工作；县级、乡镇（街道）、村（社区）工会和中、小企事业单位、机关等工会女职工委员会根据工作需要设专职或兼职工作人员，也可以设立办公室（女职工部）。

第 14 条　女职工委员会委员由同级工会委员会提名，在充分协商的基础上产生，也可召开女职工大会或女职工代表大会选举产生。注重提高女劳动模范、一线女职工和基层工会女职工工作者在工会女职工委员会委员中的比例。县以上工会女职工委员会根据工作需要可聘请顾问若干人。

第 15 条　县以上工会女职工委员会常务委员会由主任一人、副主任若干人、常委若干人组成。

第 16 条　在工会代表大会、职工代表大会、教职工代表大会中，女职工代表的比例应与女职工占职工总数的比例相适应。

第 17 条　工会女职工委员会是县以上妇联的团体会员，通过县以上地方工会接受妇联的业务指导。

第四章　干　　部

第 18 条　女职工委员会主任由同级工会女主席或女副主席担任，也可经民主协商，按照相应条件配备，享受同级工会副主席待遇。女职工委员会主任应提名为同级工会委员会或常务委员会委员候选人。

第 19 条　女职工 200 人以上的企业、事业单位工会女职工委员会，应配备专职女职工工作干部。

第 20 条　女职工委员会委员任期与同级工会委员会委员任期相同。在任期内，由于委员的工作变动等原因需要调整时，由工会女职工委员会提出相应的替补、增补人选，经同级工会委员会审议通过予以替补、增补，并报上级工会女职工委员会备案。

第21条 各级工会女职工委员会要按照革命化、年轻化、知识化、专业化的要求和德才兼备、以德为先、任人唯贤的原则，努力建设一支政治坚定、业务扎实、作风过硬、廉洁自律、热爱女职工工作，深受女职工信赖的干部队伍。

第22条 各级工会女职工委员会要加强对女干部的培养，重视培训工作，提高女干部队伍的整体素质。

第五章 工作制度

第23条 女职工委员会实行民主集中制。凡属重大问题，要广泛听取女职工意见，由委员会或常务委员会进行充分的民主讨论后作出决定。

第24条 女职工委员会根据工作需要制定有关制度。每年召开一至二次常务委员会和委员会会议，也可临时召开会议。

第25条 工会女职工委员会要定期向同级工会委员会和上级工会女职工委员会报告工作。

第26条 县以上各级工会女职工委员会要把工作重心放在基层，增强基层女职工组织的活力，为广大女职工服务。

第六章 经　费

第27条 各级工会要为工会女职工委员会开展工作与活动提供必要的经费，所需经费应列入同级工会的经费预算。

第七章 附　则

第28条 各地方工会女职工委员会可根据本条例制定实施细则。

第29条 本条例由中华全国总工会女职工委员会负责解释。

5.**《中华全国总工会关于加强和规范区域性、行业性工会联合会建设的意见》**（2020年1月15日）

为进一步加强和规范区域性、行业性工会联合会建设，充分发挥区域性、行业性工会联合会作用，深入推进新时代工会工作创新发展，根据《工会法》及《中国工会章程》等有关规定，结合工会基层组织建设实际，提出如下意见。

一、加强和规范区域性、行业性工会联合会建设的重要意义和总体要求

（一）区域性、行业性工会联合会是基层工会的一种组织形式，是由若干个单位在各自成立基层工会组织（基层工会委员会、联合基层工会委员会或基层工会联合会）的基础上，在一定的区域或行业范围内，按照联合制、代表制原则建立的区域性、行业性的基层工会的联合体。

（二）区域性、行业性工会联合会是近年来各级工会在扩大组织覆盖、扩大工作覆盖探索实践中形成的一种有效形式。实践证明，加强区域性、行业性工会联合会建设，对于基层工会组织围绕中心服务大局、促进区域、行业经济持续健康发展，参与基层社会治理、积极发挥作用，加强维权服务、构建和谐劳动关系，树立以职工为中心的工作导向、夯实工会基层基础，确保职工队伍和工会组织团结统一具有重要意义。

（三）加强和规范区域性、行业性工会联合会建设，要深入学习贯彻习近平总书记关于工人阶级和工会工作的重要论述特别是关于加强工会基层组织建设的重要指示精神，聚焦保持和增强政治性、先进性、群众性，坚持正确政治方向，在党组织领导、政府支持下，通过党建带工建等机制方法有序有力推进；坚持依法依规，做到依法建会、依法管会、依法履职、依法维权，健全完善制度，严格落实制度；坚持产业和地方相结合的工会组织领导原则，着眼组织健全、职责明确、关系顺畅的目标，推动形成自下而上、工作贯通、覆盖不同所有制企业和相关社会组织的组织体系；坚持从实际出发，积极稳妥推进，立足区域、行业所辖基层单位的分布、数量以及职工人数等实际，按照规模适度、便

于管理、科学合理的原则进行组建，并确定覆盖范围。

二、区域性、行业性工会联合会的建立

（四）区域性、行业性工会联合会一般建立在县（市、区、旗）及以下范围内。城市工会可根据本地区域、行业发展情况，从实际出发，探索在市级建立行业性工会联合会。

（五）建立区域性、行业性工会联合会，必须坚持在同级党组织和上一级工会的领导下进行。上级工会及时有效跟踪指导服务，严把组建前置环节，严格规范组建程序，积极稳妥推进组建工作。在广泛征求各方面意见特别是覆盖单位意见，进行充分酝酿协商的基础上，经同级党组织同意并报上一级工会批准后成立工会筹备组。筹备组依法依规做好筹备工作。未建立党组织的，在上一级工会领导下进行。

（六）区域性、行业性工会联合会委员会按照联合制、代表制的原则建立。坚持广泛性和代表性，委员由本区域或行业内所覆盖基层工会的主席和适当比例的有关方面代表等组成，所覆盖基层工会数量较多的，区域性、行业性工会联合会委员会委员可以由所覆盖基层工会主席民主推选代表担任；根据工作需要，可吸收政府有关部门代表参加。

（七）区域性、行业性工会联合会委员会的产生适用《工会基层组织选举工作条例》《基层工会会员代表大会条例》等规定。担任区域性、行业性工会联合会主席、副主席职务，必须履行民主程序。区域性、行业性工会联合会主席、副主席可以由全体委员选举产生，也可以由区域性、行业性工会联合会所覆盖基层工会联合组成会员（代表）大会选举产生。区域、行业内的基层单位行政主要负责人不得作为区域性、行业性工会联合会委员会委员人选，行业协会（商会）会长、副会长等不得担任区域性、行业性工会联合会主席、副主席。上级工会派出的工会干部、社会化工会工作者或者区域、行业龙头骨干企业工会主席、社区工作者等可以作为区域性、行业性工会联合会主席、副主席人选。区域性、行业性工会联合会主席、副主席可以专职，也可以兼职，其任期与区域性、行业性工会联合会委员会相同。

（八）区域性、行业性工会联合会委员会委员实行替补、增补制。区域性、行业性工会联合会委员会委员，当其不再担任原工会组织的主要负责人时，其委员职务由其原单位工会新当选的主要负责人经履行民主程序后予以替补。新覆盖基层工会的主要负责人，经履行民主程序，可以增补为区域性、行业性工会联合会委员会委员。

（九）区域性、行业性工会联合会可结合区域、行业实际，制定工会联合会组织办法等。区域性、行业性工会联合会委员会每届任期三年至五年，任期届满应按时换届。特殊情况需提前或延期换届的，应报上一级工会批准。

（十）建立区域性、行业性工会联合会，原则上所覆盖基层工会的组织领导关系、经费拨缴关系和会员会籍关系保持不变。确需调整的，须经县级以上地方工会批准。

（十一）区域性、行业性工会联合会所覆盖区域、行业内的基层单位，应当分别单独建立基层工会组织（基层工会委员会、联合基层工会委员会或基层工会联合会）。

（十二）区域性、行业性工会联合会的名称应根据区域、行业、单位等情况确定，一般为“××（行政区划名称）+××（区域或行业名称）+工会联合会”，不能以职业名称或基层工会名称等作为区域性、行业性工会联合会的名称。

（十三）具备条件的区域性、行业性工会联合会，要在上级工会的指导下，及时登记取得社团法人资格，开设独立工会经费账户。

（十四）独立管理经费的区域性、行业性工会联合会，应同时成立工会经费审查委员会。区域性、行业性工会联合会所覆盖基层工会女职工较多的，建立女职工委员会，在工会联合会委员会领导下开展工作。

（十五）建立区域性、行业性工会联合会的，应采取有效措施，逐步实现对区域、行业内的基层工会以及不具备单独建会条件的小微企业和零散就业人员全覆盖。实际履行联合会职能但不规范的，应在上级工会指导下，按照联合制、代表制原则，逐步规范为工会联合会。

三、区域性、行业性工会联合会的主要职责任务

（十六）加强对职工的思想政治引领，承担团结引导职工群众听党话、跟党走的政治责任，推动习近平新时代中国特色社会主义思想进社区、进企业、进车间，深化理想信念教育，教育职工践行社会主义核心价值观，恪守社会公德、职业道德、家庭美德、个人品德，遵守劳动纪律。

（十七）在同级党组织和上级工会的领导下，推动和指导区域、行业内基层单位的工会组建、发展会员等工作，夯实工会基层基础。承担本区域、行业职工代表大会工作机构的职责。

（十八）大力弘扬劳模精神、劳动精神、工匠精神，组织开展具有区域特点、行业特色的劳动和技能竞赛、经济技术创新等活动，建设知识型、技能型、创新型的高素质职工队伍。

（十九）代表和组织职工依照法律规定，通过职工代表大会或其他形式参与本区域、行业民主管理和民主监督。调查研究和反映本区域、行业中涉及职工切身利益的重大问题。

（二十）参与制订本区域、本行业涉及劳动和职工权益的政策、标准等。积极推进区域、行业集体协商，推动建立区域、行业集体合同制度。

（二十一）参与协调劳动关系和调解劳动争议，协商解决涉及职工切身利益问题，为所覆盖区域、行业的基层工会和职工提

供法律服务和法律援助。

（二十二）突出行业特色、区域特点、职工需求，强化服务意识、健全服务体系、建立服务机制，精准化、精细化开展服务工作。

四、区域性、行业性工会联合会的工作保障

（二十三）加强区域性、行业性工会联合会工作经费保障，建立区域性、行业性工会联合会建设专项经费，并列入本级工会年度预算，保障工会联合会正常运转。各地工会结合实际，可建立项目补贴办法，实行一事一补。区域性、行业性工会联合会可以争取行政支持，也可在所覆盖基层工会自愿的基础上，由基层工会按照一定比例承担部分工作经费。上级工会要加强对区域性、行业性工会联合会经费使用的指导监督。区域性、行业性工会联合会的经费要做到专款专用。

（二十四）加强区域性、行业性工会联合会办公场地、活动场所、服务阵地建设，根据《基层工会经费收支管理办法》等有关规定，争取多方面、多渠道为区域性、行业性工会联合会办公和开展活动提供必要的设施和活动场所等。

（二十五）各地工会可结合实际，建立区域性、行业性工会联合会工会干部日常性工作补贴制度，对非国家工作人员担任的工会主席、副主席及其他工会干部，可给予适当的工作补贴。

五、加强对区域性、行业性工会联合会建设的领导

（二十六）充分认识加强和规范区域性、行业性工会联合会建设的紧迫性和必要性，把加强对区域性、行业性工会联合会建设摆上重要位置，加强统筹协调、形成工作合力，解决好区域性、行业性工会联合会规范和建设中遇到的矛盾和困难，为区域性、行业性工会联合会作用发挥创造有利条件、提供有力保障，努力把工会联合会建设成深受职工群众信赖的学习型、服务型、创新型职工之家，工会干部努力成为职工群众信赖的娘家人、贴

心人。

（二十七）积极探索符合区域性、行业性工会联合会特点的工会干部管理使用方式，拓宽来源渠道，采取专职、兼职、挂职相结合的方式，配备区域性、行业性工会联合会干部。加强教育培训，切实提高工会干部适应岗位需要的能力素质。

（二十八）加强分类指导，注重对已建立的区域性、行业性工会联合会加强规范；立足区域、行业实际，适应职工需求，指导区域性、行业性工会联合会突出工作重点，发挥优势作用。加强调查研究，及时总结推广好典型、好经验，发挥示范引领作用。加强监督检查，严格考核考评，坚持问题导向，督促整改解决，不断提升区域性、行业性工会联合会整体建设水平。

6.《中华全国总工会关于加强新时代工会女职工工作的意见》（2022年4月25日　总工发〔2022〕5号）

工会女职工工作是工会工作、妇女工作的重要组成部分。为更好地传承发扬党的工运事业和妇女事业光荣传统，主动适应新形势新任务，积极回应女职工新需求新期盼，推动新时代工会女职工工作高质量发展，现提出如下意见。

一、把握总体要求

（一）指导思想。坚持以习近平新时代中国特色社会主义思想为指导，全面贯彻党的十九大和十九届历次全会精神，深入学习贯彻习近平总书记关于工人阶级和工会工作、关于妇女工作的重要论述，坚持以人民为中心的发展思想，坚定不移走中国特色社会主义工会发展道路，贯彻落实男女平等基本国策，牢牢把握为实现中华民族伟大复兴的中国梦而奋斗的工人运动时代主题，推动实施《中国妇女发展纲要（2021—2030年）》，切实履行维权服务基本职责，团结引领广大女职工奋进新征程、建功新时代，为全面建设社会主义现代化国家、实现第二个百年奋斗目标贡献智慧和力量。

（二）基本原则。

——坚持党的领导。切实把党的意志和主张贯彻到工会女职工工作的全过程、各方面，牢牢把握工会女职工工作正确政治方向。

——坚持服务大局。把握新发展阶段，贯彻新发展理念，构建新发展格局，在全面建设社会主义现代化国家新征程中充分发挥“半边天”作用。

——坚持需求导向。坚持以职工为本，适应职工队伍深刻变化和劳动关系深刻调整，聚焦广大女职工急难愁盼问题，增强维权服务工作的针对性和实效性。

——坚持大抓基层。树立落实到基层、落实靠基层理念，加强基层工会女职工组织建设，强化上级工会与基层工会女职工组织的联系和工作指导，使基层工会女职工组织建起来、转起来、活起来。

——坚持改革创新。紧紧围绕保持和增强政治性、先进性、群众性，着力健全推动工会女职工工作创新发展的制度机制，激发工会女职工组织的内生动力。

——坚持系统观念。加强统筹谋划，广泛汇聚资源，强化保障落实，努力构建全会重视、上下联动、各方支持、合力推进的工会女职工工作格局。

二、聚焦基本职责，实现工会女职工工作水平新提升

（三）加强思想政治引领。坚持用习近平新时代中国特色社会主义思想武装女职工，不断增进广大女职工对新时代党的创新理论的政治认同、思想认同、情感认同。强化理想信念教育，深化中国特色社会主义和中国梦宣传教育，引导女职工坚定不移听党话、矢志不渝跟党走。大力弘扬劳模精神、劳动精神、工匠精神，组织开展巾帼劳模工匠论坛、宣讲等活动，进一步发挥先进典型示范引领作用。加强新时代家庭家教家风建设，倡导开展

“培育好家风——女职工在行动”主题实践活动，推动社会主义核心价值观在家庭落地生根。

（四）深化提升素质建功立业工程。贯彻落实产业工人队伍建设改革各项部署，充分发挥技能强国——全国产业工人学习社区、工匠学院等阵地作用，落实科技创新巾帼行动，加强女职工数字技能培训，培育女职工创新工作室，助力女职工成长成才。引导女职工积极参与“建功‘十四五’、奋进新征程”主题劳动和技能竞赛，广泛深入持久开展具有女职工特色的区域性、行业性劳动和技能竞赛，推动竞赛向新产业新业态新组织拓展。开展女职工先进集体和个人表彰或表扬，规范完善“五一巾帼奖”评选管理工作；在全国五一劳动奖章等评选表彰中重视并保障女职工比例。

（五）维护女职工合法权益和特殊利益。参与国家和地方有关女职工权益保护法律法规政策的研究和制定修订，推动地方出台《女职工劳动保护特别规定》实施办法。充分发挥女职工权益保护专项集体合同作用，突出民主管理、生育保护、女职工卫生费、帮助职工平衡工作和家庭责任等重点，提升协商质量和履约实效。定期开展普法宣传活动，常态化做好维权典型案例评选、联合专项执法检查、工会劳动法律监督，及时推动侵犯女职工权益案件调查处理，促进劳动关系和谐稳定，维护劳动领域政治安全。依法维护新就业形态女性劳动者劳动报酬、休息休假、劳动保护、社会保险等权益。

（六）提升女职工生活品质。落实国家生育政策及配套支持措施，支持有条件的用人单位为职工提供托育服务，推动将托育服务纳入职工之家建设和企业提升职工生活品质试点工作，推进工会爱心托管服务，加强女职工休息哺乳室建设，做好职工子女关爱服务，创建家庭友好型工作场所。高度关注女职工劳动保护和身心健康，加大女职工劳动安全卫生知识教育培训力度，推动特定行业、企业等开展女职工职业病检查；扩大宫颈癌、乳腺癌筛查受益人群和覆盖范围，加强女职工人文关怀和心理疏导工作。深化工会婚恋交友服务，教育引导职工树立正确婚恋观，开展更加符合职工需求及特点的婚恋交友活动。

三、夯实组织基础，激发工会女职工组织新活力

（七）扩大工会女职工组织覆盖。坚持以工会组织建设带动工会女职工组织建设，女职工组织与工会组织同时筹备、同时产生（或换届）、同时报批，努力实现在已建工会组织单位中女职工组织的全覆盖。着力加强产业工会、区域（行业）工会联合会以及乡镇（街道）、村（社区）、工业园区工会女职工委员会建设，建立健全工会女职工组织体系。将工会女职工组织建设工作纳入模范职工之家、劳动关系和谐企业创建以及会员评议职工之家活动等各项评比内容。

（八）加强工会女职工组织机构建设。省、自治区、直辖市，设区的市和自治州总工会，实行垂直领导的产业工会，机关、事业单位工会，根据工作需要，按照机构编制管理权限，经机构编制部门同意，设立女职工委员会办公室（女职工部）或明确女职工工作责任部门，安排专人负责女职工委员会的日常工作。县（旗）、自治县、不设区的市，乡镇（街道），村（社区），企业和其他社会组织等工会，根据工作需要安排专人负责女职工工作。企业工会女职工委员会是县或者县以上妇联的团体会员，通过县以上地方工会接受妇联的业务指导。

（九）推动工会女职工组织运行制度化规范化。落实女职工委员会向同级工会委员会和上级工会女职工委员会报告工作制度，完善工会女职工委员会委员发挥作用制度。发挥女职工工作联系点、女职工工作信息员、社会化工会工作者、工会积极分子、工会工作志愿者以及社会组织作用。完善女职工工作培训制度，将女职工工作作为工会干部教育培训的重要内容，引导工会

领导干部增强重视和支持女职工工作的意识；通过定期举办工会女职工工作干部培训班，逐步实现教育培训对专兼挂工会女职工工作干部的全覆盖。注重培育不同层面工会女职工组织先进典型，以点带面推进工会女职工工作。

四、创新工作方式，拓宽工会女职工工作新路径

（十）构建统筹协调机制。做好对内统筹，各级工会相关部门、产业工会和直属单位结合工作职能，将女职工工作纳入工作规划、年度安排、重点工作中研究部署、统筹考虑，汇聚资源力量，合力推动女职工工作。做好对外协调，积极争取人社、卫健等政府部门的支持，发挥专家智库作用，整合社会资源，延长工会女职工工作手臂；在现有体制机制不变的前提下，密切与妇联等群团组织的联系合作，凝聚强大合力，共同做好党的群众工作。

（十一）加强调查研究工作。深化对党领导下的工运事业和妇女事业重大成就及历史经验的学习研究，把握工会女职工工作规律性认识，推进理论创新和实践创新。聚焦党中央决策部署和工会重点工作，立足新时代职工队伍和劳动关系发展变化，定期开展女职工队伍状况调查和专题调研。加强调研设计，提高调研质量，及时通报、交流调研成果，加大优秀调研成果宣传力度，推动形成工作性意见、转化为政策制度。

（十二）注重品牌塑造创新。强化品牌意识，推动工会女职工工作传统特色品牌的巩固拓展和发展提升，持之以恒做优做强女职工普法宣传、女职工权益保护专项集体合同、玫瑰书香、会聚良缘、爱心托管、托育服务、女职工休息哺乳室等特色品牌，不断赋予品牌新内涵、新亮点，发挥品牌示范引领效应。结合实际及时发现培育、总结提炼基层典型经验，努力创建更多体现时代特色和地域特点的工作品牌，增强工会女职工工作的社会影响力。

（十三）用好网上工作平台。顺应数字化、信息化、智能化时代发展趋势，依托各级网上工会、智慧工会平台，探索设置符

合女职工特点和需求的女职工工作专区，打造快捷高效的女职工工作网上矩阵，提高活动参与度和服务覆盖面，使广大女职工网上网下都能找到娘家人。发挥工会网上舆论阵地和主流网络媒体作用，加强女职工网上引领和女职工工作网上宣传，营造尊重关心女职工、关注支持工会女职工工作的社会氛围。

五、强化组织实施

（十四）加强组织领导。各级工会要高度重视女职工工作，加强对女职工工作的领导，将女职工工作列入重要议事日程，纳入工会工作整体部署。每年至少召开1次党组（党委）会议专题听取女职工工作情况汇报，及时研究解决女职工工作发展中的重大问题。

（十五）加大支持保障。各级工会要赋予女职工工作更多资源手段。选优配强工会女职工工作干部。加大对工会女职工工作的经费支持和保障力度，落实《基层工会经费收支管理办法》，基层工会开展职工子女托管、托育以及“六一”儿童节慰问活动等职工子女关爱服务所需经费，可从工会经费中列支。加强正向激励，将女职工工作情况作为评优评先的重要参考。

（十六）狠抓责任落实。各级工会要强化责任担当，明确思路举措和具体分工，做到层层有责任、事事有人抓，落细落实目标任务。加强指导协调和跟踪问效，坚持一级抓一级、逐级抓落实，及时跟进工作、解决问题，推动工会女职工工作各项部署要求落地见效。

第十二条 工会组织的建立报批及帮助指导

基层工会、地方各级总工会、全国或者地方产业工会组织的建立，必须报上一级工会批准。

上级工会可以派员帮助和指导企业职工组建工会，任何单位和个人不得阻挠。

第十三条 工会组织的撤销及合并

任何组织和个人不得随意撤销、合并工会组织。

基层工会所在的用人单位终止或者被撤销，该工会组织相应撤销，并报告上一级工会。

依前款规定被撤销的工会，其会员的会籍可以继续保留，具体管理办法由中华全国总工会制定。

其他规范性文件

1.《企业工会工作条例》（2006 年 12 月 11 日）

第 7 条 会员二十五人以上的企业建立工会委员会；不足二十五人的可以单独建立工会委员会，也可以由两个以上企业的会员按地域或行业联合建立基层工会委员会。同时按有关规定建立工会经费审查委员会、工会女职工委员会。

企业工会具备法人条件的，依法取得社会团体法人资格，工会主席是法定代表人。

企业工会受法律保护，任何组织和个人不得随意撤销或将工会工作机构合并、归属到其他部门。

企业改制须同时建立健全工会组织。

2.《工会会员会籍管理办法》（2016 年 12 月 12 日）

第一章 总 则

第 1 条 为规范工会会员会籍管理工作，增强会员意识，保障会员权利，根据《中华人民共和国工会法》和《中国工会章程》等有关规定，制定本办法。

第 2 条 工会会员会籍是指工会会员资格，是职工履行入会手续后工会组织确认其为工会会员的依据。

第 3 条 工会会员会籍管理，随劳动（工作）关系流动而变动，会员劳动（工作）关系在哪里，会籍就在哪里，实行一次入会、动态接转。

第二章　会籍取得与管理

第4条　凡在中国境内的企业、事业单位、机关和其他社会组织中，以工资收入为主要生活来源或者与用人单位建立劳动关系的体力劳动者和脑力劳动者，不分民族、种族、性别、职业、宗教信仰、教育程度，承认《中国工会章程》，都可以加入工会为会员。

第5条　职工加入工会，由其本人通过口头或书面形式及通过互联网等渠道提出申请，填写《中华全国总工会入会申请书》和《工会会员登记表》，经基层工会审核批准，即为中华全国总工会会员，发给《中华全国总工会会员证》（以下简称"会员证"），享有会员权利，履行会员义务。工会会员卡（以下简称"会员卡"）也可以作为会员身份凭证。

第6条　尚未建立工会的用人单位职工，按照属地和行业就近原则，可以向上级工会提出入会申请，在上级工会的帮助指导下加入工会。用人单位建立工会后，应及时办理会员会籍接转手续。

第7条　非全日制等形式灵活就业的职工，可以申请加入所在单位工会，也可以申请加入所在地的乡镇（街道）、开发区（工业园区）、村（社区）工会和区域（行业）工会联合会等。会员会籍由上述工会管理。

第8条　农民工输出地工会开展入会宣传，启发农民工入会意识；输入地工会按照属地管理原则，广泛吸收农民工加入工会。农民工会员变更用人单位时，应及时办理会员会籍接转手续，不需重复入会。

第9条　劳务派遣工可以在劳务派遣单位加入工会，也可以在用工单位加入工会。劳务派遣单位没有建立工会的，劳务派遣工在用工单位加入工会。

在劳务派遣工会员接受派遣期间，劳务派遣单位工会可以与用工单位工会签订委托管理协议，明确双方对会员组织活动、权益维护等方面的责任与义务。

加入劳务派遣单位工会（含委托用工单位管理）的会员，其会籍由劳务派遣单位工会管理。加入用工单位工会的会员会籍由用工单位工会管理。

第 10 条 基层工会可以通过举行入会仪式、集体发放会员证或会员卡等形式，增强会员意识。

第 11 条 基层工会应建立会员档案，实行会员实名制，动态管理会员信息，保障会员信息安全。

第 12 条 会员劳动（工作）关系发生变化后，由调出单位工会填写会员证“工会组织关系接转”栏目中有关内容。会员的《工会会员登记表》随个人档案一并移交。会员以会员证或会员卡等证明其工会会员身份，新的用人单位工会应予以接转登记。

第 13 条 已经与用人单位解除劳动（工作）关系并实现再就业的会员，其会员会籍应转入新的用人单位工会。如新的用人单位尚未建立工会，其会员会籍原则上应暂时保留在会员居住地工会组织，待所在单位建立工会后，再办理会员会籍接转手续。

第 14 条 临时借调到外单位工作的会员，其会籍一般不作变动。如借调时间六个月以上，借调单位已建立工会的，可以将会员关系转到借调单位工会管理。借调期满后，会员关系转回所在单位。会员离开工作岗位进行脱产学习的，如与单位仍有劳动（工作）关系，其会员会籍不作变动。

第 15 条 联合基层工会的会员会籍接转工作，由联合基层工会负责。区域（行业）工会联合会的会员会籍接转工作，由会员所在基层工会负责。

第 16 条 各级工会分级负责本单位本地区的会员统计工作。农民工会员由输入地工会统计。劳务派遣工会员由劳务派遣单位工会统计，加入用工单位工会的由用工单位工会统计。保留会籍的人员不列入会员统计范围。

第三章　会籍保留与取消

第 17 条　会员退休（含提前退休）后，在原单位工会办理保留会籍手续。退休后再返聘参加工作的会员，保留会籍不作变动。

第 18 条　内部退养的会员，其会籍暂不作变动，待其按国家有关规定正式办理退休手续后，办理保留会籍手续。

第 19 条　会员失业的，由原用人单位办理保留会籍手续。原用人单位关闭或破产的，可将其会籍转至其居住地的乡镇（街道）或村（社区）工会。重新就业后，由其本人及时与新用人单位接转会员会籍。

第 20 条　已经加入工会的职工，在其服兵役期间保留会籍。服兵役期满，复员或转业到用人单位并建立劳动关系的，应及时办理会员会籍接转手续。

第 21 条　会员在保留会籍期间免交会费，不再享有选举权、被选举权和表决权。

第 22 条　会员有退会自由。对于要求退会的会员，工会组织应做好思想工作。对经过做思想工作仍要求退会的，由会员所在的基层工会讨论后，宣布其退会并收回其会员证或会员卡。会员没有正当理由连续六个月不交纳会费、不参加工会组织生活，经教育拒不改正，应视为自动退会。

第 23 条　对严重违法犯罪并受到刑事处分的会员，开除会籍。开除会员会籍，须经会员所在工会小组讨论提出意见，由工会基层委员会决定，并报上一级工会备案，同时收回其会员证或会员卡。

第四章　附　　则

第 24 条　本办法由中华全国总工会负责解释。

第 25 条　本办法自印发之日起施行。2000 年 9 月 11 日印发的《中华全国总工会关于加强工会会员会籍管理有关问题的暂行规定》（总工发〔2000〕18 号）同时废止。

第十四条　工会主席及专职工作人员的确立

职工二百人以上的企业、事业单位、社会组织的工会，可以设专职工会主席。工会专职工作人员的人数由工会与企业、事业单位、社会组织协商确定。

第十五条　法人资格

中华全国总工会、地方总工会、产业工会具有社会团体法人资格。

基层工会组织具备民法典规定的法人条件的，依法取得社会团体法人资格。

● 法　律

1. **《民法典》**（2020 年 5 月 28 日）

第 58 条　法人应当依法成立。

法人应当有自己的名称、组织机构、住所、财产或者经费。法人成立的具体条件和程序，依照法律、行政法规的规定。

设立法人，法律、行政法规规定须经有关机关批准的，依照其规定。

第 90 条　具备法人条件，基于会员共同意愿，为公益目的或者会员共同利益等非营利目的设立的社会团体，经依法登记成立，取得社会团体法人资格；依法不需要办理法人登记的，从成立之日起，具有社会团体法人资格。

第 91 条　设立社会团体法人应当依法制定法人章程。

社会团体法人应当设会员大会或者会员代表大会等权力机构。

社会团体法人应当设理事会等执行机构。理事长或者会长等负责人按照法人章程的规定担任法定代表人。

● 司法解释及文件

2.《最高人民法院关于在民事审判工作中适用〈中华人民共和国工会法〉若干问题的解释》（2020年12月29日　法释〔2020〕17号）

第1条　人民法院审理涉及工会组织的有关案件时，应当认定依照工会法建立的工会组织的社团法人资格。具有法人资格的工会组织依法独立享有民事权利，承担民事义务。建立工会的企业、事业单位、机关与所建工会以及工会投资兴办的企业，根据法律和司法解释的规定，应当分别承担各自的民事责任。

3.《最高人民法院关于产业工会、基层工会是否具备社会团体法人资格和工会经费集中户可否冻结划拨问题的批复》（2020年12月29日　法释〔2020〕21号）

各省、自治区、直辖市高级人民法院，解放军军事法院：

山东等省高级人民法院就审判工作中如何认定产业工会、基层工会的社会团体法人资格和对工会财产、经费查封、扣押、冻结、划拨的问题，向我院请示。经研究，批复如下：

一、根据《中华人民共和国工会法》（以下简称工会法）的规定，产业工会社会团体法人资格的取得是由工会法直接规定的，依法不需要办理法人登记。基层工会只要符合《中华人民共和国民法典》、工会法和《中国工会章程》规定的条件，报上一级工会批准成立，即具有社会团体法人资格。人民法院在审理案件中，应当严格按照法律规定的社会团体法人条件，审查基层工会社会团体法人的法律地位。产业工会、具有社会团体法人资格的基层工会与建立工会的营利法人是各自独立的法人主体。企业或企业工会对外发生的经济纠纷，各自承担民事责任。上级工会对基层工会是否具备法律规定的社会团体法人的条件审查不严或不实，应当承担与其过错相应的民事责任。

二、确定产业工会或者基层工会兴办企业的法人资格，原则上以工商登记为准；其上级工会依据有关规定进行审批是必经程序，人民法院不应以此为由冻结、划拨上级工会的经费并替欠债企业清偿债务。产业工会或基层工会投资兴办的具备法人资格的企业，如果投资不足或者抽逃资金的，应当补足投资或者在注册资金不实的范围内承担责任；如果投资全部到位，又无抽逃资金的行为，当企业负债时，应当以企业所有的或者经营管理的财产承担有限责任。

三、根据工会法的规定，工会经费包括工会会员缴纳的会费，建立工会组织的企业事业单位、机关按每月全部职工工资总额的百分之二的比例向工会拨交的经费，以及工会所属的企业、事业单位上缴的收入和人民政府的补助等。工会经费要按比例逐月向地方各级总工会和全国总工会拨交。工会的经费一经拨交，所有权随之转移。在银行独立开列的“工会经费集中户”，与企业经营资金无关，专门用于工会经费的集中与分配，不能在此账户开支费用或挪用、转移资金。因此，人民法院在审理案件中，不应将工会经费视为所在企业的财产，在企业欠债的情况下，不应冻结、划拨工会经费及“工会经费集中户”的款项。

此复

第十六条　工会委员会任期

基层工会委员会每届任期三年或者五年。各级地方总工会委员会和产业工会委员会每届任期五年。

第十七条　基层工会委员会会议的召开

基层工会委员会定期召开会员大会或者会员代表大会，讨论决定工会工作的重大问题。经基层工会委员会或者三分之一以上的工会会员提议，可以临时召开会员大会或者会员代表大会。

第十八条 工会主席、副主席工作调动限制

工会主席、副主席任期未满时，不得随意调动其工作。因工作需要调动时，应当征得本级工会委员会和上一级工会的同意。

罢免工会主席、副主席必须召开会员大会或者会员代表大会讨论，非经会员大会全体会员或者会员代表大会全体代表过半数通过，不得罢免。

法 律

1.《工会法》（2021 年 12 月 24 日）

第 52 条 违反本法规定，对依法履行职责的工会工作人员无正当理由调动工作岗位，进行打击报复的，由劳动行政部门责令改正、恢复原工作；造成损失的，给予赔偿。

对依法履行职责的工会工作人员进行侮辱、诽谤或者进行人身伤害，构成犯罪的，依法追究刑事责任；尚未构成犯罪的，由公安机关依照治安管理处罚法的规定处罚。

其他规范性文件

2.《企业工会工作条例》（2006 年 12 月 11 日）

第 28 条 按照法律规定，企业工会主席、副主席任期未满时，不得随意调动其工作。因工作需要调动时，应征得本级工会委员会和上一级工会的同意。

罢免工会主席、副主席必须召开会员大会或会员代表大会讨论，非经会员大会全体会员或者会员代表大会全体代表无记名投票过半数通过，不得罢免。

工会专职主席、副主席或者委员自任职之日起，其劳动合同期限自动延长，延长期限相当于其任职期间；非专职主席、副主席或者委员自任职之日起，其尚未履行的劳动合同期限短于任期

的，劳动合同期限自动延长至任期期满。任职期间个人严重过失或者达到法定退休年龄的除外。

3.《**企业工会主席合法权益保护暂行办法**》（2007 年 8 月 20 日）

第一章　总　　则

第 1 条　为坚持主动依法科学维权，保护企业工会主席合法权益，保障其依法履行职责，发挥企业工会促进企业发展、维护职工权益的作用，依据《工会法》、《劳动法》、《劳动合同法》等法律法规，制定本办法。

第 2 条　中华人民共和国境内各类企业工会专职、兼职主席、副主席（以下简称工会主席）的合法权益保护，适用本办法。

企业化管理的事业单位、民办非企业单位工会主席，区域性行业性工会联合会、联合基层工会主席的合法权益保护，参照本办法执行。

第 3 条　各级工会要依据国家法律法规和政策，严格按照中国工会章程的规定和组织程序，运用法律、经济等手段，保护企业工会主席的合法权益。

第二章　保护内容与措施

第 4 条　企业工会主席因依法履行职责，被企业降职降级、停职停薪降薪、扣发工资以及其他福利待遇的，或因被诬陷受到错误处理、调动工作岗位的，或遭受打击报复不能恢复原工作、享受原职级待遇的，或未安排合适工作岗位的，上级工会要会同该企业党组织督促企业撤销处理决定，恢复该工会主席原岗位工作，并补足其所受经济损失。

在企业拒不纠正的情况下，上级工会要向企业的上级党组织报告，通过组织渠道促使问题的解决；或会同企业、行业主管部门、或提请劳动行政部门责令该企业改正。

第 5 条　企业工会主席因依法履行职责，被企业无正当理由解除或终止劳动合同的，上级工会要督促企业依法继续履行其劳动合同，恢复原岗位工作，补发被解除劳动合同期间应得的报酬，或给予本人年收入二倍的赔偿，并给予解除或终止劳动合同时的经济补偿金。

在企业拒不改正的情况下，上级工会要提请劳动行政部门责令该企业改正，直至支持权益受到侵害的工会主席向人民法院提起诉讼。对于发生劳动争议，工会主席本人申请仲裁或者提起诉讼的，应当为其提供法律援助，支付全部仲裁、诉讼费用。

第6条　企业工会主席因依法履行职责，被故意伤害导致人身伤残、死亡的，上级工会要支持该工会主席或者其亲属、代理人依法追究伤害人的刑事责任和民事责任。

对于被故意伤害导致人身伤残的工会主席，上级工会要视其伤残程度给予一次性补助；对于被故意伤害导致死亡的工会主席，要协助其直系亲属做好善后处理事宜，并给予一次性慰问金。

第7条　企业工会主席因依法履行职责，遭受企业解除或终止劳动合同，本人不愿意继续在该企业工作、导致失业的，上级工会要为其提供就业帮助；需要就业培训的，要为其免费提供职业技能培训。在该工会主席失业期间，上级工会要按照本人原岗位工资收入给予补助，享受期限最多不超过六个月。

第8条　企业非专职工会主席因参加工会会议、学习培训、从事工会工作，被企业扣发或减少工资和其他经济收入的，上级工会要督促企业依法予以足额补发。

第三章　保护机制与责任

第9条　各级工会领导机关要建立保护企业工会主席责任制，逐级承担保护企业工会主席合法权益的职责。企业工会的上一级工会要切实负起责任，保护所属企业工会主席的合法权益。

第10条　县（区）级以上工会领导机关要设立工会干部权

益保障金，省级工会 50 万元、地（市）级工会 30 万元、县（区）级工会 10 万元，年末结余滚存下一年度使用。当年使用不足时可以动用滚存结余，仍不足时可追加。本级工会经费有困难时，可向上级工会提出补助申请。

要切实加强工会干部权益保障金的管理，专款专用。各级工会经费审查委员会要加强审查和监督工作。

第 11 条 县（区）级以上工会领导机关要建立由组织部门牵头、相关部门参加的工作协调机构，受理下级工会或企业工会主席的维权申请、核实、报批和资料存档等相关事宜。

当工会主席合法权益受到侵害后，工会主席本人或者其所在企业工会组织向上一级工会提出书面保护申请及相关证明材料；上一级工会要及时做好调查核实工作，采取相应保护措施。需要支付保障金的，要按照隶属关系向县（区）级地方工会提出申请。县（区）级以上地方工会应依据实际情况，及时向合法权益受到侵害的工会主席支付权益保障金。

第四章 附 则

第 12 条 全国铁路、金融、民航工会适用本办法。

第 13 条 本办法由中华全国总工会解释。

第 14 条 本办法自公布之日起施行。

● 案例指引

1. 工会主席遭辞退案（《2015 年北京劳动维权十大案例评析》）①

案例摘要：《工会法》和《北京市实施〈中华人民共和国工会法〉办法》规定，用人单位违法解除工会主席的劳动合同，应给予本人年收入二倍的赔偿。法援律师据此制定了以用人单位违法解除

① 来源：京工网，载 https://www.workerbj.cn/jgw/index.php? m = content&c = index&a = show&catid = 93&id = 22963，最后访问时间为 2021 年 12 月 26 日。

劳动合同为认定基础，综合考虑维护工会主席合法权益的诉讼方案。本案中，用人单位以工会主席不胜任工作为理由解除劳动合同，但公司既未告知岳某本人，也没按照《劳动合同法》的规定，对其进行调岗或者培训，且未经年底考核，就在 2014 年 6 月强行终止了劳动合同。同时，单位作为对解除劳动合同负有举证责任的一方，在诉讼过程中未出示相关证据，所以公司与岳某解除劳动合同不符合法律规定。最后，法院采纳了工会法援律师的意见，作出用人单位违法解除劳动合同的认定和判决。

2. 工会主席被解聘案（《2018 年北京工会劳动维权十大案例评析》）①

案例摘要：本案中，公司虽主张因董事会作出机构调整，已提前与齐某协商变更其岗位等情形，但公司未出示机构调整致使劳动合同无法履行的相关证据，公司属于违法解除劳动合同，应当支付违法解除劳动合同赔偿金。关于齐某能否获得违法解除工会主席劳动合同赔偿金，齐某工会主席的任期在 2018 年 3 月届满后，因于某些原因未及时组织换届选举，齐某仍然在履行工会主席的职责。《工会法》第 52 条规定，“有下列情形之一的，由劳动行政部门责令恢复其工作，并补发被解除劳动合同期间应得的报酬，或者责令给予本人年收入二倍的赔偿：（一）职工因参加工会活动而被解除劳动合同的；（二）工会工作人员因履行本法规定的职责而被解除劳动合同的”。可以看出，职工或工会工作人员请求用人单位给予年收入的两倍赔偿，其前提条件是职工或工会工作人员因参加工会活动或者履行《工会法》规定的职责而被解除劳动合同。结合到本案，齐某未能出示履行工会法规定的职责而被解除劳动合同的相关证据，不符合取得双倍年收入赔偿的要件，但经过援助律师的争取，为齐某争取了一定的赔偿。

---

① 来源：京工网，载 https://www.workerbj.cn/jgw/html/weiquan/shuofa/2019/0225/96483.html，最后访问时间为 2021 年 12 月 26 日。

第十九条 基层工会主席、副主席及委员劳动合同期限的规定

基层工会专职主席、副主席或者委员自任职之日起，其劳动合同期限自动延长，延长期限相当于其任职期间；非专职主席、副主席或者委员自任职之日起，其尚未履行的劳动合同期限短于任期的，劳动合同期限自动延长至任期期满。但是，任职期间个人严重过失或者达到法定退休年龄的除外。

● 法 律

1.《劳动法》（2018 年 12 月 29 日）

第 25 条 劳动者有下列情形之一的，用人单位可以解除劳动合同：

（一）在试用期间被证明不符合录用条件的；

（二）严重违反劳动纪律或者用人单位规章制度的；

（三）严重失职，营私舞弊，对用人单位利益造成重大损害的；

（四）被依法追究刑事责任的。

2.《劳动合同法》（2012 年 12 月 28 日）

第 39 条 劳动者有下列情形之一的，用人单位可以解除劳动合同：

（一）在试用期间被证明不符合录用条件的；

（二）严重违反用人单位的规章制度的；

（三）严重失职，营私舞弊，给用人单位造成重大损害的；

（四）劳动者同时与其他用人单位建立劳动关系，对完成本单位的工作任务造成严重影响，或者经用人单位提出，拒不改正的；

（五）因本法第二十六条第一款第一项规定的情形致使劳动合同无效的；

（六）被依法追究刑事责任的。

● 司法解释及文件

3.《最高人民法院关于在民事审判工作中适用〈中华人民共和国工会法〉若干问题的解释》（2020年12月29日 法释〔2020〕17号）

第2条 根据工会法第十八条规定，人民法院审理劳动争议案件，涉及确定基层工会专职主席、副主席或者委员延长的劳动合同期限的，应当自上述人员工会职务任职期限届满之日起计算，延长的期限等于其工会职务任职的期间。

工会法第十八条规定的“个人严重过失”，是指具有《中华人民共和国劳动法》第二十五条第（二）项、第（三）项或者第（四）项规定的情形。

● 其他规范性文件

4.《企业工会工作条例》（2006年12月11日）

第28条 按照法律规定，企业工会主席、副主席任期未满时，不得随意调动其工作。因工作需要调动时，应征得本级工会委员会和上一级工会的同意。

罢免工会主席、副主席必须召开会员大会或会员代表大会讨论，非经会员大会全体会员或者会员代表大会全体代表无记名投票过半数通过，不得罢免。

工会专职主席、副主席或者委员自任职之日起，其劳动合同期限自动延长，延长期限相当于其任职期间；非专职主席、副主席或者委员自任职之日起，其尚未履行的劳动合同期限短于任期的，劳动合同期限自动延长至任期期满。任职期间个人严重过失或者达到法定退休年龄的除外。

第三章　工会的权利和义务

第二十条　工会监督权

企业、事业单位、社会组织违反职工代表大会制度和其他民主管理制度，工会有权要求纠正，保障职工依法行使民主管理的权利。

法律、法规规定应当提交职工大会或者职工代表大会审议、通过、决定的事项，企业、事业单位、社会组织应当依法办理。

● 法　律

1. **《劳动法》**（2018 年 12 月 29 日）

第 8 条　劳动者依照法律规定，通过职工大会、职工代表大会或者其他形式，参与民主管理或者就保护劳动者合法权益与用人单位进行平等协商。

2. **《劳动合同法》**（2012 年 12 月 28 日）

第 51 条　企业职工一方与用人单位通过平等协商，可以就劳动报酬、工作时间、休息休假、劳动安全卫生、保险福利等事项订立集体合同。集体合同草案应当提交职工代表大会或者全体职工讨论通过。

集体合同由工会代表企业职工一方与用人单位订立；尚未建立工会的用人单位，由上级工会指导劳动者推举的代表与用人单位订立。

3. **《公司法》**（2018 年 10 月 26 日）

第 18 条　公司职工依照《中华人民共和国工会法》组织工会，开展工会活动，维护职工合法权益。公司应当为本公司工会提供必要的活动条件。公司工会代表职工就职工的劳动报酬、工作时间、福利、保险和劳动安全卫生等事项依法与公司签订集体合同。

公司依照宪法和有关法律的规定，通过职工代表大会或者其他形式，实行民主管理。

公司研究决定改制以及经营方面的重大问题、制定重要的规章制度时，应当听取公司工会的意见，并通过职工代表大会或者其他形式听取职工的意见和建议。

4.《安全生产法》（2021 年 6 月 10 日）

第 7 条　工会依法对安全生产工作进行监督。

生产经营单位的工会依法组织职工参加本单位安全生产工作的民主管理和民主监督，维护职工在安全生产方面的合法权益。生产经营单位制定或者修改有关安全生产的规章制度，应当听取工会的意见。

5.《职业病防治法》（2018 年 12 月 29 日）

第 40 条　工会组织应当督促并协助用人单位开展职业卫生宣传教育和培训，有权对用人单位的职业病防治工作提出意见和建议，依法代表劳动者与用人单位签订劳动安全卫生专项集体合同，与用人单位就劳动者反映的有关职业病防治的问题进行协调并督促解决。

工会组织对用人单位违反职业病防治法律、法规，侵犯劳动者合法权益的行为，有权要求纠正；产生严重职业病危害时，有权要求采取防护措施，或者向政府有关部门建议采取强制性措施；发生职业病危害事故时，有权参与事故调查处理；发现危及劳动者生命健康的情形时，有权向用人单位建议组织劳动者撤离危险现场，用人单位应当立即作出处理。

6.《全民所有制工业企业法》（2009 年 8 月 27 日）

第 10 条　企业通过职工代表大会和其他形式，实行民主管理。

第 11 条　企业工会代表和维护职工利益，依法独立自主地开展工作。企业工会组织职工参加民主管理和民主监督。

企业应当充分发挥青年职工、女职工和科学技术人员的作用。

第 49 条　职工有参加企业民主管理的权利，有对企业的生产和工作提出意见和建议的权利；有依法享受劳动保护、劳动保险、休息、休假的权利；有向国家机关反映真实情况，对企业领导干部提出批评和控告的权利。女职工有依照国家规定享受特殊劳动保护和劳动保险的权利。

第 50 条　职工应当以国家主人翁的态度从事劳动，遵守劳动纪律和规章制度，完成生产和工作任务。

第 51 条　职工代表大会是企业实行民主管理的基本形式，是职工行使民主管理权力的机构。

职工代表大会的工作机构是企业的工会委员会。企业工会委员会负责职工代表大会的日常工作。

第 52 条　职工代表大会行使下列职权：

（一）听取和审议厂长关于企业的经营方针、长远规划、年度计划、基本建设方案、重大技术改造方案、职工培训计划、留用资金分配和使用方案、承包和租赁经营责任制方案的报告，提出意见和建议。

（二）审查同意或者否决企业的工资调整方案、奖金分配方案、劳动保护措施、奖惩办法以及其他重要的规章制度。

（三）审议决定职工福利基金使用方案、职工住宅分配方案和其他有关职工生活福利的重大事项。

（四）评议、监督企业各级行政领导干部，提出奖惩和任免的建议。

（五）根据政府主管部门的决定选举厂长，报政府主管部门批准。

第 53 条　车间通过职工大会、职工代表组或者其他形式实行民主管理；工人直接参加班组的民主管理。

其他规范性文件

7.《企业工会工作条例》（2006 年 12 月 11 日）

第 36 条　督促企业建立和规范厂务公开制度。

第 37 条　凡设立董事会、监事会的公司制企业，工会应依法督促企业建立职工董事、职工监事制度。

职工董事、职工监事人选由企业工会提名，通过职工代表大会或职工大会民主选举产生，对职工代表大会或职工大会负责。企业工会主席、副主席一般应分别作为职工董事、职工监事的候选人。

第 38 条　建立劳动法律监督委员会，职工人数较少的企业应设立工会劳动法律监督员，对企业执行有关劳动报酬、劳动安全卫生、工作时间、休息休假、女职工和未成年工保护、保险福利等劳动法律法规情况进行群众监督。

第 39 条　建立劳动保护监督检查委员会，生产班组中设立工会小组劳动保护检查员。建立完善工会监督检查、重大事故隐患和职业危害建档跟踪、群众举报等制度，建立工会劳动保护工作责任制。依法参加职工因工伤亡事故和其他严重危害职工健康问题的调查处理。协助与督促企业落实法律赋予工会与职工安全生产方面的知情权、参与权、监督权和紧急避险权。开展群众性安全生产活动。

依照国家法律法规对企业新建、扩建和技术改造工程中的劳动条件和安全卫生设施与主体工程同时设计、同时施工、同时使用进行监督。

发现企业违章指挥、强令工人冒险作业，或者生产过程中发现明显重大事故隐患和职业危害，工会应提出解决的建议；发现危及职工生命安全的情况，工会有权组织职工撤离危险现场。

8.《事业单位工会工作条例》(2018 年 9 月 4 日　总工发〔2018〕26 号)

第一章　总　　则

第 1 条　为深入推进新时代事业单位工会工作改革创新，充分发挥事业单位工会作用，促进事业单位改革发展，根据《中华人民共和国工会法》《中国工会章程》，制定本条例。

第 2 条　本条例所指事业单位工会是指国家为了社会公益目的，由国家机关举办或者其他社会组织利用国有资产举办的，从事教育、科技、文化、卫生、体育等活动的社会服务组织中依法建立的工会组织。

第 3 条　事业单位工会以马克思列宁主义、毛泽东思想、邓小平理论、“三个代表”重要思想、科学发展观、习近平新时代中国特色社会主义思想为指导，坚持正确政治方向，坚持围绕中心、服务大局，牢牢把握为实现中华民族伟大复兴的中国梦而奋斗的工人运动时代主题，坚定不移走中国特色社会主义工会发展道路，推进事业单位工会制度化、规范化建设，加强维权服务，积极创新实践，强化责任担当，团结动员事业单位职工群众为全面建成小康社会、夺取新时代中国特色社会主义伟大胜利、实现中华民族伟大复兴的中国梦作出积极贡献。

第 4 条　事业单位工会接受同级党组织和上级工会双重领导，以同级党组织领导为主。对不在事业单位所在地的直属单位工会，实行属地管理原则。

第 5 条　事业单位工会工作应遵循把握以下原则：坚持党的领导，贯彻落实党的全心全意依靠工人阶级的根本指导方针，始终保持正确的政治方向；坚持以职工为本，保持和增强政治性、先进性、群众性，发挥联系职工桥梁纽带作用；坚持依法依规，做到依法建会、依法管会、依法履职、依法维权；坚持改革创新，适应形势任务要求，积极探索实践，不断加强自身建设，把工会组织建设得更加充满活力、更加坚强有力，努力增强吸引力凝聚力战斗力。

第二章　组织建设

第 6 条　事业单位应当依法建立工会组织，组织职工加入工会。

会员二十五人以上的事业单位建立工会委员会；不足二十五人的可以单独建立工会委员会，也可以由两个以上事业单位的会员联合建立工会基层委员会，也可以选举组织员或者工会主席一人，主持工会工作。同时按有关规定建立工会经费审查委员会、工会女职工委员会。

第 7 条　会员人数较多的事业单位工会组织，可以根据需要设立专门工作委员会，承担工会委员会的有关工作。

事业单位内设机构，可以建立工会分会或工会小组。

第 8 条　事业单位工会具备法人条件的，依法取得社团法人资格，工会主席为法定代表人。

第 9 条　事业单位工会受法律保护，不得随意撤销、合并或归属其他部门。

事业单位被撤销，其工会组织相应撤销，并报告上一级工会，已取得社团法人资格的，办理社团法人注销手续。

事业单位改革改制，应同时建立健全工会组织和相应机构。

第 10 条　会员大会或会员代表大会每年至少召开一次会议。经事业单位工会委员会或三分之一以上会员提议，可临时召开会议。

第 11 条　会员代表大会的代表实行常任制，任期与本单位工会委员会相同。

第 12 条　会员在一百人以下的事业单位工会应召开会员大会。

第 13 条　会员大会或会员代表大会的职权：

（一）审议和批准工会委员会的工作报告；

（二）审议和批准工会委员会的经费收支情况报告和经费审查委员会的工作报告；

（三）选举工会委员会和经费审查委员会；

（四）撤换或罢免其所选举的代表或工会委员会组成人员；

（五）讨论决定工会工作其他重大问题；

（六）公开工会内部事务；

（七）民主评议和监督工会工作及工会负责人。

第 14 条 会员代表大会或会员大会与职工代表大会（或职工大会，下同）须分别行使职权，不得相互替代。

第 15 条 大型事业单位工会委员会，根据工作需要，经上级工会批准，可设立常务委员会，负责工会委员会的日常工作，其下属单位可建立工会委员会。

事业单位工会委员会委员和常务委员会委员应差额选举产生，可以直接采用候选人数多于应选人数的差额选举办法进行正式选举，也可以先采用差额选举办法进行预选产生候选人名单，然后进行正式选举。委员会委员和常务委员会委员的差额率分别不低于 5%和 10%。选举结果报上一级工会批准。

第 16 条 事业单位工会委员会是会员大会或会员代表大会的常设机构，对会员大会或会员代表大会负责，接受会员监督。在会员大会或会员代表大会闭会期间，负责日常工作。

第 17 条 事业单位工会委员会和经费审查委员会每届任期三年至五年，具体任期由会员大会或者会员代表大会决定。任期届满，应当如期召开会员大会或者会员代表大会，进行换届选举。特殊情况下，经上一级工会批准，可以提前或者延期举行，延期时间一般不超过半年。

第 18 条 工会委员会实行民主集中制，重要人事事项、大额财务支出、资产处置、评先评优等重大问题、重要事项须经集体讨论作出决定。

第19条　工会委员会（常委会）一般每季度召开一次会议，讨论或决定下列事项：

（一）贯彻党组织、上级工会有关决定和工作部署，执行会员大会或会员代表大会决议；

（二）向党组织、上级工会提交的重要请示、报告，向会员大会或会员代表大会提交的工作报告；

（三）工会工作计划和总结；

（四）向行政提出涉及单位发展、有关维护服务职工重大问题的建议；

（五）工会经费预算执行情况及重大财务支出；

（六）由工会委员会讨论和决定的其他事项。

第三章　职责任务

第20条　事业单位工会的职责任务：

（一）坚持用习近平新时代中国特色社会主义思想武装头脑，认真学习贯彻党的基本理论、基本路线、基本方略，教育引导职工树立共产主义远大理想和中国特色社会主义共同理想，团结引导职工群众听党话、跟党走。

（二）培育和践行社会主义核心价值观，加强和改进职工思想政治工作，开展理想信念教育，实施道德建设工程，培养职工的社会公德、职业道德、家庭美德、个人品德，深化群众性精神文明创建活动，提高职工的思想觉悟、道德水准、文明素养。

（三）弘扬劳模精神、劳动精神、工匠精神，营造劳动光荣的社会风尚和精益求精的敬业风气，深入开展劳动和技能竞赛，开展群众性技术创新、技能培训等活动，提升职工技能技术素质，建设知识型、技能型、创新型职工队伍。

（四）加强职工文化建设，注重人文关怀和心理疏导，开展主题文化体育活动，丰富职工精神文化生活。

（五）加强以职工代表大会为基本形式的民主管理工作，深入推进事业单位内部事务公开，落实职工的知情权、参与权、表达权、监督权。

（六）做好职工维权工作，开展集体协商，构建和谐劳动人事关系，协调处理劳动人事争议，推动解决劳动就业、技能培训、工资报酬、安全健康、社会保障以及职业发展、民主权益、精神文化需求等问题。

（七）做好服务职工工作，倾听职工意见，反映职工诉求，协助党政办好职工集体福利事业，开展困难职工帮扶，组织职工参加疗养、休养及健康体检，为职工办实事、做好事、解难事。

（八）加强工会组织建设，建立健全工会内部运行和开展工作的各项制度，做好会员的发展、接转、教育和会籍管理工作，加强对专（兼）职工会干部和工会积极分子的培养，深入开展“职工之家”和“职工小家”创建活动。

（九）收好、管好、用好工会经费，管理使用好工会资产，加强工会经费和工会资产审查审计监督工作。

第四章　工作制度

第 21 条　职工代表大会是事业单位实行民主管理的基本形式，是职工行使民主管理权力的机构。

事业单位职工代表大会每三年至五年为一届，每年至少召开一次。召开职工代表大会正式会议，必须有全体职工代表三分之二以上出席。

事业单位工会是职工代表大会工作机构，负责职工代表大会的日常工作。

事业单位工会承担以下与职工代表大会相关的工作职责：

（一）做好职工代表大会的筹备工作和会务工作，组织选举职工代表大会代表，征集和整理提案，提出会议议题、方案和主席团建议人选；

（二）职工代表大会闭会期间，组织传达贯彻会议精神，督促检查会议决议的落实；

（三）组织职工代表的培训，接受和处理职工代表的建议和申诉；

（四）就本单位民主管理工作向单位党组织汇报；

（五）完成职工代表大会委托的其他任务。

事业单位应当为本单位工会承担职工代表大会工作机构的职责提供必要的工作条件和经费保障。

第22条　事业单位的党政工联席会议，研究和解决事关职工切身利益的重要问题，由本单位工会召集。

第23条　建立和规范事务公开制度，协助党政做好事务公开工作，明确公开内容，拓展公开形式，并做好民主监督。

第24条　畅通职工表达合理诉求渠道，通过协商、协调、沟通的办法，化解劳动人事矛盾，构建和谐劳动人事关系。

第25条　建立健全劳动人事关系调解机制，协商解决涉及职工切身利益的问题。建立和完善科学有效的利益协调机制、诉求表达机制、权益保障机制。建立劳动人事关系争议预警机制，做好劳动人事关系争议预测、预报、预防工作。事业单位工会应当积极同有关方面协商，表达职工诉求，提出解决的意见建议。

第五章　自身建设

第26条　事业单位依法依规设置工会工作机构，明确主要职责、机构规格、领导职数和编制数额。

第27条　事业单位工会主席应以专职为主，兼职为辅。职工两百人以上的事业单位，设专职工会主席。工会专职工作人员的具体人数由事业单位工会与单位行政协商确定。根据工作需要和经费许可，事业单位工会可从社会聘用工会工作人员，建立专兼职相结合的干部队伍。

事业单位工会主席、副主席和委员实行任期制，可以连选连任。

工会主席、副主席因工作需要调动时，应当征得本级工会委员会和上一级工会的同意。

工会主席、副主席空缺时，应当及时补选，空缺期限一般不超过半年。

第28条　突出政治标准，选优配强事业单位工会领导班子和干部队伍，牢固树立政治意识、大局意识、核心意识、看齐意识，坚定道路自信、理论自信、制度自信、文化自信，坚决维护党中央权威和集中统一领导。按照既要政治过硬、又要本领高强的要求，建设忠诚干净担当的高素质事业单位工会干部队伍，注重培养专业能力、专业精神，提高做好群众工作本领。

第六章　工会经费和资产

第29条　具备社团法人资格的事业单位工会应当独立设立经费账户。工会经费支出实行工会法定代表人签批制度。

事业单位工会经费主要用于为职工服务和工会活动。

第30条　工会会员按规定标准和程序缴纳会费。

建立工会组织的事业单位，按每月全部职工工资总额的百分之二向事业单位工会拨缴工会经费；由财政统一划拨经费的，工会经费列入同级财政预算，按财政统一划拨方式执行。

事业单位工会因工作需要，可以依据《中华人民共和国工会法》等有关规定，向单位行政申请经费补助。

上级工会有权对下级工会所在事业单位拨缴工会经费情况进行监督检查。对无正当理由拖延或者拒不拨缴工会经费的单位，依据《中华人民共和国工会法》等有关规定处理。

事业单位工会应当按照有关规定收缴、上解工会经费，依法独立管理和使用工会经费。任何组织和个人不得截留、挪用、侵占工会经费。

第31条　事业单位工会应当根据经费独立原则建立预算、决算和经费审查审计制度，坚持遵纪守法、经费独立、预算管理、服务职工、勤俭节约、民主管理的原则。事业单位工会应当建立健全财务制度，完善经费使用流程和程序，各项收支实行工会委员会集体领导下的主席负责制，重大收支必须集体研究决定。

事业单位工会应根据国家和全国总工会的有关政策规定以及上级工会的要求，依法、科学、完整、合理地编制工会经费年度预（决）算，按程序报上一级工会批准，严禁无预算、超预算使用工会经费。

第 32 条 各级人民政府和事业单位应当依法为事业单位工会办公和开展活动提供必要的设施和活动场所等物质条件。

工会经费、资产和国家拨给工会的不动产及拨付资金形成的资产，任何单位和个人不得侵占、挪用和任意调拨。

第七章 工会经费审查审计

第 33 条 会员大会或者会员代表大会在选举事业单位工会委员会的同时，选举产生经费审查委员会，会员人数较少的，可以选举经费审查委员一人。

经费审查委员会主任、副主任由经费审查委员会全体会议选举产生。经费审查委员会主任按同级工会副职级配备。

经费审查委员会或者经费审查委员的选举结果，与事业单位工会委员会的选举结果同时报上一级工会批准。

第 34 条 事业单位工会经费审查委员会的任期与事业单位工会委员会相同，向同级会员大会或者会员代表大会负责并报告工作；在会员大会或者会员代表大会闭会期间，向同级工会委员会负责并报告工作；事业单位工会经费审查委员会应当接受上级工会经费审查委员会的业务指导和督促检查。

第 35 条 事业单位工会经费审查委员会审查审计同级工会组织的经费收支、资产管理等全部经济活动，定期向会员大会或者会员代表大会报告，并采取一定方式公开，接受会员监督。

经费审查委员会对审查审计工作中的重大事项，有权向同级工会委员会和上一级经费审查委员会报告。

工会主席任期届满或者任期内离任的，应当按照规定对其进行经济责任审计。

第八章　女职工工作

第36条　事业单位工会有女会员十人以上的建立工会女职工委员会，不足十人的设女职工委员。

女职工委员会与工会委员会同时建立，在同级工会委员会领导下开展工作，接受上级工会女职工委员会指导，任期与同级工会委员会相同。女职工委员会委员由同级工会委员会提名，在充分协商的基础上组成或者选举产生。

女职工委员会主任由事业单位工会女主席或者女副主席担任，也可以经民主协商，按照同级工会副主席相应条件选配女职工委员会主任。

第37条　女职工委员会的基本任务是：依法维护女职工的合法权益和特殊利益；组织实施女职工提升素质建功立业工程，全面提高女职工的思想道德、科学文化和业务技能素质；开展家庭文明建设工作；关注女职工身心健康，做好关爱帮困工作；加强工会女职工工作的理论政策研究；关心女职工成长进步，积极发现、培养、推荐女性人才。

第38条　女职工委员会定期研究涉及女职工的有关问题，向同级工会委员会和上级工会女职工委员会报告工作，重要问题应提交职工代表大会审议。

事业单位工会应为女职工委员会开展工作与活动提供必要的场地和经费。

第九章　附　　则

第39条　民办非企业单位（社会服务机构）工会参照本条例执行。

第40条　参照公务员法管理的事业单位工会和承担行政职能的事业单位工会，依照《机关工会工作暂行条例》执行。

从事生产经营活动的事业单位工会，依照《企业工会工作条例》执行。

第41条　各省、自治区、直辖市总工会可依据本条例，制定具体实施办法。

第42条　本条例由中华全国总工会负责解释。

第43条　本条例自公布之日起施行。

9.《中华全国总工会关于加强职工互助保障活动规范和管理的意见》（2018年9月12日　总工发〔2018〕28号）

工会开展的职工互助保障活动是国家多层次社会保障体系的重要组成部分，是工会服务职工的传统特色工作。多年以来，各级工会组织积极开展不同层次、不同形式的职工互助保障活动，坚持公益性、非营利性的方向，在维护职工保障权益、密切工会与职工联系、促进社会和谐稳定等方面发挥了重要作用。为进一步规范管理，促进职工互助保障事业持续健康发展，结合职工互助保障活动的管理现状和发展需求，提出以下意见。

一、坚持正确的发展方向

职工互助保障活动是各级工会职工互助保障组织为维护职工医疗、健康等保障权益而开展的职工互助互济活动。加强规范职工互助保障活动管理，必须坚持以习近平新时代中国特色社会主义思想为指引，深入贯彻落实党的十九大和中央党的群团工作会议精神，围绕保持和增强工会组织和工会工作的政治性、先进性、群众性，坚守服务职工的公益属性，坚持互助的组织特色，坚持发挥补充保障作用，将职工互助保障事业打造成党政放心、职工满意、社会认可的品牌工程。

（一）坚守服务职工的公益属性。开展职工互助保障活动要坚守服务职工的初心，坚持公益性方向，充分了解职工需求，为职工提供低成本、低收费的普惠性保障服务，增强广大职工的获得感和幸福感。坚持公益性、非营利的发展原则，不得以开展职工互助保障活动为由从事商业保险产品宣传、销售及集资、融资活动。

（二）坚持互助的组织特色。职工互助保障活动采取会员制运作模式，遵循大数法则。职工的广泛参与是活动可持续发展的根本保证。各级工会组织要尊重职工互助保障活动规律，大力弘扬互助互济精神，教育倡导职工积极参与、个人缴费，努力实现缴费义务与保障权利的统一。要激发会员的主体意识，引导会员主动参与建设管理，坚持公平、公开、公正的原则，接受会员监督。

（三）坚持发挥补充保障作用。各级工会开展活动要在全民医保的整体框架下，加强与政府基本医疗保险、大病保险和工会帮扶工作的有效衔接，根据本地区经济发展水平、医疗保障状况、职工队伍规模科学开展活动。坚持适度补偿原则，合理设计保障项目，发挥补充保障作用，防止出现保障不足或过度补偿。

二、改革和完善治理体系

以统一监管、分级管理为原则，理顺职工互助保障活动治理体系，明确主办工会的主体责任、各级工会的监管职责，落实职工互助保障组织的运营管理权限，建立职工互助保障活动行业自律组织，提升自我管理能力。

（四）明确主办工会的主体责任。按照稳中求进的原则，在有能力、有条件的地区工会系统开展职工互助保障活动。坚持省级统筹或省级管理、市级统筹，提高抗风险能力。主办工会作为本级职工互助保障活动的主管单位，要科学制定本级活动发展规划，根据职工需求和社会保障状况实际，合理设立活动项目，规范活动内容。要严格准入和退出机制，举办或停办职工互助保障活动、设立或撤销职工互助保障组织须经本级工会审批。要积极争取政府支持，协调社会资源，为开展职工互助保障活动营造环境、创造条件。

（五）明确各级工会的监管职责。全国总工会对各级工会开展的职工互助保障活动实行统一监管，全总资产监督管理部是全国职工互助保障活动的监管和业务指导部门，负责职工互助保障活动的发展规划、政策制定，以及职工互助保障活动的业务备案、运营行为和资金监管；省级总工会资产监督管理部门要认真履行统一监管工会资产的职责，切实做好职工互助保障组织资产监督管理工作。未实行省级统筹的地区，省级总工会也要对辖区市级总工会开办的职工互助保障活动负起监管责任，落实对本级和下级职工互助保障活动的监管职责，对决策行为、活动内容、经营行为、资金使用、风险控制等实施有效监管。坚持一级抓一级，分级落实监管责任，健全监管制度，完善监管方式，提升监管水平。严格对关键岗位、关键人员的配备管理。市级总工会要主动配合上级工会监管部门工作，上下级工会监管部门要建立协同监管机制，加强联络沟通和信息传递，提升监管效率和质量。

（六）落实职工互助保障组织管理运营自主权。逐步推动职工互助保障组织成为权责明确、依法自治、运转高效的法人主体。职工互助保障组织作为本级工会领导下的独立法人，依法依规依章程自主运营，独立承担相应的管理运营责任。要建立健全职工互助保障组织的内部管理机构、管理制度、议事规则和办事程序，促进职工互助保障组织的规范化建设。

（七）建立健全全国职工互助保障行业自律机制。行业自律是对行政监管的有益补充和有力支撑。适时成立面向全国的职工互助保障活动协会，吸纳职工互助保障组织成为会员，履行组织协调、自律监督、交流培训、咨询评估等职能。通过行业内部协作、调节与监督，增强职工互助保障组织自我约束、自我管理、自我监督能力，引导职工互助保障组织规范开展活动，提升整体管理服务水平。

三、规范运营管理体系

加强职工互助保障活动运营管理的规范化、制度化建设，提升风险管理能力，逐步形成科学、规范、专业、高效的职工互助保障活动运营管理体系。

（八）建立管理体系，规范运营行为。制订修订活动章程，明确开展活动的资质，加强产品研发、业务管理、业务流程、财务核算、偿付能力监管等方面的工作，建立健全职工互助保障活动规范化运营管理体系，引导职工互助保障组织合规运营。

（九）建立健全运营管理制度。强化职工互助保障活动顶层制度设计，研究确立职工互助保障组织运营管理制度体系建设标准，指导职工互助保障组织参照标准，结合自身实际建立包括决策计划、组织流程、业务流程、内控风险、财务资金、人力资源、绩效考核等涵盖全部业务领域的配套管理制度，提高制度的可操作性与合规性，严格用制度约束日常经营管理行为。各主办工会要指导职工互助保障组织抓好制度建设，夯实管理基础。

（十）建立风险防控机制。增强风险防控意识，分类、识别、量化和评估职工互助保障活动存在的各类风险，重点掌握在资金、管理、信息安全等方面存在的风险状况，建立风险排查、监测预警、协调联动机制。通过内控、稽核、审计等手段及时查找漏洞，化解风险隐患。提高风险管控的信息化水平，按照管理权限为各级管理者提供相关数据和风险预警信息。建立风险准备金制度，防范发生系统性和区域性给付风险。

（十一）建立信息化管理平台。加强职工互助保障活动信息化管理平台建设，运用互联网技术等手段，推进核心业务、会员管理、财务管理、风险管理等系统建设，实施全面动态管理，加强服务过程监督和服务效果评价。加强网络和信息安全管理，完善会员个人信息保护制度和技术措施。建立信息共建共享机制，充分挖掘数据资源，为分析决策提供依据，提高职工互助保障活动科学化管理水平。

四、强化资金管理使用

各级工会要加强职工互助保障活动资金的安全、规范管理。坚持专款专用，加强预算管理和决策管理，严格执行财务制度，控制好资金管理的各个环节，建立多层次资金监管体系，落实监督职责，确保资金管理使用合法合规。

（十二）严格控制资金使用范围。职工互助保障活动资金属于全体会员所有，主要用于给付会员的互助金，任何组织、个人不得侵占和挪用。职工互助保障活动资金不得用于兴建、改建办公场所。活动资金、结余资金可用于银行存款、购买国债等低风险固定收益类产品，不得购买股票、基金、债券、期货、理财等金融产品，不得违规投资运营，资金增值部分要全部纳入互助资金收入管理。在正常互助金给付外开展的会员活动、帮扶救助等，要建立相应的资金管理制度，严格审批、合理使用，接受会员监督，并在一定范围内向会员公示。规范职工互助保障活动管理费提取工作，严格控制比例，降低费用开支。

（十三）规范资金管理使用。按照集中、统一的原则，提高资金管理统筹层级，避免多头分散管理，控制资金合理结余，提高资金使用效率。要加强财务基础工作，建立健全资金使用管理制度和内控机制，分离不相容岗位，明确各业务环节、岗位的衔接方式及操作标准，健全资金收支管理，坚持收支两条线，减少不必要的资金流转环节。规范账户、账目管理，原则上要设立独立账户，各项保障活动分别建账，分账核算。积极推行全面预算管理，合理编制、有效控制预算，年度预算执行情况要纳入考核体系。严格资金使用决策程序，规范资金使用流程，大额资金使用必须集体决策并保留记录。

（十四）建立多层次资金监管体系。发挥会员监督、工会组织内部和外部共同监督作用。提高职工互助保障活动资金管理透明度，维护会员知情权，接受会员监督。各级工会监管部门要严格履行资金监管职责，依据国家法律法规和全总相关规定，制定职工互助保障活动资金监管办法，督促职工互助保障组织研究制定内部资金管理和风险管理办法，建立职工互助保障资金监督检查机制，对职工互助保障组织进行督查，掌握资金流动状况，对资金风险作出评估。职工互助保障组织要自觉接受工会财务、经审和相关行政部门审计监督。被检查和审计的单位要主动配合，据实提供各种凭单、账册、报表和资料。发现资金管理违规违纪问题必须追究当事人责任，严肃处理，确保资金安全运行。

五、加强组织领导工作

加强职工互助保障活动规范和管理是深入推进工会改革的一项重要内容。规范和管理工作关系到职工互助保障事业的发展、关系到广大职工的切身利益，各级工会要从思想上高度重视，从行动上保持一致，加强党的领导和队伍建设，搞好指导服务，确保规范和管理工作落到实处。

（十五）加强党的领导。职工互助保障活动是传递党和政府对职工关心关爱的一项重要工作，具有很强的政治性。各级工会要坚持党对职工互助保障活动的领导，把加强党的建设与做好职工互助保障工作有机结合起来，推动全面从严治党落到实处。各省级总工会要明确责任分工，切实强化本地区职工互助保障活动的规划管理、监督检查职责，完善落实监管制度，结合区域实际制定具体实施方案。市级总工会要配合省级总工会加强对职工互助保障活动组织的规范和管理，确保各项工作落到实处。要把职工互助保障活动纳入职工保障工作体系，充分发挥权益保障部门等工会职能部门在指导做好职工互助保障活动中的重要作用。

（十六）加强人才队伍建设。建立职工互助保障组织主要负责人员选拔任用制度，明确任职资格，将政治素质高、事业心强、专业本领过硬的干部选派至关键岗位。加大人才培养、选拔、引进、使用、管理工作力度，推进专业化人才队伍建设，为事业发展提供智力支持。建立职工互助保障工作培训体系，注重理论和实操相结合、工会特色和专业特性相融合，通过培训提升队伍整体能力素质。建立健全人员聘用管理、岗位管理和薪酬管理制度，完善干部考核评价和激励机制，优绩优酬，激发队伍整体活力。

（十七）加强廉洁风险防控。织牢织密制度笼子，完善监管制度，突出针对性、指导性和操作性，查找薄弱环节、堵住监管漏洞。加强协同监督，充分发挥纪检组织和工会经审、资产监督管理部门以及相关职能部门作用，促进监督力量互补，增强监督合力。严把选人用人的政治关、廉洁关，加强对职工互助保障活动主要责任人的监督和管理，对互助保障组织负责人任期内、离任时进行审计，确保履职尽责。

全总资产监督管理部根据本意见制定相关配套管理办法，各省级总工会按照本意见加强本省职工互助保障活动规范和管理。中华全国铁路总工会、中国民航工会全国委员会、中国金融工会全国委员会、新疆生产建设兵团工会开展职工互助保障活动参照本意见执行。

案例指引

1. 用人单位以规章制度形式否认劳动者加班事实案（人力资源社会保障部、最高人民法院发布《劳动人事争议典型案例（第二批）》）①

案例摘要：本案的争议焦点是某网络公司以规章制度形式否认常某加班事实是否有效。《劳动合同法》第 4 条规定："用人单位应当依法建立和完善劳动规章制度，保障劳动者享有劳动权利、履行劳动义务。用人单位在制定、修改或者决定有关劳动报酬、工作时间、休息休假、劳动安全卫生、保险福利、职工培训、劳动纪律以及劳动定额

① 来源：最高人民法院网，载 http：//www.court.gov.cn/zixun-xiangqing-319151.html，最后访问时间为 2022 年 11 月 10 日。

管理等直接涉及劳动者切身利益的规章制度或者重大事项时，应当经职工代表大会或者全体职工讨论，提出方案和意见，与工会或者职工代表平等协商确定……用人单位应当将直接涉及劳动者切身利益的规章制度和重大事项决定公示，或者告知劳动者。”通过民主程序制定的规章制度，不违反国家法律、行政法规及政策规定，并已向劳动者公示的，可以作为确定双方权利义务的依据。本案中，一方面，某网络公司的员工手册规定有加班申请审批制度，该规定并不违反法律规定，且具有合理性，在劳动者明知此规定的情况下，可以作为确定双方权利义务的依据。另一方面，某网络公司的员工手册规定 21：00 之后起算加班时间，并主张 18：00 至 21：00 是员工晚餐和休息时间，故自 21：00 起算加班。鉴于 18：00 至 21：00 时间长达 3 个小时，远超过合理用餐时间，且在下班 3 个小时后再加班，不具有合理性。在某网络公司不能举证证实该段时间为员工晚餐和休息时间的情况下，其规章制度中的该项规定不具有合理性，人民法院依法否定了其效力。人民法院结合考勤记录、工作系统记录等证据，确定了常某的加班事实，判决某网络公司支付常某加班费差额。

2. **员工离职后要求用人单位支付年终奖案**（《2020 年北京工会劳动维权十大案例评析》）①

案例摘要：虽然法律对于年终奖的发放并无强制性规定。公司对于年终奖的分配方案，具有一定的自主性。但这也不是说，公司可以随意决定年终奖的分配。因为年终奖的发放，直接涉及职工的切身利益，依据《劳动合同法》第 4 条的规定，用人单位在制定、修改或者决定有关劳动报酬、保险福利等直接涉及劳动者切身利益的规章制度或者重大事项时，应当经职工代表大会或者全体职工讨论、征求意见，与工会或者职工代表平等协商等民主程序，并向职工进行公示或者告知。在此案中，该公司的相关规章制度和劳动合

① 来源：《劳动午报数字报》，载 http：//ldwb. workerbj. cn/content/2021-02/02/content_119719. htm，最后访问时间为 2021 年 12 月 26 日。

同都没有对年终奖的分配进行明确规定，更未经过民主程序，所以不能以此为由不向劳动者支付年终奖。

第二十一条 劳动合同指导、集体合同代签与争议处理

工会帮助、指导职工与企业、实行企业化管理的事业单位、社会组织签订劳动合同。

工会代表职工与企业、实行企业化管理的事业单位、社会组织进行平等协商，依法签订集体合同。集体合同草案应当提交职工代表大会或者全体职工讨论通过。

工会签订集体合同，上级工会应当给予支持和帮助。

企业、事业单位、社会组织违反集体合同，侵犯职工劳动权益的，工会可以依法要求企业、事业单位、社会组织予以改正并承担责任；因履行集体合同发生争议，经协商解决不成的，工会可以向劳动争议仲裁机构提请仲裁，仲裁机构不予受理或者对仲裁裁决不服的，可以向人民法院提起诉讼。

● 法　律

1.《劳动合同法》（2012 年 12 月 28 日）

第 4 条 用人单位应当依法建立和完善劳动规章制度，保障劳动者享有劳动权利、履行劳动义务。

用人单位在制定、修改或者决定有关劳动报酬、工作时间、休息休假、劳动安全卫生、保险福利、职工培训、劳动纪律以及劳动定额管理等直接涉及劳动者切身利益的规章制度或者重大事项时，应当经职工代表大会或者全体职工讨论，提出方案和意见，与工会或者职工代表平等协商确定。

在规章制度和重大事项决定实施过程中，工会或者职工认为不适当的，有权向用人单位提出，通过协商予以修改完善。

用人单位应当将直接涉及劳动者切身利益的规章制度和重大

事项决定公示，或者告知劳动者。

第5条　县级以上人民政府劳动行政部门会同工会和企业方面代表，建立健全协调劳动关系三方机制，共同研究解决有关劳动关系的重大问题。

第6条　工会应当帮助、指导劳动者与用人单位依法订立和履行劳动合同，并与用人单位建立集体协商机制，维护劳动者的合法权益。

第51条　企业职工一方与用人单位通过平等协商，可以就劳动报酬、工作时间、休息休假、劳动安全卫生、保险福利等事项订立集体合同。集体合同草案应当提交职工代表大会或者全体职工讨论通过。

集体合同由工会代表企业职工一方与用人单位订立；尚未建立工会的用人单位，由上级工会指导劳动者推举的代表与用人单位订立。

第53条　在县级以下区域内，建筑业、采矿业、餐饮服务业等行业可以由工会与企业方面代表订立行业性集体合同，或者订立区域性集体合同。

第56条　用人单位违反集体合同，侵犯职工劳动权益的，工会可以依法要求用人单位承担责任；因履行集体合同发生争议，经协商解决不成的，工会可以依法申请仲裁、提起诉讼。

2.《劳动争议调解仲裁法》（2007年12月29日）

第4条　发生劳动争议，劳动者可以与用人单位协商，也可以请工会或者第三方共同与用人单位协商，达成和解协议。

● 部门规章及文件

3.《工资集体协商试行办法》（2000年11月8日）

第9条　工资集体协商代表应依照法定程序产生。职工一方由工会代表。未建工会的企业由职工民主推举代表，并得到半数以上职工的同意。企业代表由法定代表人和法定代表人指定的其他人员担任。

● 其他规范性文件

4.《企业工会工作条例》（2006 年 12 月 11 日）

第 30 条 帮助和指导职工签订劳动合同。代表职工与企业协商确定劳动合同文本的主要内容和条件，为职工签订劳动合同提供法律、技术等方面的咨询和服务。监督企业与所有职工签订劳动合同。

工会对企业违反法律法规和有关合同规定解除职工劳动合同的，应提出意见并要求企业将处理结果书面通知工会。工会应对企业经济性裁员事先提出同意或否决的意见。

监督企业和引导职工严格履行劳动合同，依法督促企业纠正违反劳动合同的行为。

第 31 条 依法与企业进行平等协商，签订集体合同和劳动报酬、劳动安全卫生、女职工特殊权益保护等专项集体合同。

工会应将劳动报酬、工作时间、劳动定额、保险福利、劳动安全卫生等问题作为协商重点内容。

工会依照民主程序选派职工协商代表，可依法委托本企业以外的专业人士作为职工协商代表，但不得超过本方协商代表总数的三分之一。

小型企业集中的地方，可由上一级工会直接代表职工与相应的企业组织或企业进行平等协商，签订区域性、行业性集体合同或专项集体合同。

劳务派遣工集中的企业，工会可与企业、劳务公司共同协商签订集体合同。

第 32 条 工会发出集体协商书面要约二十日内，企业不予回应的，工会可要求上级工会协调；企业无正当理由拒绝集体协商的，工会可提请县级以上人民政府责令改正，依法处理；企业违反集体合同规定的，工会可依法要求企业承担责任。

● 案例指引

劳动合同限制生育案①

案例摘要：本案中，企业与职工张某某签订的劳动合同附加条款规定“女职工三年内不得怀孕”，违反了我国法律关于劳动合同不得限制女职工生育权利的相关规定，侵犯了女职工的生育权；同时，该企业在张某某意外怀孕期间单方面将其辞退，属于违法解除与女职工张某某的劳动关系，严重侵害了女职工怀孕期间的合法权益。在案件处理过程中，某市总工会一是及时发声，多次与企业进行沟通，反映职工诉求，通过晓之以法、动之以情的思想工作，使企业认识到自身的违法行为，并采取积极措施加以纠正，切实维护了女职工的合法权益；二是积极开展法律体检服务进企业活动，组织专业律师团队，对企业的劳动合同、规章制度、奖惩制度等与职工利益相关的条文进行检查，发现问题，提出意见，并限期整改；三是对有类似需求的企业，免费提供法律咨询服务。

第二十二条　对辞退、处分职工的提出意见权

企业、事业单位、社会组织处分职工，工会认为不适当的，有权提出意见。

用人单位单方面解除职工劳动合同时，应当事先将理由通知工会，工会认为用人单位违反法律、法规和有关合同，要求重新研究处理时，用人单位应当研究工会的意见，并将处理结果书面通知工会。

---

① 来源：中国工会法律服务平台（中国工会普法网），载 https：//ghpf. acftu. org/fzxc/nzgqybzpf/yasf/202012/t20201231 _ 773287. html? sdiOEtCa = qqrePtEE7foptx. DeIbK0gF4ko5QqM _ ltk6IEsWdezZNOBjQPzJVf. 9ig _ aNO8VhrzYYPgmI5WuxepQJ4rOvH3fHMbZecx_9. 2Y. Gkzb3QKnoMuV1Fm3vaI7eGGL2qYRma69PMnYn8qcyDSx_JucBPVYArk，最后访问时间为 2021 年 12 月 26 日。

职工认为用人单位侵犯其劳动权益而申请劳动争议仲裁或者向人民法院提起诉讼的，工会应当给予支持和帮助。

法 律

1.《劳动法》（2018 年 12 月 29 日）

第 30 条 用人单位解除劳动合同，工会认为不适当的，有权提出意见。如果用人单位违反法律、法规或者劳动合同，工会有权要求重新处理；劳动者申请仲裁或者提起诉讼的，工会应当依法给予支持和帮助。

2.《劳动合同法》（2012 年 12 月 28 日）

第 6 条 工会应当帮助、指导劳动者与用人单位依法订立和履行劳动合同，并与用人单位建立集体协商机制，维护劳动者的合法权益。

第 39 条 劳动者有下列情形之一的，用人单位可以解除劳动合同：

（一）在试用期间被证明不符合录用条件的；

（二）严重违反用人单位的规章制度的；

（三）严重失职，营私舞弊，给用人单位造成重大损害的；

（四）劳动者同时与其他用人单位建立劳动关系，对完成本单位的工作任务造成严重影响，或者经用人单位提出，拒不改正的；

（五）因本法第二十六条第一款第一项规定的情形致使劳动合同无效的；

（六）被依法追究刑事责任的。

第 40 条 有下列情形之一的，用人单位提前三十日以书面形式通知劳动者本人或者额外支付劳动者一个月工资后，可以解除劳动合同：

（一）劳动者患病或者非因工负伤，在规定的医疗期满后不能从事原工作，也不能从事由用人单位另行安排的工作的；

（二）劳动者不能胜任工作，经过培训或者调整工作岗位，仍不能胜任工作的；

（三）劳动合同订立时所依据的客观情况发生重大变化，致使劳动合同无法履行，经用人单位与劳动者协商，未能就变更劳动合同内容达成协议的。

第43条 用人单位单方解除劳动合同，应当事先将理由通知工会。用人单位违反法律、行政法规规定或者劳动合同约定的，工会有权要求用人单位纠正。用人单位应当研究工会的意见，并将处理结果书面通知工会。

第78条 工会依法维护劳动者的合法权益，对用人单位履行劳动合同、集体合同的情况进行监督。用人单位违反劳动法律、法规和劳动合同、集体合同的，工会有权提出意见或者要求纠正；劳动者申请仲裁、提起诉讼的，工会依法给予支持和帮助。

● 行政法规及文件

3.《国务院关于进一步做好稳就业工作的意见》（2019年12月13日　国发〔2019〕28号）

二、支持企业稳定岗位

（一）加大援企稳岗力度。阶段性降低失业保险费率、工伤保险费率的政策，实施期限延长至2021年4月30日。参保企业面临暂时性生产经营困难且恢复有望、坚持不裁员或少裁员的失业保险稳岗返还政策，以及困难企业开展职工在岗培训的补贴政策，实施期限均延长至2020年12月31日。

（二）加强对企业金融支持。落实普惠金融定向降准政策，释放的资金重点支持民营企业和小微企业融资。鼓励银行完善金融服务民营企业和小微企业的绩效考核激励机制，增加制造业中小微企业中长期贷款和信用贷款。对扩大小微企业融资担保业务规模、降低小微企业融资担保费率等政策性引导较强的地方进行奖补。发挥各级政府中小企业工作领导小组的协调作用，支持中小企业发展，增加就业。发挥各级金融监管机构作用，鼓励银行为重点企业制定专门信贷计划，对遇到暂时困难但符合授信条件的企业，不得盲目抽贷、断贷。

（三）引导企业开拓国内市场。完善省际间信息沟通、收益分享等机制，鼓励中西部和东北地区各类产业园区与东部产业转出地区加强对接，及时掌握有转移意愿的企业清单。推广工业用地长期租赁、先租后让、租让结合和弹性年期供应方式，降低物流和用电用能成本，有条件的地区可加大标准厂房建设力度并提供租金优惠，推动制造业跨区域有序转移。搭建跨部门综合服务平台，加强企业产销融通对接，重点支持相关企业对接国内各大电商平台和各行业、各区域大宗采购项目，支持企业拓展国内市场销售渠道。

（四）规范企业裁员行为。支持企业与职工集体协商，采取协商薪酬、调整工时、轮岗轮休、在岗培训等措施，保留劳动关系。对拟进行经济性裁员的企业，指导其依法依规制定和实施职工安置方案，提前30日向工会或全体职工说明相关情况，依法依规支付经济补偿，偿还拖欠的职工工资，补缴欠缴的社会保险费。

● 司法解释及文件

4.《最高人民法院关于审理劳动争议案件适用法律问题的解释（一）》（2020年12月29日　法释〔2020〕26号）

第47条　建立了工会组织的用人单位解除劳动合同符合劳动合同法第三十九条、第四十条规定，但未按照劳动合同法第四十三条规定事先通知工会，劳动者以用人单位违法解除劳动合同为由请求用人单位支付赔偿金的，人民法院应予支持，但起诉前用人单位已经补正有关程序的除外。

● 案例指引

1. **单位单方解除劳动合同案**（《2014 年北京劳动维权十大案例评析》）①

案例摘要：本案庭审时，单位提交了《事情经过》《检查》《学习记录》《签到表》《奖惩条例》等证据，认为张某违反了规章制度，所以不同意支付解除劳动合同经济补偿金。张某认可《事情经过》《检查》等内容的真实性，这些证据显示他存在不服从管理的行为。但是，《劳动合同法》第 43 条规定，用人单位单方解除劳动合同，应当事先将理由通知工会。用人单位应当研究工会的意见，并将处理结果书面通知工会。因张某对《签到表》和《奖惩条例》不予认可，且公司与他解除劳动合同时未通过工会组织，程序不合法，所以仲裁委认定公司与张某协商一致解除劳动合同，对张某要求支付解除劳动合同经济补偿金的请求予以支持。从理论上说，劳动者还可以向工会提出异议，由工会向单位提出纠正意见，但在实践中操作起来比较困难。在该案件中，工会法援律师经过仔细研究案情，发现了单位解除劳动合同未经过工会这一程序上的瑕疵，最终使仲裁委采纳了援助律师的代理意见，裁决单位向张某支付经济补偿金，成功维护了劳动者的合法权益。

2. **用人单位经济性裁员未事先报告案**（《2020 年北京工会劳动维权十大案例评析》）②

案例摘要：《劳动合同法》第 41 条对经济性裁员作出了明确规定。此外，用人单位还应当注意，不能以经济性裁员为由与《劳动合同法》第 42 条规定的有特殊情形的劳动者解除劳动合同。庭审

---

① 来源：京工网，载 https：//www. workerbj. cn/jgw/html/weiquan/shuofa/2014/1230/5943. html，最后访问时间为 2021 年 12 月 26 日。

② 来源：《劳动午报数字报》，载 http：//ldwb. workerbj. cn/content/2021-02/02/content_ 119719. htm，最后访问时间为 2021 年 12 月 26 日。

中，北京某旅游公司主张其与员工解除劳动合同属于经济性裁员，并提交了公司财务报告、员工花名册、向属地劳动行政部门报告的裁员方案等证据，以证明其确因生产经营困难进行经济性裁员，符合法律的有关规定。但是经过质证发现，北京某旅游公司向属地的劳动行政部门报告裁员方案的时间晚于公司的实际裁员时间。另外，该公司没有提前30日向工会或者全体职工说明情况，没有听取工会或者职工的意见。经济性裁员必须达到法定人数、符合法定情形、履行法定程序，三者缺一不可。

3. **末位淘汰不合法案**（《全省工会法律援助十大典型案例②》）①

案例摘要："末位淘汰"叫10%淘汰率法则，也叫271原则，即认为一个组织中，有20%的人是好的，70%的人是中间状态，10%的人是差的。目前，不少企业通过末位淘汰加速员工队伍优胜劣汰等措施，激发全体员工斗志，提升公司效益，但实际上侵害了职工合法权益。《劳动合同法》就用人单位单方解除劳动合同的权利，作了列举方式的规定，即必须符合法定条件或情形的，用人单位才可以单方解除劳动合同。之所以采取列举方式，而不作概括式的规定，就是为了防止用人单位不正当解雇劳动者。无论从法律规定还是司法实践来看，"末位淘汰"均是一种损害劳动者权益的违法行为。需要指出的是，实践中很多用人单位并不直接单方解除劳动合同，而是以各种手段，挤走企业不想要、不愿留的人，迫使其辞职，且不支付经济补偿金。对这种隐蔽的、变相的解雇行为，工会组织应积极开展企业劳动用工风险评估，提醒督促企业依法规范用工，对合法权益受损害的职工，及时实施法律援助，确保职工权益不受侵害。

---

① 来源：《江苏工人报》，载 http://epaper.jsgrb.com/article/index/aid/5394548.html? searchword=%20%E5%85%A8%E7%9C%81%E5%B7%A5%E4%BC%9A%E6%B3%95%E5%BE%8B%E6%8F%B4%E5%8A%A9%E5%8D%81%E5%A4%A7%E5%85%B8%E5%9E%8B%E6%A1%88%E4%BE%8B，最后访问时间为2022年10月12日。

4. 单亲妈妈患癌被非法辞退案（《全省工会法律援助十大典型案例③》）①

案例摘要：一个不完整的家庭已经生活不易，本是顶梁柱的单亲妈妈突患癌症，使家庭状况更加艰难。在此情况下，又突然遭到用人单位单方解除劳动合同，家庭生活顿时陷入绝境。作为职工的"娘家人"，工会组织及时出面伸援手，提供免费的法律援助，有效维护了职工合法权益。医疗期长短根据实际工作年限、本单位工作年限、所患疾病种类等来确定，用人单位需要依法全面解读。职工是财富创造的主体，企业能不能发展壮大、行稳致远，离不开职工的辛勤劳动和付出。企业应该加强人文关怀，设身处地为职工着想，给职工更多的关心呵护，进一步增强职工对企业的认同感、归宿感。

第二十三条 对职工劳动权益的维护

企业、事业单位、社会组织违反劳动法律法规规定，有下列侵犯职工劳动权益情形，工会应当代表职工与企业、事业单位、社会组织交涉，要求企业、事业单位、社会组织采取措施予以改正；企业、事业单位、社会组织应当予以研究处理，并向工会作出答复；企业、事业单位、社会组织拒不改正的，工会可以提请当地人民政府依法作出处理：

（一）克扣、拖欠职工工资的；

（二）不提供劳动安全卫生条件的；

（三）随意延长劳动时间的；

（四）侵犯女职工和未成年工特殊权益的；

（五）其他严重侵犯职工劳动权益的。

---

① 来源：《江苏工人报》，载 http://epaper.jsgrb.com/article/index/aid/5414863.html? searchword=%20%E5%85%A8%E7%9C%81%E5%B7%A5%E4%BC%9A%E6%B3%95%E5%BE%8B%E6%8F%B4%E5%8A%A9%E5%8D%81%E5%A4%A7%E5%85%B8%E5%9E%8B%E6%A1%88%E4%BE%8B，最后访问时间为 2022 年 10 月 12 日。

法 律

1.《劳动合同法》(2012 年 12 月 28 日)

第 41 条　有下列情形之一，需要裁减人员二十人以上或者裁减不足二十人但占企业职工总数百分之十以上的，用人单位提前三十日向工会或者全体职工说明情况，听取工会或者职工的意见后，裁减人员方案经向劳动行政部门报告，可以裁减人员：

（一）依照企业破产法规定进行重整的；

（二）生产经营发生严重困难的；

（三）企业转产、重大技术革新或者经营方式调整，经变更劳动合同后，仍需裁减人员的；

（四）其他因劳动合同订立时所依据的客观经济情况发生重大变化，致使劳动合同无法履行的。

裁减人员时，应当优先留用下列人员：

（一）与本单位订立较长期限的固定期限劳动合同的；

（二）与本单位订立无固定期限劳动合同的；

（三）家庭无其他就业人员，有需要扶养的老人或者未成年人的。

用人单位依照本条第一款规定裁减人员，在六个月内重新招用人员的，应当通知被裁减的人员，并在同等条件下优先招用被裁减的人员。

第 43 条　用人单位单方解除劳动合同，应当事先将理由通知工会。用人单位违反法律、行政法规规定或者劳动合同约定的，工会有权要求用人单位纠正。用人单位应当研究工会的意见，并将处理结果书面通知工会。

第 73 条　国务院劳动行政部门负责全国劳动合同制度实施的监督管理。

县级以上地方人民政府劳动行政部门负责本行政区域内劳动合同制度实施的监督管理。

县级以上各级人民政府劳动行政部门在劳动合同制度实施的监督管理工作中，应当听取工会、企业方面代表以及有关行业主管部门的意见。

第 74 条 县级以上地方人民政府劳动行政部门依法对下列实施劳动合同制度的情况进行监督检查：

（一）用人单位制定直接涉及劳动者切身利益的规章制度及其执行的情况；

（二）用人单位与劳动者订立和解除劳动合同的情况；

（三）劳务派遣单位和用工单位遵守劳务派遣有关规定的情况；

（四）用人单位遵守国家关于劳动者工作时间和休息休假规定的情况；

（五）用人单位支付劳动合同约定的劳动报酬和执行最低工资标准的情况；

（六）用人单位参加各项社会保险和缴纳社会保险费的情况；

（七）法律、法规规定的其他劳动监察事项。

第 75 条 县级以上地方人民政府劳动行政部门实施监督检查时，有权查阅与劳动合同、集体合同有关的材料，有权对劳动场所进行实地检查，用人单位和劳动者都应当如实提供有关情况和材料。

劳动行政部门的工作人员进行监督检查，应当出示证件，依法行使职权，文明执法。

第 76 条 县级以上人民政府建设、卫生、安全生产监督管理等有关主管部门在各自职责范围内，对用人单位执行劳动合同制度的情况进行监督管理。

第 77 条 劳动者合法权益受到侵害的，有权要求有关部门依法处理，或者依法申请仲裁、提起诉讼。

第 78 条 工会依法维护劳动者的合法权益，对用人单位履行劳动合同、集体合同的情况进行监督。用人单位违反劳动法律、法规和劳动合同、集体合同的，工会有权提出意见或者要求纠正；劳动者申请仲裁、提起诉讼的，工会依法给予支持和帮助。

第 79 条 任何组织或者个人对违反本法的行为都有权举报，县级以上人民政府劳动行政部门应当及时核实、处理，并对举报有功人员给予奖励。

2.《妇女权益保障法》（2022 年 10 月 30 日）

第 31 条 县级以上地方人民政府应当设立妇幼保健机构，为妇女提供保健以及常见病防治服务。

国家鼓励和支持社会力量通过依法捐赠、资助或者提供志愿服务等方式，参与妇女卫生健康事业，提供安全的生理健康用品或者服务，满足妇女多样化、差异化的健康需求。

用人单位应当定期为女职工安排妇科疾病、乳腺疾病检查以及妇女特殊需要的其他健康检查。

第 44 条 用人单位在录（聘）用女职工时，应当依法与其签订劳动（聘用）合同或者服务协议，劳动（聘用）合同或者服务协议中应当具备女职工特殊保护条款，并不得规定限制女职工结婚、生育等内容。

职工一方与用人单位订立的集体合同中应当包含男女平等和女职工权益保护相关内容，也可以就相关内容制定专章、附件或者单独订立女职工权益保护专项集体合同。

第 48 条 用人单位不得因结婚、怀孕、产假、哺乳等情形，降低女职工的工资和福利待遇，限制女职工晋职、晋级、评聘专业技术职称和职务，辞退女职工，单方解除劳动（聘用）合同或者服务协议。

女职工在怀孕以及依法享受产假期间，劳动（聘用）合同或者服务协议期满的，劳动（聘用）合同或者服务协议期限自动延续至产假结束。但是，用人单位依法解除、终止劳动（聘用）合同、服务协议，或者女职工依法要求解除、终止劳动（聘用）合同、服务协议的除外。

用人单位在执行国家退休制度时，不得以性别为由歧视妇女。

第51条 国家实行生育保险制度，建立健全婴幼儿托育服务等与生育相关的其他保障制度。

国家建立健全职工生育休假制度，保障孕产期女职工依法享有休息休假权益。

地方各级人民政府和有关部门应当按照国家有关规定，为符合条件的困难妇女提供必要的生育救助。

第74条 用人单位侵害妇女劳动和社会保障权益的，人力资源和社会保障部门可以联合工会、妇女联合会约谈用人单位，依法进行监督并要求其限期纠正。

3. **《企业破产法》**（2006年8月27日）

第59条 依法申报债权的债权人为债权人会议的成员，有权参加债权人会议，享有表决权。

债权尚未确定的债权人，除人民法院能够为其行使表决权而临时确定债权额的外，不得行使表决权。

对债务人的特定财产享有担保权的债权人，未放弃优先受偿权利的，对于本法第六十一条第一款第七项、第十项规定的事项不享有表决权。

债权人可以委托代理人出席债权人会议，行使表决权。代理人出席债权人会议，应当向人民法院或者债权人会议主席提交债权人的授权委托书。

债权人会议应当有债务人的职工和工会的代表参加，对有关事项发表意见。

第67条 债权人会议可以决定设立债权人委员会。债权人委员会由债权人会议选任的债权人代表和一名债务人的职工代表或者工会代表组成。债权人委员会成员不得超过九人。

债权人委员会成员应当经人民法院书面决定认可。

● 行政法规及文件

4.《保障农民工工资支付条例》（2019 年 12 月 30 日）

第 51 条 工会依法维护农民工工资权益，对用人单位工资支付情况进行监督；发现拖欠农民工工资的，可以要求用人单位改正，拒不改正的，可以请求人力资源社会保障行政部门和其他有关部门依法处理。

● 部门规章及文件

5.《人力资源社会保障部、教育部等九部门关于进一步规范招聘行为促进妇女就业的通知》（2019 年 2 月 18 日）

八、加强组织领导。各地区、各有关部门要高度重视促进妇女平等就业，履职尽责、协同配合，齐抓共管、综合施策。人力资源社会保障部门要会同有关部门加强对招用工行为的监察执法，引导合法合理招聘，加强面向妇女的就业服务和职业技能培训。教育部门要推进中小学课后服务。司法部门要提供司法救济和法律援助。卫生健康部门要促进婴幼儿照护服务发展。国有资产监督管理部门要加强对各级各类国有企业招聘行为的指导与监督。医疗保障部门要完善落实生育保险制度。工会组织要积极推动企业依法合规用工。妇联组织要会同有关方面组织开展相关评选表彰，加强宣传引导，加大对妇女的关心关爱。人民法院要积极发布典型案例、指导性案例，充分发挥裁判的规范、引导作用。人力资源社会保障部门、工会组织、妇联组织等部门对涉嫌就业性别歧视的用人单位开展联合约谈。

6.《交通运输部、国家邮政局、国家发展改革委、人力资源社会保障部、商务部、市场监管总局、全国总工会关于做好快递员群体合法权益保障工作的意见》（2021 年 6 月 23 日　交邮政发〔2021〕59 号）

各省、自治区、直辖市人民政府：

快递员群体是指从事快递收寄、分拣、运输、投递和查询等服务工作的广大劳动者。近年来，我国快递员群体规模不断扩大，已经成为新产业新业态新模式就业群体的重要组成部分，是畅通经济循环、推动消费升级、促进创业就业、增进民生福祉、维护社会稳定的重要参与者、实践者和推动者，为我国经济社会发展作出了积极贡献。同时，快递员群体也存在着职业归属感不强、社会保障不足、劳动强度与工资收入不匹配等问题，在改善生产条件、融入城市生活等方面还存在不少困难。为切实保障快递员群体合法权益，促进快递业持续健康发展，经国务院同意，现提出以下意见。

一、总体要求

（一）指导思想。

以习近平新时代中国特色社会主义思想为指导，全面贯彻落实党的十九大和十九届二中、三中、四中、五中全会精神，坚持以人民为中心的发展思想，坚持共同富裕方向，坚持法治化、规范化、市场化工作路径，坚持问题导向、标本兼治，落实企业主责，强化政府责任，凝聚工作合力，切实实现好、维护好、发展好快递员群体的合法权益。

（二）基本原则。

依法保障，注重公平。着力解决好快递员群体最关心、最直接、最现实的合法权益问题，保障在劳动就业、社会保险、医疗卫生、职业培训等方面应享有的法定权利。兼顾效率与公平，统筹处理好促进企业发展和维护快递员合法权益的关系，让快递员群体更广泛地共享改革发展成果。

企业主责，强化治理。落实企业主体责任，调动企业与快递员积极性、主动性，推动双方协商共事、机制共建、效益共创、利益共享。强化政府作用，注重引导、服务与监督并重，督促企业依法依规用工，采取务实举措加强对涉及快递员群体切身利益问题的监督管理。

齐抓共管，综合施策。各部门分工负责、合力推进，地方政府强化管理，维护快递末端稳定运行，发挥协会行业自律功能，动员社会各方积极参与，形成协同共治良好格局。创新制度供给，加强工作衔接，注重统筹推进、部门协同、上下联动，为快递员群体生产与生活提供便利条件和有效保障。

目标导向，循序渐进。既要有针对性地加快解决当前面临的现实问题，又要依靠改革和发展，着力构建从根本上保障快递员群体合法权益的体制机制。各项制度措施要处理好改革、发展、稳定的关系，聚焦重点，精准发力，有序推进。

（三）主要目标。

到"十四五"末，快递员群体合法权益保障的相关制度机制基本健全，快递员群体薪资待遇更趋合理，社保权益得以维护，专业技能有效提高，企业用工更加规范，从业环境更加优化，就业队伍更加稳定，职业的自我认同和社会认同持续增强，快递员群体的获得感、幸福感、安全感持续提升。

二、主要任务

（一）形成合理收益分配机制。制定《快递末端派费核算指引》，督促企业保持合理末端派费水平，保证末端投递基本支出，保障快递员基本劳动所得。引导电商平台和快递企业加强系统对接，满足差异化服务需求，保障用户自主选择权。依法服务和保障快递领域投资行为。加强监督检查，依法查处不正当价格竞争，规范对寄自特定区域的快件实施非正常派费结算等可能损害快递员权益的行为。（国家发展改革委、商务部、市场监管总局、国家邮政局和各地方人民政府按职责分工负责）

（二）保障快递员合理劳动报酬。引导工会组织、快递协会建立行业工资集体协商机制，确定快递员最低劳动报酬标准和年度劳动报酬增长幅度。指导快递协会研究制定《快递员劳动定额标准》。开展快递员工资收入水平监测并定期发布，指导企业科学设定快递员工资水平，引导快递员合理确定工资预期。加强劳动保障监察执法，依法保障快递员按时足额获得工资。推动企业确定合理劳动定额，落实带薪休假制度，保障快递员休息休假权利。（人力资源社会保障部、国家邮政局、全国总工会和各地方人民政府按职责分工负责）

（三）提升快递员社会保险水平。鼓励快递企业直接用工，提高自有员工比例。督促企业依法与快递员签订劳动合同并缴纳社会保险费，依法规范使用劳务派遣。对用工灵活、流动性大的基层快递网点，可统筹按照地区全口径城镇单位就业人员平均工资水平或营业额比例计算缴纳工伤保险费，优先参加工伤保险。推动企业为快递员购买人身意外保险。探索建立更灵活、更便利的社会保险经办管理服务模式。（人力资源社会保障部、国家邮政局和各地方人民政府按职责分工负责）

（四）优化快递员生产作业环境。督促企业严格执行安全生产相关标准，加大资金投入、配齐劳保用品、升级作业装备、改善工作环境，确保生产作业安全。督促企业加强职业操守、服务规范、安全生产和应急处置等方面教育培训。健全完善对快递末端服务车辆的包容性管理，提供通行停靠便利。引导快递企业和工会组织加大投入，推进基层网点“会、站、家”一体化建设。（国家邮政局、全国总工会和各地方人民政府按职责分工负责）

（五）落实快递企业主体责任。修订《快递市场管理办法》，明确企业总部在网络稳定、快递员权益保障等方面的统一管理责任。结合快递业态发展新趋势新特点，修订《快递服务》国家标准。将落实快递员权益保障情况纳入行业诚信体系建设范畴。指导企业完善考核机制，遏制“以罚代管”，加强对恶意投诉的甄别处置，拓宽快递员困难救济渠道。组织开展快递员权益保障满意度调查并按品牌发布。（交通运输部、国家邮政局和各地方人

民政府按职责分工负责）

（六）规范企业加盟和用工管理。末端备案网点损害快递员合法权益的，由该网点的开办企业依法承担责任。快递企业与快递员之间符合建立劳动关系情形的，按照劳动保障法律法规承担相应责任。支持快递协会制定并推广加盟协议推荐文本，明确依法用工和保障快递员合法权益要求。督促企业制定劳动管理规章制度时听取工会、快递员代表意见，充分履行民主决策程序。（国家邮政局、人力资源社会保障部、全国总工会和各地方人民政府按职责分工负责）

（七）加强网络稳定运行监管。对企业重大经营管理事项开展风险评估，加强部门间信息共享和协同治理。快递服务出现快件积压、网络阻断、员工大量离职等严重异常情况，对该区域直接责任主体依法实施应急整改，发布消费提示，并复核该品牌的区域服务能力。支持企业工会建立劳动关系风险评估和化解机制，有效维护末端网点稳定。（国家邮政局、人力资源社会保障部、市场监管总局、全国总工会和各地方人民政府按职责分工负责）

（八）完善职业发展保障体系。推动职业技能等级认定和技能培训，定期组织开展全国邮政行业职业技能竞赛、全国“互联网+”快递业创新创业大赛。支持在快递企业成立工会组织，依法履行维权和服务职责。做好属地法律援助和心理疏导。推荐先进快递员作为各级“两代表一委员”人选，畅通参政议政渠道。按照国家有关规定开展全国邮政行业先进集体、劳动模范和先进工作者评选表彰活动，增强快递员的职业认同感、荣誉感。（人力资源社会保障部、国家邮政局、全国总工会和各地方人民政府按职责分工负责）

三、保障措施

（九）注重部门协同。交通运输部、国家邮政局、国家发展改革委、人力资源社会保障部、商务部、市场监管总局、全国总工会要加强部际联系，强化协同配合和政策衔接，形成齐抓共管的合力。及时总结推广制度成果，协调解决意见实施中遇到的问题，重大情况及时按程序请示报告。（各部门按职责分工负责）

（十）落实地方责任。各地要提高政治站位，进一步增强做好快递员群体合法权益保障工作的责任感和紧迫感，制定实施方案，出台配套政策，细化任务措施，加强统筹协调，完善工作机制，抓好工作落实。将邮政快递纳入各级地方社会稳定管理体系，研究将快递员群体纳入当地住房医疗和子女教育等民生保障体系，健全县级邮政监管机制。（各地方人民政府负责）

（十一）强化宣传引导。持续开展关爱快递员“暖蜂行动”，通过报纸、广播电视、互联网、新媒体等传媒手段，创新宣传方式，增强宣传效果，大力宣传快递员群体先进典型以及权益保障工作有效做法，广泛凝聚社会共识，营造良好社会氛围。（各部门按职责分工负责）

7. **《市场监管总局、国家网信办、国家发展改革委、公安部、人力资源社会保障部、商务部、中华全国总工会关于落实网络餐饮平台责任切实维护外卖送餐员权益的指导意见》**（2021 年 7 月 16 日　国市监网监发〔2021〕38 号）

各省、自治区、直辖市和新疆生产建设兵团市场监管局（厅、委）、网信办、发展改革委、公安厅（局）、人力资源社会保障厅、商务厅、总工会：

为促进网络餐饮健康发展，维护外卖送餐员正当权益，现提出十条意见。

一、科学设置报酬规则，保障合理劳动收入

网络餐饮平台要认真完善外卖送餐员劳动报酬规则，建立与工作任务、劳动强度相匹配的收入分配机制。制定科学合理的劳动定额标准和外卖送餐员接单最低报酬，确保外卖送餐员提供正常劳动的实际所得不低于当地最低工资标准。明确劳动报酬发放时间和方式，确保按时足额发放。外卖送餐员在法定节假日、恶劣天气、夜间等情形下工作的，适当给予补贴。

二、完善绩效考核制度，发挥正向激励作用

网络餐饮平台及第三方合作单位要合理设定对外卖送餐员的绩效考核制度。在制定调整考核、奖惩等涉及外卖送餐员切身利益的制度或重大事项时，应提前公示，充分听取外卖送餐员、工会等方面的意见。优化算法规则，不得将“最严算法”作为考核要求，要通过“算法取中”等方式，合理确定订单数量、在线率等考核要素，适当放宽配送时限。

三、优化平台派单机制，切实保障劳动安全

网络餐饮平台要发挥数据技术优势，进一步完善订单分派机制，优化外卖送餐员往返路线，降低劳动强度。科学确定订单饱和度，向外卖送餐员分派并发单量时，要充分考虑安全因素。合理管控在线工作时长，对于连续送单超过4小时的，系统发出疲劳提示，20分钟内不再派单。加强日常交通安全教育，定期开展安全培训，引导督促外卖送餐员严格遵守交通法规，骑行环节全程佩戴安全头盔，使用符合国家安全标准的配送车辆，保障劳动安全。

四、加强外卖服务规范，严守食品安全底线

网络餐饮平台要切实担负食品配送环节安全责任，履行食品安全法律法规规定的义务。制定平台外卖送餐服务管理规范，加强食品安全知识培训，提升外卖送餐员食品安全风险防控、个人卫生等方面知识水平。保障配送容器安全卫生，加快推行外卖餐食封签等措施，确保食品配送过程不受污染，严格落实食品安全要求。

五、综合运用保险工具，着力强化保障力度

网络餐饮平台及第三方合作单位要依法为建立劳动关系的外卖送餐员参加社会保险，鼓励其他外卖送餐员参加社会保险。按照国家规定参加平台灵活就业人员职业伤害保障试点，防范和化解外卖送餐员职业伤害风险。鼓励针对平台就业特点，探索提供多样化商业保险保障方案，确保缴纳费用足额投保，提高多层次保障水平。

六、优化从业环境，改善工作生活条件

鼓励支持新业态发展，营造良好从业环境，积极发挥稳定和扩大就业作用。推动在商业楼宇、居民小区等设置外卖送餐员临时驻留点，公共区域设置电动车充换电设施，提供必要的饮水、休息、充电等条件，不断改善工作环境。加强与物业管理机构沟通，通过推广铺设智能取餐柜等形式，提升外卖送达的便利度。鼓励研发智能头盔等穿戴设备，促进骑行配送安全。对外卖送餐员住宿、子女教育方面给予关心支持。

七、加强组织建设，完善支持保障体系

推动建立适应新就业形态的工会组织，积极吸纳外卖送餐员群体入会，引导帮助外卖送餐员参与工会事务，提高权益保障体系化、机制化水平。支持工会开展工作，参与外卖送餐员报酬规则、绩效考核、派单时间、劳动安全、工作条件等重要事项协商协调，保障外卖送餐员对涉及自身利益事项的知情权，为外卖送餐员提供依法维权咨询、政策宣传解读、技能培训、心理疏导、思想关爱、困难帮扶和送温暖等服务，维护外卖送餐员合法权益。

八、给予更多关心关爱，增强职业社会认同

积极倡导网络餐饮平台加强团队建设，丰富外卖送餐员文化生活。加大宣传力度，营造良好氛围，引导社会对外卖送餐员形成身份尊重和职业认同。推动开展技能、素质、文化等多方位培训，提升外卖送餐员能力水平，提高公共环境融入度，营造外卖送餐员与餐饮商户、消费者之间的和谐关系。制定完善救助预案，对遇到特殊困难的外卖送餐员及时给予帮助，切实提高团体归属感。

九、强化风险防控措施，有效化解处置矛盾

网络餐饮平台及第三方合作单位要建立有效的风险防控和矛盾处置机制。要落实风险防控责任，开展常态化风险评估，充分依托大数据等技术优势，及早发现风险因素，及时预警处置并报告地方政府。要畅通外卖送餐员诉求渠道，明确诉求处置程序、时限，加强民主协商和平等沟通，满足正当诉求。坚持抓早抓小，对于客观因素造成送单超时等常规问题，一般在 24 小时内合理解决，防止矛盾升级，有效处置纠纷。

十、适应灵活就业发展趋势，不断提升权益保障水平

督促网络餐饮平台及第三方合作单位依法保障外卖送餐员合法权益。外卖送餐员的工作任务来源于平台，通过平台获得收入，平台应通过多种方式承担劳动者权益保障方面的责任。平台要加强对第三方合作单位保障外卖送餐员正当权益情况的监督。平台应严格落实国家关于维护灵活就业和新就业形态劳动者权益的法律规定和政策举措，不断提升外卖送餐员权益保障水平。

充分发挥网络监管部际联席会议重要作用，发挥各部门职能优势，强化责任担当，进一步加强政策衔接和协同配合，及时协调解决指导意见实施中遇到的问题。各地要落实属地责任，建立健全外卖送餐员权益保障工作协调机制，加强组织实施，强化风险评估，有效化解矛盾，落实网络餐饮平台主体责任和社会责任，保障外卖送餐员合法权益，坚决维护社会稳定。

● 其他规范性文件

8.《工会劳动法律监督办法》（2021 年 3 月 31 日　总工办发〔2021〕9 号）

第一章　总　　则

第 1 条　为保障和规范工会劳动法律监督工作，维护职工合法权益，推动构建和谐劳动关系，根据《中华人民共和国宪法》和《中华人民共和国工会法》、《中华人民共和国劳动法》及《中国工会章程》等有关规定，制定本办法。

第 2 条　工会劳动法律监督，是工会依法对劳动法律法规执

行情况进行的有组织的群众监督，是我国劳动法律监督体系的重要组成部分。

第3条　工会劳动法律监督工作应当遵循依法规范、客观公正、依靠职工、协调配合的原则。

第4条　全国总工会负责全国的工会劳动法律监督工作。

县级以上地方总工会负责本行政区域内的工会劳动法律监督工作。

乡镇（街道）工会、开发区（工业园区）工会、区域性、行业性工会联合会等负责本区域或本行业的工会劳动法律监督工作。

用人单位工会负责本单位的工会劳动法律监督工作。

第5条　上级工会应当加强对下级工会劳动法律监督工作的指导和督促检查。

涉及工会劳动法律监督的重大事项，下级工会应当及时向上级工会报告，上级工会应当及时给予指导帮助。对上级工会交办的劳动法律监督事项，下级工会应当及时办理并报告。

第6条　工会应当积极配合有关部门，对政府部门贯彻实施劳动法律法规的情况进行监督。

第7条　有关劳动安全卫生、社会保险等各类专业监督检查，已有相关规定的，按规定执行。

第二章　监督职责

第8条　工会开展劳动法律监督，依法享有下列权利：

（一）监督用人单位遵守劳动法律法规的情况；

（二）参与调查处理；

（三）提出意见要求依法改正；

（四）提请政府有关主管部门依法处理；

（五）支持和帮助职工依法行使劳动法律监督权利；

（六）法律法规规定的其他劳动法律监督权利。

第9条　工会对用人单位的下列情况实施监督：

（一）执行国家有关就业规定的情况；

（二）执行国家有关订立、履行、变更、解除劳动合同规定的情况；

（三）开展集体协商，签订和履行集体合同的情况；

（四）执行国家有关工作时间、休息、休假规定的情况；

（五）执行国家有关工资报酬规定的情况；

（六）执行国家有关各项劳动安全卫生及伤亡事故和职业病处理规定的情况；

（七）执行国家有关女职工和未成年工特殊保护规定的情况；

（八）执行国家有关职业培训和职业技能考核规定的情况；

（九）执行国家有关职工保险、福利待遇规定的情况；

（十）制定内部劳动规章制度的情况；

（十一）法律法规规定的其他劳动法律监督事项。

第 10 条　工会重点监督用人单位恶意欠薪、违法超时加班、违法裁员、未缴纳或未足额缴纳社会保险费、侮辱体罚、强迫劳动、就业歧视、使用童工、损害职工健康等问题。对发现的有关问题线索，应当调查核实，督促整改，并及时向上级工会报告；对职工申请仲裁、提起诉讼的，工会应当依法给予支持和帮助。

第 11 条　工会应当加强法治宣传，引导用人单位依法用工，教育职工依法理性表达合理诉求。

第 12 条　工会建立隐患排查、风险研判和预警发布等制度机制，加强劳动关系矛盾预防预警、信息报送和多方沟通协商，把劳动关系矛盾风险隐患化解在基层、消除在萌芽状态。

第 13 条　县级以上工会经同级人大、政协同意，可以参加其组织的劳动法律法规执法检查、视察。

第三章　监 督 组 织

第 14 条　县级以上总工会设立工会劳动法律监督委员会，

在同级工会领导下开展工会劳动法律监督工作。工会劳动法律监督委员会的日常工作由工会有关部门负责。

基层工会或职工代表大会设立劳动法律监督委员会或监督小组。工会劳动法律监督委员会受同级工会委员会领导。职工代表大会设立的劳动法律监督委员会对职工代表大会负责。

工会劳动法律监督委员会任期与本级工会任期相同。

第 15 条 县级以上工会劳动法律监督委员会委员由相关业务部门的人员组成，也可以聘请社会有关人士参加。

基层工会劳动法律监督委员会委员或监督小组成员从工会工作者和职工群众中推选产生。

第 16 条 工会劳动法律监督委员会可以聘任若干劳动法律监督员。工会劳动法律监督委员会成员同时为本级工会劳动法律监督员。

第 17 条 工会劳动法律监督员应当具备以下条件：

（一）具有较高的政治觉悟，热爱工会工作；

（二）熟悉劳动法律法规，具备履职能力；

（三）公道正派，热心为职工群众说话办事；

（四）奉公守法，清正廉洁。

第 18 条 工会劳动法律监督员实行先培训合格、后持证上岗制度。工会劳动法律监督员由县级以上总工会负责培训，对考核合格的，颁发《工会劳动法律监督员证书》。证书样式由中华全国总工会统一制定。

第 19 条 各级工会应当建立有关制度和信息档案，对工会劳动法律监督员进行实名制管理，具体工作由工会有关部门负责。

第 20 条 工会可以聘请人大代表、政协委员、专家学者、社会人士等作为本级工会劳动法律监督委员会顾问，也可以通过聘请律师、购买服务等方式为工会劳动法律监督委员会提供法律服务。

第四章　监督实施

第 21 条　基层工会对本单位遵守劳动法律法规的情况实行监督，对劳动过程中发生的违反劳动法律法规的问题，应当及时向生产管理人员提出改进意见；对于严重损害劳动者合法权益的行为，基层工会在向单位行政提出意见的同时，可以向上级工会和当地政府有关主管部门报告，提出查处建议。

第 22 条　职工代表大会设立的劳动法律监督委员会，对本单位执行劳动法律法规的情况进行监督检查，定期向职工代表大会报告工作，针对存在的问题提出意见或议案，经职工代表大会作出决议，督促行政方面执行。

第 23 条　工会建立健全劳动法律监督投诉制度，对实名投诉人个人信息应当予以保密。

第 24 条　上级工会收到对用人单位违反劳动法律法规行为投诉的，应当及时转交所在用人单位工会受理，所在用人单位工会应当开展调查，于三十个工作日内将结果反馈职工与上级工会。对不属于监督范围或者已经由行政机关、仲裁机构、人民法院受理的投诉事项，所在用人单位工会应当告知实名投诉人。

用人单位工会开展劳动法律监督工作有困难的，上级工会应当及时给予指导帮助。

第 25 条　工会在处理投诉或者日常监督工作中发现用人单位存在违反劳动法律法规、侵害职工合法权益行为的，可以进行现场调查，向有关人员了解情况，查阅、复制有关资料，核查事实。

第 26 条　工会劳动法律监督员对用人单位进行调查时，应当不少于 2 人，必要时上级工会可以派员参与调查。

工会劳动法律监督员执行任务时，应当将调查情况在现场如实记录，经用人单位核阅后，由调查人员和用人单位的有关人员共同签名或盖章。用人单位拒绝签名或盖章的，应当在记录上注明。

工会劳动法律监督员调查中应当尊重和保护个人信息，保守用人单位商业秘密。

第 27 条　工会主动监督中发现违反劳动法律法规、侵害职工合法权益行为的，应当及时代表职工与用人单位协商，要求整改。对于职工的投诉事项，经调查认为用人单位不存在违反劳动法律法规、侵害职工合法权益行为的，应当向职工说明；认为用人单位存在违反劳动法律法规、侵害职工合法权益行为的，应当代表职工协商解决。

第 28 条　工会对用人单位违反劳动法律法规、侵害职工合法权益的行为，经协商沟通解决不成或要求整改无效的，向上一级工会报告，由本级或者上一级工会根据实际情况向用人单位发出工会劳动法律监督书面意见。

用人单位收到工会劳动法律监督书面意见后，未在规定期限内答复，或者无正当理由拒不改正的，基层工会可以提请地方工会向同级人民政府有关主管部门发出书面建议，并移交相关材料。

第五章　监 督 保 障

第 29 条　工会开展劳动法律监督活动所需经费纳入本级工会预算。

第 30 条　地方工会可以结合实际，建立非公有制企业工会劳动法律监督员配套补助制度。

第 31 条　各级工会应当为工会劳动法律监督员履职创造必要条件。工会劳动法律监督员因依法履职受到打击报复的，有权向本级或上级工会反映，上级工会应当及时给予支持和帮助，依法维护其合法权益。

第六章　附　　则

第 32 条　本办法由中华全国总工会负责解释。

第 33 条　本办法自印发之日起施行。1995 年 8 月 17 日中华全国总工会印发的《工会劳动法律监督试行办法》同时废止。

案例指引

1. **物流公司欠薪案**（《全省工会法律援助十大典型案例⑦》）①

案例摘要：岁末年初是农民工工资支付的高峰期，保障农民工工资支付，事关广大农民工切身利益，事关公平正义和社会和谐稳定。本案人数较多，涉及金额较大，在物流公司外欠800多万元债务的情况下，律师能转变思路，追加公司法定代表人为被告，向法定代表人释明法理，令其自愿配合，同意对职工们的工资承担连带保证责任，拍卖名下房产，从而优先保障了劳动者的权益，帮助他们拿到应得工资，实属不易。类似的案子还有很多，仅靠职工自己的力量难以拿到应得的工资，此时需要党政部门、工会组织等协同一道，及时介入，不局限于既定程序，转变思路，想职工所想，急职工所急，促进农民工欠薪案件多渠道、多元化解决，最大化争取职工合法权益。

2. **资不抵债长期拖欠工资案**（《全省工会法律援助十大典型案例⑧》）②

案例摘要：因经营不善等因素，部分中小企业资金链断裂，严重的甚至资不抵债，拖欠职工工资，职工的合法权益难以得到有效维护。本案是一起典型的因资不抵债拖欠工资，侵害职工合法权益的案例。县总工会积极履行基本职责，主动介入，在维护职工合法权益的同时，主动帮助企业恢复生产，提升自身造血能力；同时多

① 来源：《江苏工人报》，载 http://epaper.jsgrb.com/article/index/aid/5478313.html?searchword=%20%E5%85%A8%E7%9C%81%E5%B7%A5%E4%BC%9A%E6%B3%95%E5%BE%8B%E6%8F%B4%E5%8A%A9%E5%8D%81%E5%A4%A7%E5%85%B8%E5%9E%8B%E6%A1%88%E4%BE%8B，最后访问时间为2022年10月12日。

② 来源：《江苏工人报》，载 http://epaper.jsgrb.com/article/index/aid/5561091.html?searchword=%20%E5%85%A8%E7%9C%81%E5%B7%A5%E4%BC%9A%E6%B3%95%E5%BE%8B%E6%8F%B4%E5%8A%A9%E5%8D%81%E5%A4%A7%E5%85%B8%E5%9E%8B%E6%A1%88%E4%BE%8B，最后访问时间为2022年10月12日。

次商请县人民法院等一道做好债权人工作，没有经过通常的企业破产程序，给予企业调整回旋的时间和空间。最终，这一拖欠职工工资案件通过和解方式妥善解决，既最大限度地维护了职工合法权益，又避免了企业破产，获得了双赢。

3. 孕期遭恶意调岗被迫辞职案①

案例摘要：这是一起典型的用人单位“恶意调岗”侵犯孕期女职工权益的案件。《劳动合同法》第 35 条规定，用人单位与劳动者协商一致，可以变更劳动合同约定的内容；变更劳动合同，应当采用书面形式。根据上述规定，用人单位随意调整怀孕女职工的工作岗位属于违法行为。用人单位为规避法律规定，无视劳动合同的约定，将怀孕女职工调整到相对繁重的工作岗位，然后以女职工不服从调整或者不能胜任工作岗位为由“劝退”，以达到辞退女职工的目的。这种做法侵犯了女职工的生育权利，在现实中具有一定的代表性。我国《女职工劳动保护特别规定》第 6 条明确规定了孕期调岗的情形，即女职工在孕期不能适应原劳动的，用人单位应当根据医疗机构的证明，予以减轻劳动量或者安排其他能够适应的劳动。这种从孕期女职工劳动保护的角度出发的调岗，需要有医疗机构的医学证明，并征得女职工同意。李某某在被强迫调整岗位后及时向工会投诉，市总工会采取“仲裁+工会”为职工提供法律援助的维权模式，一方面向用人单位核实情况，进行普法宣传，另一方面向女职工提供法律援助，申请劳动仲裁，促成调解，最大限度地维护了女职工的合法权益。

---

① 来源：中国工会法律服务平台（中国工会普法网），载 https://ghpf.acftu.org/fzxc/nzgqybzpf/yasf/202012/t20201231_773296.html? sdiOEtCa=qqrsAGwyI57cXG3GWYVWTTrjJSwPahUFICfdhWjZBQH8I6vzphzziF8CsHakIoaXh31QAmFIg5Ln_NU68kulVXW2dlu9atws1v3B4CQNQCWze7_jlxnBaTIOP7sTLDRy0nPqJmmPOEORnW.DJs7FeZe.Gr4，最后访问时间为 2021 年 12 月 26 日。

4. **职工加班变值班案**（《2014 年北京劳动维权十大案例评析》）①

案例摘要：当唐某等三位职工要求单位支付加班费时，物业公司称属于值班而非加班。并表示值班与加班不一样，是不用支付加班费的，给一些补贴就行了。从法律来看，目前我国并未对加班与值班进行区别，劳动法律规定的也仅是加班，没有值班一说。现实生活中，值班则非常流行，不少单位往往以值班为由让员工加班，发生争议后，劳动者的诉求很难得到支持。加班是指劳动者在平时正常工作时间外，继续从事自己本职工作的情况。单位安排员工加班，应当严格按照法律规定发放加班工资。而值班是用人单位为防火、防盗或为处理突发事件等原因，安排本单位有关人员在夜间、休息日、法定节假日等非工作时间内从事的非本职工作的活动，如接听电话、看门等，期间可以休息。值班费的发放则是按照用人单位相应的规章制度、劳动合同或惯例等执行。本案中，唐某等三位职工加班被单位说成值班，最终在工会援助律师的帮助下，获得了加班费。

5. **65 位农民工维权案**（《2016 年北京工会劳动维权十大案例评析》）②

案例摘要：从 2015 年 9 月起，北京某食品公司开始拖欠本单位李某等 65 名农民工的工资，并停缴了社保费。为此，这些农民工找到信访办、劳动监察大队等多个部门投诉举报，对方都建议他们通过仲裁解决。由于不会书写仲裁申请书，不知道怎么履行立案、开庭的程序，他们再次陷入困境。顺义区总工会得知此事后，迅速指派李某霞律师为这 65 名农民工提供法律援助。工会律师查看了这些职工的证据材料，以单位未足额支付劳动报酬为由向其寄发了《解除劳动关系通知书》，随后向顺义区劳动争议仲裁委员会提起仲裁申请。经审理，仲裁委裁决单位支付李某等 65 名农民工工资、经济补

① 来源：京工网，载 https://www.workerbj.cn/jgw/html/weiquan/shuofa/2014/1230/5943.html，最后访问时间为 2021 年 12 月 26 日。

② 来源：京工网，载 https://www.workerbj.cn/jgw/html/weiquan/shuofa/2017/0125/47028.html，最后访问时间为 2021 年 12 月 26 日。

偿金、社会保险补偿金等各项损失共计 1462057 元。单位不服，向北京市顺义区人民法院起诉。一审阶段有 20 位农民工与用人单位达成调解，其余 45 人和用人单位的劳动争议进入二审程序。2016 年 10 月底，北京市第三中级人民法院下达终审判决，维持了顺义区仲裁委员会以及北京市顺义区人民法院的审理结果。2016 年 11 月，65 名农民工申请强制执行。65 位农民工已陆续拿到 120 余万元执行款。

6. 女职工申请“同工同酬”案（《2018 年北京工会维护女职工权益十大案例评析》）①

案例摘要：该起案例是违反“同工同酬”的典型案例，同时也是工会履行维护职工合法权益的成功案例。《劳动法》第 46 条规定，工资分配应当遵循按劳分配原则，实行同工同酬。同工同酬的适用条件为劳动者的工作岗位及工作内容相同、在相同的工作岗位上付出了与别人同样的劳动工作量、同样的工作量取得了相同的工作业绩。但是“同工同酬”不等同于相同岗位、等额薪酬。用人单位可以根据本单位的生产经营特点和经济效益，制定职位级别工资体系，同一岗位同一级别进行细化，规定级别工资的下限和上限。只要公司将员工的岗位级别调整到相应的级别，至少应按该级别的下限工资发放，但公司却是按照低于同岗同级别的工资下限发放。另外本案中员工的工资是按照公司 2017 年度级别工资调整前的下限发放的，在 2017 年调整下限后仍没有按新的调级标准执行，违反公司制定的薪酬制度，工会依据以上意见向公司出具告知函，得到了公司的认同。

7. 李某与某科技公司劳动合同争议纠纷案（《2019 年职工法律援助十大典型案例》）②

案例摘要：本案是信息网络影响劳动用工管理方式的典型案例，

---

① 来源：《劳动午报数字报》，载 http：//ldwb. workerbj. cn/content/2019-03/06/content_ 86388. htm，最后访问时间为 2021 年 12 月 26 日。

② 来源：河北省总工会，载 http：//www. hebgh. org/sjd/wqfw/flyz/202008/t20200817_350194. html，最后访问时间为 2022 年 10 月 12 日。

也是涉及用人单位内部规章制度的合法性与合理性的代表性案例。微信是现代移动通信的一种重要手段和工具，利用它既可以传递用人单位工作安排的信息，当然也可以传递职工请假的信息，职工请假方式理应随着信息社会发展与时俱进。微信方式只是信息载体和呈现方式的变化，用人单位和职工对其意思表示的认识和控制并未改变。请假通常包括两个环节，职工向用人单位表达无法正常出勤的通知信息和用人单位向职工表达同意不出勤的通知信息。

用人单位内部规章制度应当合法合理。用人单位的内部规章制度本质上仍是私行政文件，其与法律法规和行政机关的规范性文件者不能抵触和冲突。用人单位的规章制度成为处理劳动争议案件“依据”的前提条件是：民主程序制定、内容合法、依法公示公开。此处的内容合法包括“合法”和“合理”两个层次。目前，用人单位“按旷工论处”的规定，普遍存在扩大所谓的用人单位批准权、不合理限制缩小职工休息权益的弊病。在本案中，法律援助律师突出抓住女职工负有抚养未成年人的法定义务、已尽到合理的诚信义务（勤勉义务），以及女职工符合员工手册的特殊情形规定的事由积极维权，人民法院综合全案事实，对员工手册所载内容的合法性、合理性予以评价，这对广大用人单位制定和执行内部规章制度具有重要的提醒和启示意义。

8. 生育津贴低于实际工资案（《2021年北京工会维护女职工权益十大案例评析》）①

案例摘要：用人单位应如何依法支付女职工产假期间工资？女职工领取的生育津贴低于本人实际工资，公司是否有义务补足？在实践中，用人单位和劳动者经常遇到这样的问题。根据《女职工劳动保护特别规定》，女职工生育或者流产，用人单位已经参加生育保险的，由生育保险基金按照用人单位上年度职工月平均工资标准支付女职工生育津贴；用人单位未参加生育保险的，由用人单位按照

① 来源：《劳动午报数字报》，载 http://ldwb.workerbj.cn/content/2022-03/14/content_110996.htm，最后访问时间为2022年10月12日。

女职工生育或者流产前工资标准支付工资。同时，根据《北京市企业职工生育保险规定》第 15 条规定，生育津贴低于本人工资标准的，差额部分由企业补足。本案中，虽然用人单位依法缴纳了生育保险，但并非用人单位只要缴纳了生育保险，女职工的产假待遇均无需由用人单位承担。对于薪资较高的女职工来说，用人单位在女职工领取生育津贴后，仍要按女职工产假前的工资标准补足工资。

9. 被辞退怀孕女职工返回工作岗位案（《2021 年北京工会维护女职工权益十大案例评析》）①

案例摘要：《女职工劳动保护特别规定》第 5 条规定，用人单位不得因女职工怀孕、生育、哺乳降低其工资、予以辞退、与其解除劳动或者聘用合同。《劳动合同法》第 42 条第 4 款规定劳动者有下列情形之一的，用人单位不得依照本法第四十条、第四十一条的规定解除劳动合同：(四) 女职工在孕期、产期、哺乳期的。因此，用人单位违反相关规定在女职工孕期解除劳动合同的行为是违反法律规定的。实践中，当女职工在孕期被解除劳动合同并发生纠纷时该如何处理呢？一般做法有以下几种：如果被违法辞退的孕期女职工不同意用人单位解除劳动合同，可以要求继续履行合同。对于用人单位作出解除劳动合同决定后至仲裁或诉讼期间的工资损失，可以主张用人单位给予赔偿。如果被违法辞退的孕期女职工不要求继续履行合同，或者劳动合同已经不能继续履行，女职工可依据《劳动合同法》第 87 条要求支付赔偿金。

10. 女职工哺乳期间工资被降案（《2021 年北京工会维护女职工权益十大案例评析》）②

案例摘要：《女职工劳动保护特别规定》第 5 条规定："用人单

---

① 来源：《劳动午报数字报》，载 http://ldwb.workerbj.cn/content/2022-03/14/content_110996.htm，最后访问时间为 2022 年 10 月 12 日。

② 来源：《劳动午报数字报》，载 http://ldwb.workerbj.cn/content/2022-03/14/content_110996.htm，最后访问时间为 2022 年 10 月 12 日。

位不得因女职工怀孕、生育、哺乳降低其工资、予以辞退、与其解除劳动或者聘用合同。”第9条规定：“对哺乳未满1周岁婴儿的女职工，用人单位不得延长劳动时间或者安排夜班劳动。用人单位应当在每天的劳动时间内为哺乳期女职工安排1小时哺乳时间；女职工生育多胞胎的，每多哺乳1个婴儿每天增加1小时哺乳时间。”以上规定表明，用人单位不能以女职工休产假期间另行雇佣人员、需安排哺乳时间等理由降低其工资，否则，构成违法。女职工可以选择申请调解、提起仲裁或向劳动监察部门投诉等途径维护自己的合法权益。

11. 对怀孕女职工调岗又降薪案（《2021年北京工会维护女职工权益十大案例评析》）①

案例摘要：本案是一起涉及女职工在怀孕期间受特殊法律保护的典型案例。《女职工劳动保护特别规定》第5条规定，用人单位不得因女职工怀孕、生育、哺乳降低其工资、予以辞退、与其解除劳动或者聘用合同。第14条规定，用人单位违反本规定，侵害女职工合法权益的，女职工可以依法投诉、举报、申诉，依法向劳动人事争议调解仲裁机构申请调解仲裁，对仲裁裁决不服的依法向人民法院提起诉讼。第15条规定，用人单位违反本规定，侵害女职工合法权益，造成女职工损害的，依法给予赔偿。因此，林女士申请劳动争议仲裁及调解是维护自身权益的合法途径。

12. 单位拒付奖金提成案（《2021年北京工会维护女职工权益十大案例评析》）②

案例摘要：年终奖是劳动者工资的一部分。《劳动法》第47条规定，用人单位根据本单位的生产经营特点和经济效益，依法自主确定本单位的工资分配方式和工资水平。但用人单位制定的薪酬制

① 来源：《劳动午报数字报》，载 http://ldwb.workerbj.cn/content/2022-03/14/content_110996.htm，最后访问时间为2022年10月12日。

② 来源：《劳动午报数字报》，载 http://ldwb.workerbj.cn/content/2022-03/14/content_110996.htm，最后访问时间为2022年10月12日。

度应当符合法律规定，只有合法有效的制度规定才能适用于员工。另外，《劳动合同法》第4条规定，用人单位应当依法建立和完善劳动规章制度，保障劳动者享有劳动权利、履行劳动义务。用人单位在制定、修改或者决定有关劳动报酬、工作时间、休息休假、劳动安全卫生、保险福利、职工培训、劳动纪律以及劳动定额管理等直接涉及劳动者切身利益的规章制度或者重大事项时，应当经职工代表大会或者全体职工讨论，提出方案和意见，与工会或者职工代表平等协商确定……用人单位应当将直接涉及劳动者切身利益的规章制度和重大事项决定公示，或者告知劳动者。本案中，公司不同意向韩女士支付年终奖的理由，是公司认为她不符合《员工手册》规定的发放年终奖的条件。然而，韩女士坚称其不知晓公司该项规定，称其在职期间从来没有这样的规定。在调解员反复追问下，公司表示，该《员工手册》是在韩女士离职后才制定的。于是，调解员将《劳动合同法》关于规章制度的规定向公司进行了讲解，着重释明员工不知晓的规章制度不能对员工形成约束的法律原理。公司认识到错误后同意接受调解，并达成由公司向韩女士支付销售提成和部分年终奖的协议。

13. **公司违法解聘女职工应当赔偿案**（《2021年北京工会维护女职工权益十大案例评析》）①

案例摘要：公司解聘易女士所依据的规章制度未经合法程序产生，对易女士不具有约束力。公司认定易女士构成违纪的时间是双休日，在其他工作日易女士均正常到岗，周工作时长达到40小时。根据《劳动法》第41条规定，用人单位在休息日要求劳动者加班的，应当与工会和劳动者协商。本案中，公司既没有与易女士就加班一事进行协商，也未征得易女士同意，在其向直属领导说明不能加班的原因后，公司仍强制要求她加班违反上述法律规定。因此，

---

① 来源：《劳动午报数字报》，载 http://ldwb.workerbj.cn/content/2022-03/14/content_110996.htm，最后访问时间为2022年10月12日。

公司以一个不合法的理由认定易女士违纪，进而以此解除易女士的劳动合同属于违法，公司应当向易女士支付违法解除劳动关系赔偿金。

14. **孕期被辞后不愿履行原合同案**（《2021年北京工会维护女职工权益十大案例评析》）①

案例摘要：《女职工劳动保护特别规定》第5条规定，用人单位不得因女职工怀孕、生育、哺乳降低其工资、予以辞退、与其解除劳动或者聘用合同。《劳动合同法》第42条规定，女职工在孕期、产期、哺乳期内的，用人单位不得依照本法第四十条、第四十一条的规定解除劳动合同。本案中，郑女士与公司尚处在劳动合同履行过程中。即使劳动合同即将期满，按照《劳动合同法》第45条规定，劳动合同期满时，女职工在孕期、产期、哺乳期的，劳动合同应当延续至相应的情形消失时终止。现在，郑女士没有违反劳动纪律的事实，公司以拒签劳动合同为由将她辞退，属于违法解除劳动合同。考虑到郑女士此前曾与公司发生较大争执，故选择按照《劳动合同法》第87条的规定不再履行原劳动合同，由公司向其支付违法解除劳动关系赔偿金。

15. **合同约定与用工实际不符案**（《2021年北京工会维护女职工权益十大案例评析》）②

案例摘要：本案中，赵女士出具微信聊天记录截图、工资条、工资转账记录截图用以证明其月工资标准为12000元，但由于无法核实微信对方真实身份信息，工资条未显示用人单位签章，工资转账记录截图未显示与公司的关联关系，仲裁委最终未采纳月工资12000元的标准，而是按照其与单位签订的劳动合同认定月工资标

---

① 来源：《劳动午报数字报》，载 http://ldwb.workerbj.cn/content/2022-03/14/content_110996.htm，最后访问时间为2022年10月12日。

② 来源：《劳动午报数字报》，载 http://ldwb.workerbj.cn/content/2022-03/14/content_110996.htm，最后访问时间为2022年10月12日。

准，裁决支付违法解除劳动合同赔偿金 3000 元。针对赵女士诉求的加班费，《最高人民法院关于审理劳动争议案件适用法律问题的解释（一）》第 42 条规定，劳动者应就其存在加班事实提供证据材料。本案中，赵女士未能就其加班情况提供有效的证据材料，因此，该项请求未获得支持。赵女士的遭遇提示其他劳动者在入职时一定要关注劳动合同签署的内容是否与实际相符。作为新就业形态劳动者，存在以计件、计时、效益提成支付报酬等多种情形，在获得劳动报酬的同时，劳动者要保留相应的证据材料，以证明月收入情况。若存在加班情形时，也要保存相关的证据材料，只有这样才能有效地维护自身的合法权益。

第二十四条　对劳保和安全卫生提出意见权

工会依照国家规定对新建、扩建企业和技术改造工程中的劳动条件和安全卫生设施与主体工程同时设计、同时施工、同时投产使用进行监督。对工会提出的意见，企业或者主管部门应当认真处理，并将处理结果书面通知工会。

第二十五条　职工生产安全维护

工会发现企业违章指挥、强令工人冒险作业，或者生产过程中发现明显重大事故隐患和职业危害，有权提出解决的建议，企业应当及时研究答复；发现危及职工生命安全的情况时，工会有权向企业建议组织职工撤离危险现场，企业必须及时作出处理决定。

● 法　律

1. **《安全生产法》**（2021 年 6 月 10 日）

第 7 条　工会依法对安全生产工作进行监督。

生产经营单位的工会依法组织职工参加本单位安全生产工作

的民主管理和民主监督，维护职工在安全生产方面的合法权益。生产经营单位制定或者修改有关安全生产的规章制度，应当听取工会的意见。

2.《职业病防治法》（2018 年 12 月 29 日）

第 4 条 劳动者依法享有职业卫生保护的权利。

用人单位应当为劳动者创造符合国家职业卫生标准和卫生要求的工作环境和条件，并采取措施保障劳动者获得职业卫生保护。

工会组织依法对职业病防治工作进行监督，维护劳动者的合法权益。用人单位制定或者修改有关职业病防治的规章制度，应当听取工会组织的意见。

3.《煤炭法》（2016 年 11 月 7 日）

第 35 条 煤矿企业工会发现企业行政方面违章指挥、强令职工冒险作业或者生产过程中发现明显重大事故隐患，可能危及职工生命安全的情况，有权提出解决问题的建议，煤矿企业行政方面必须及时作出处理决定。企业行政方面拒不处理的，工会有权提出批评、检举和控告。

4.《矿山安全法》（2009 年 8 月 27 日）

第 23 条 矿山企业工会依法维护职工生产安全的合法权益，组织职工对矿山安全工作进行监督。

第 24 条 矿山企业违反有关安全的法律、法规，工会有权要求企业行政方面或者有关部门认真处理。

矿山企业召开讨论有关安全生产的会议，应当有工会代表参加，工会有权提出意见和建议。

第 25 条 矿山企业工会发现企业行政方面违章指挥、强令工人冒险作业或者生产过程中发现明显重大事故隐患和职业危害，有权提出解决的建议；发现危及职工生命安全的情况时，有权向矿山企业行政方面建议组织职工撤离危险现场，矿山企业行政方面必须及时作出处理决定。

5.《消防法》（2021 年 4 月 29 日）

第 6 条 各级人民政府应当组织开展经常性的消防宣传教育，提高公民的消防安全意识。

机关、团体、企业、事业等单位，应当加强对本单位人员的消防宣传教育。

应急管理部门及消防救援机构应当加强消防法律、法规的宣传，并督促、指导、协助有关单位做好消防宣传教育工作。

教育、人力资源行政主管部门和学校、有关职业培训机构应当将消防知识纳入教育、教学、培训的内容。

新闻、广播、电视等有关单位，应当有针对性地面向社会进行消防宣传教育。

工会、共产主义青年团、妇女联合会等团体应当结合各自工作对象的特点，组织开展消防宣传教育。

村民委员会、居民委员会应当协助人民政府以及公安机关、应急管理等部门，加强消防宣传教育。

行政法规及文件

6.《使用有毒物品作业场所劳动保护条例》（2002 年 5 月 12 日）

第 8 条 工会组织应当督促并协助用人单位开展职业卫生宣传教育和培训，对用人单位的职业卫生工作提出意见和建议，与用人单位就劳动者反映的职业病防治问题进行协调并督促解决。

工会组织对用人单位违反法律、法规，侵犯劳动者合法权益的行为，有权要求纠正；产生严重职业中毒危害时，有权要求用人单位采取防护措施，或者向政府有关部门建议采取强制性措施；发生职业中毒事故时，有权参与事故调查处理；发现危及劳动者生命、健康的情形时，有权建议用人单位组织劳动者撤离危险现场，用人单位应当立即作出处理。

第 38 条　劳动者享有下列职业卫生保护权利：

（一）获得职业卫生教育、培训；

（二）获得职业健康检查、职业病诊疗、康复等职业病防治服务；

（三）了解工作场所产生或者可能产生的职业中毒危害因素、危害后果和应当采取的职业中毒危害防护措施；

（四）要求用人单位提供符合防治职业病要求的职业中毒危害防护设施和个人使用的职业中毒危害防护用品，改善工作条件；

（五）对违反职业病防治法律、法规，危及生命、健康的行为提出批评、检举和控告；

（六）拒绝违章指挥和强令进行没有职业中毒危害防护措施的作业；

（七）参与用人单位职业卫生工作的民主管理，对职业病防治工作提出意见和建议。

用人单位应当保障劳动者行使前款所列权利。禁止因劳动者依法行使正当权利而降低其工资、福利等待遇或者解除、终止与其订立的劳动合同。

7.《建设工程安全生产管理条例》（2003 年 11 月 24 日）

第 23 条　施工单位应当设立安全生产管理机构，配备专职安全生产管理人员。

专职安全生产管理人员负责对安全生产进行现场监督检查。发现安全事故隐患，应当及时向项目负责人和安全生产管理机构报告；对违章指挥、违章操作的，应当立即制止。

专职安全生产管理人员的配备办法由国务院建设行政主管部门会同国务院其他有关部门制定。

第 32 条　施工单位应当向作业人员提供安全防护用具和安全防护服装，并书面告知危险岗位的操作规程和违章操作的危害。

作业人员有权对施工现场的作业条件、作业程序和作业方式中存在的安全问题提出批评、检举和控告，有权拒绝违章指挥和强令冒险作业。

在施工中发生危及人身安全的紧急情况时，作业人员有权立即停止作业或者在采取必要的应急措施后撤离危险区域。

● 部门规章及文件

8. **《特种设备作业人员监督管理办法》**（2011 年 5 月 3 日）

第 21 条 特种设备作业人员应当遵守以下规定：

（一）作业时随身携带证件，并自觉接受用人单位的安全管理和质量技术监督部门的监督检查；

（二）积极参加特种设备安全教育和安全技术培训；

（三）严格执行特种设备操作规程和有关安全规章制度；

（四）拒绝违章指挥；

（五）发现事故隐患或者不安全因素应当立即向现场管理人员和单位有关负责人报告；

（六）其他有关规定。

第二十六条 工会的调查权

工会有权对企业、事业单位、社会组织侵犯职工合法权益的问题进行调查，有关单位应当予以协助。

● 法 律

1. **《安全生产法》**（2021 年 6 月 10 日）

第 60 条 工会有权对建设项目的安全设施与主体工程同时设计、同时施工、同时投入生产和使用进行监督，提出意见。

工会对生产经营单位违反安全生产法律、法规，侵犯从业人员合法权益的行为，有权要求纠正；发现生产经营单位违章指挥、强令冒险作业或者发现事故隐患时，有权提出解决的建议，生产经营单位应当及时研究答复；发现危及从业人员生命安全的情况时，有权向生产经营单位建议组织从业人员撤离危险场所，生产经营单位必须立即作出处理。

工会有权依法参加事故调查，向有关部门提出处理意见，并要求追究有关人员的责任。

2.《**职业病防治法**》（2018 年 12 月 29 日）

第 40 条 工会组织应当督促并协助用人单位开展职业卫生宣传教育和培训，有权对用人单位的职业病防治工作提出意见和建议，依法代表劳动者与用人单位签订劳动安全卫生专项集体合同，与用人单位就劳动者反映的有关职业病防治的问题进行协调并督促解决。

工会组织对用人单位违反职业病防治法律、法规，侵犯劳动者合法权益的行为，有权要求纠正；产生严重职业病危害时，有权要求采取防护措施，或者向政府有关部门建议采取强制性措施；发生职业病危害事故时，有权参与事故调查处理；发现危及劳动者生命健康的情形时，有权向用人单位建议组织劳动者撤离危险现场，用人单位应当立即作出处理。

● 行政法规及文件

3.《**使用有毒物品作业场所劳动保护条例**》（2002 年 5 月 12 日）

第 8 条 工会组织应当督促并协助用人单位开展职业卫生宣传教育和培训，对用人单位的职业卫生工作提出意见和建议，与用人单位就劳动者反映的职业病防治问题进行协调并督促解决。

工会组织对用人单位违反法律、法规，侵犯劳动者合法权益的行为，有权要求纠正；产生严重职业中毒危害时，有权要求用人单位采取防护措施，或者向政府有关部门建议采取强制性措施；发生职业中毒事故时，有权参与事故调查处理；发现危及劳动者生命、健康的情形时，有权建议用人单位组织劳动者撤离危险现场，用人单位应当立即作出处理。

4. **《工伤保险条例》**（2010年12月20日）

第19条 社会保险行政部门受理工伤认定申请后，根据审核需要可以对事故伤害进行调查核实，用人单位、职工、工会组织、医疗机构以及有关部门应当予以协助。职业病诊断和诊断争议的鉴定，依照职业病防治法的有关规定执行。对依法取得职业病诊断证明书或者职业病诊断鉴定书的，社会保险行政部门不再进行调查核实。

职工或者其近亲属认为是工伤，用人单位不认为是工伤的，由用人单位承担举证责任。

案例指引

1. **未签劳动合同单位付双倍工资赔偿案**（《2015年北京劳动维权十大案例评析》）①

案例摘要：此案有两个争议焦点：一是未签订劳动合同双倍工资问题。职工认为公司未在规定时间内与自己签订书面劳动合同，是违法行为，因此应该获得双倍工资赔偿。用人单位坚称未与职工签订劳动合同是职工所在部门人事主管的职责，公司不承担责任。经过质证，王某所在部门包括人事主管在内的多名职工，曾要求与单位签订合同，但是公司迟迟未履行职责，所以公司应承担责任。根据劳动法律法规，公司应支付第二个月起的双倍工资赔偿。二是加班事实的认定。王某表示他按照公司要求曾于2015年3月14日、4月6日、4月7日、4月11日加班工作，公司应该向其支付加班费。但单位认为公司内部的打卡考勤记录内并没有该职工加班的记录，且公司加班申请单应有公司领导签字才认可。经工会法援人员据理力争，用人单位认识到确实存在用工不规范的行为，最终双方达成调解协议，王某获得6000元赔偿。

① 来源：京工网，载 https://www.workerbj.cn/jgw/index.php?m=content&c=index&a=show&catid=93&id=22963，最后访问时间为2021年12月26日。

2. **17 位厨师追索赔偿金和加班费案**（《2017 年北京工会劳动维权十大案例评析》）①

案例摘要：在追索加班费的劳动争议案件中，劳动者能胜诉的案件很少，主要原因是劳动者无法提供能证明其加班的有效证据。本案中的 17 位厨师也不例外，他们掌握的出勤表、排班表、刷卡记录表，上面没有单位公章，而签字的店长早已离职，单位律师对这些证据的真实性、关联性、合法性均不认可。同时，单位又出示照片和证人证言，证明 17 位厨师在职期间存在聚众赌博、未经领导同意擅自做高档食材聚餐、浪费高价原材料等严重违反公司规章制度和员工手册的行为，故解除劳动合同属于合法解除。一切证据均对劳动者不利，但工会法援律师沉着应对，在仲裁庭审质证时，巧妙向公司的两位证人提问，使之回答有利于员工。然后又运用诉讼技巧，将公司出示的工资单等证据变成员工加班的证据，使 17 位厨师的主张得到了仲裁支持。尽管公司不服裁决又提起诉讼、上诉，但最终败诉：须支付违法解除劳动合同赔偿金和加班费共计 58 万元。经过一裁两审，工会法援律师三次提供法律援助，17 位厨师最终维权成功。

第二十七条 工会对工伤的调查处理权

职工因工伤亡事故和其他严重危害职工健康问题的调查处理，必须有工会参加。工会应当向有关部门提出处理意见，并有权要求追究直接负责的主管人员和有关责任人员的责任。对工会提出的意见，应当及时研究，给予答复。

① 来源：京工网，载 https://www.workerbj.cn/jgw/html/weiquan/shuofa/2018/0118/72156.html，最后访问时间为 2021 年 12 月 26 日。

● 法 律

1.《安全生产法》（2021 年 6 月 10 日）

第 7 条 工会依法对安全生产工作进行监督。

生产经营单位的工会依法组织职工参加本单位安全生产工作的民主管理和民主监督，维护职工在安全生产方面的合法权益。生产经营单位制定或者修改有关安全生产的规章制度，应当听取工会的意见。

第 60 条 工会有权对建设项目的安全设施与主体工程同时设计、同时施工、同时投入生产和使用进行监督，提出意见。

工会对生产经营单位违反安全生产法律、法规，侵犯从业人员合法权益的行为，有权要求纠正；发现生产经营单位违章指挥、强令冒险作业或者发现事故隐患时，有权提出解决的建议，生产经营单位应当及时研究答复；发现危及从业人员生命安全的情况时，有权向生产经营单位建议组织从业人员撤离危险场所，生产经营单位必须立即作出处理。

工会有权依法参加事故调查，向有关部门提出处理意见，并要求追究有关人员的责任。

2.《职业病防治法》（2018 年 12 月 29 日）

第 40 条 工会组织应当督促并协助用人单位开展职业卫生宣传教育和培训，有权对用人单位的职业病防治工作提出意见和建议，依法代表劳动者与用人单位签订劳动安全卫生专项集体合同，与用人单位就劳动者反映的有关职业病防治的问题进行协调并督促解决。

工会组织对用人单位违反职业病防治法律、法规，侵犯劳动者合法权益的行为，有权要求纠正；产生严重职业病危害时，有权要求采取防护措施，或者向政府有关部门建议采取强制性措施；发生职业病危害事故时，有权参与事故调查处理；发现危及劳动者生命健康的情形时，有权向用人单位建议组织劳动者撤离危险现场，用人单位应当立即作出处理。

3.《矿山安全法》（2009 年 8 月 27 日）

第 37 条　发生一般矿山事故，由矿山企业负责调查和处理。

发生重大矿山事故，由政府及其有关部门、工会和矿山企业按照行政法规的规定进行调查和处理。

● 行政法规及文件

4.《建设工程安全生产管理条例》（2003 年 11 月 24 日）

第 50 条　施工单位发生生产安全事故，应当按照国家有关伤亡事故报告和调查处理的规定，及时、如实地向负责安全生产监督管理的部门、建设行政主管部门或者其他有关部门报告；特种设备发生事故的，还应当同时向特种设备安全监督管理部门报告。接到报告的部门应当按照国家有关规定，如实上报。

实行施工总承包的建设工程，由总承包单位负责上报事故。

5.《使用有毒物品作业场所劳动保护条例》（2002 年 5 月 12 日）

第 8 条　工会组织应当督促并协助用人单位开展职业卫生宣传教育和培训，对用人单位的职业卫生工作提出意见和建议，与用人单位就劳动者反映的职业病防治问题进行协调并督促解决。

工会组织对用人单位违反法律、法规，侵犯劳动者合法权益的行为，有权要求纠正；产生严重职业中毒危害时，有权要求用人单位采取防护措施，或者向政府有关部门建议采取强制性措施；发生职业中毒事故时，有权参与事故调查处理；发现危及劳动者生命、健康的情形时，有权建议用人单位组织劳动者撤离危险现场，用人单位应当立即作出处理。

6.《生产安全事故报告和调查处理条例》（2007 年 4 月 9 日）

第 6 条　工会依法参加事故调查处理，有权向有关部门提出处理意见。

第 10 条　安全生产监督管理部门和负有安全生产监督管理职责的有关部门接到事故报告后，应当依照下列规定上报事故情况，并通知公安机关、劳动保障行政部门、工会和人民检察院：

（一）特别重大事故、重大事故逐级上报至国务院安全生产监督管理部门和负有安全生产监督管理职责的有关部门；

（二）较大事故逐级上报至省、自治区、直辖市人民政府安全生产监督管理部门和负有安全生产监督管理职责的有关部门；

（三）一般事故上报至设区的市级人民政府安全生产监督管理部门和负有安全生产监督管理职责的有关部门。

安全生产监督管理部门和负有安全生产监督管理职责的有关部门依照前款规定上报事故情况，应当同时报告本级人民政府。国务院安全生产监督管理部门和负有安全生产监督管理职责的有关部门以及省级人民政府接到发生特别重大事故、重大事故的报告后，应当立即报告国务院。

必要时，安全生产监督管理部门和负有安全生产监督管理职责的有关部门可以越级上报事故情况。

第 22 条　事故调查组的组成应当遵循精简、效能的原则。

根据事故的具体情况，事故调查组由有关人民政府、安全生产监督管理部门、负有安全生产监督管理职责的有关部门、监察机关、公安机关以及工会派人组成，并应当邀请人民检察院派人参加。

事故调查组可以聘请有关专家参与调查。

第 33 条　事故发生单位应当认真吸取事故教训，落实防范和整改措施，防止事故再次发生。防范和整改措施的落实情况应当接受工会和职工的监督。

安全生产监督管理部门和负有安全生产监督管理职责的有关部门应当对事故发生单位落实防范和整改措施的情况进行监督检查。

案例指引

1. 职业病维权遇困境案（《全省工会法律援助十大典型案例⑥》）①

案例摘要：本案系有疑似职业病职工变动工作单位后，引发的工伤认定主体及待遇赔偿等有代表性的劳动争议，因又涉及确认劳动合同无效之诉、撤销工伤认定之诉而错综复杂且具有典型意义。实践中，从职业病认定至工伤待遇赔偿，职工维权要经过多个环节，跨过重重阻碍。本案劳动者的经历，就是一个最真实的写照。在职工提起工伤赔偿之诉时，用人单位先另行申请仲裁，请求裁决劳动合同无效，后不服仲裁裁决又提起诉讼，甚至提起行政诉讼要求撤销工伤认定决定，增加了劳动者维权的时间成本和诉讼成本，有滥用诉讼资源之嫌疑。为维护劳动者合法权益，援助律师认真研究案情，四处奔波，千方百计收集整理证据，并与法官据理力争，最终揭开这一系列诉讼的"面纱"。为达成调解，用人单位主动撤回确认劳动合同无效之诉，进而撤回行政诉讼，最后在仲裁委员会主持下，双方达成赔偿协议，工伤争议圆满解决，有效维护了职工的合法权益。

2. 杨某某与某安装工程公司工伤确认案（《2019年职工法律援助十大典型案例》）②

案例摘要：本案是建筑业从业人员工伤赔偿提速解决的典型案例，具有重大法律价值。在发生工伤事故时，职工申请工伤认定，需要提交劳动关系的证明材料，没有劳动关系的证明材料，影响甚至无法进行工伤认定，进而影响工伤赔偿。但建筑业劳务分包、承

---

① 来源：《江苏工人报》，载 http://epaper.jsgrb.com/article/index/aid/5450493.html?searchword=%20%E5%85%A8%E7%9C%81%E5%B7%A5%E4%BC%9A%E6%B3%95%E5%BE%8B%E6%8F%B4%E5%8A%A9%E5%8D%81%E5%A4%A7%E5%85%B8%E5%9E%8B%E6%A1%88%E4%BE%8B，最后访问时间为2022年10月12日。

② 来源：河北省总工会，载 http://www.hebgh.org/sjd/wqfw/flyz/202008/t20200817_350194.html，最后访问时间为2022年10月12日。

包、转包现象并非个例，用工者往往没有用工主体资格的情况下，这种确认劳动关系、工伤认定、工伤赔偿的“串联”模式，直接造成了受伤职工获得工伤赔偿的时间漫长、程序繁琐。本案例的最大法律价值在于，人民法院在厘清建筑业的劳动关系、工伤认定、用工主体责任三者关系的基础上，对该案的行政判决明确了在“用工单位违反法律、法规规定将承包业务转包给不具备用工主体资格的组织或者自然人”的情形下，工伤认定不以劳动关系为前提的司法观点。这对人社部门在工伤认定的受理和认定方面具有巨大的法律指导意义，是广大建筑业从业人员工伤维权时提速和便利的“福音”。既符合最高人民法院关于用工主体承担工伤保险责任的规定，也符合工伤认定的本质，即人身损害是否是职业性伤害。法律援助律师全面认真梳理案件事实，精准地适用法律，充分尊重职工，提出多种权利救济途径和方式供当事人选择，专业认真的工作态度，出色的业务能力，获得终审法院的充分肯定和支持，不仅解决了个案的工伤维权难题，也推动了这一类案件解决上的法治进步。

3. 杨某与某保安公司工伤确认案（《2019年职工法律援助十大典型案例》）①

案例摘要：本案是岗位突发疾病死亡认定工伤的典型案例，也是近年来社会广泛关注的热点案件类型。目前，传统和经典的劳动用工方式，正在遭遇网络社会和新型劳动用工的挑战，“碎片化”的工作时间、“无围墙”的工作场所、用人单位减少劳动用工数量和扩大职工活动控制的做法。这一系列新变化正在对“工作时间”和“工作场所内”职工突发疾病的工伤认定带来困难和挑战。工伤认定如何把握法治精神的实质？根据原劳动部的相关意见及网络社会劳动用工方式的变化，应把工作原因导致职工疾病或者两者存在牵联关系作为认定工伤的实质标准，对工作时间和工作场所的认定，应

---

① 来源：河北省总工会，载 http：//www.hebgh.org/sjd/wqfw/flyz/202008/t20200817_350194.html，最后访问时间为2022年10月12日。

根据案件事实和突出用人单位实际控制的认定标准。

工会职工法律援助律师三年时间，经过了三次行政诉讼，三次不予认定工伤，最终第四次认定为工伤，这份对依法维护职工合法权益的坚定执着，着实难能可贵。本案成功认定工伤，其所带的法律价值值得深入总结和提炼；这份工伤赔偿的法治“温暖”，不仅是给予了一位职工、一个家庭，而且带给广大职工群众和千万家庭对法治的信赖和敬仰。追根溯源，这份最初来自于工会组织的坚定支持，才真工会组织的社会价值所在。

4. 唐山某学校医务室职工华某的工伤认定、工伤等级异议、工伤赔偿案（《2019 年职工法律援助十大典型案例》）①

案例摘要：在法律地位上职工与用人单位是平等的，但在履行劳动合同过程中，在劳动风险的承担上，在依法维权的能力上，职工均处于弱势地位。本案中工会组织积极履行依法维护职工合法权益基本职责，法律援助律师办案中百折不回、维权到底。本案是学校职工工伤认定和工伤赔偿的典型案例。职工倒垃圾行为，可以视为收尾性工作，也是有利于学校环境的行为。用人单位否认工伤的，依法需要承担举证责任，这是工伤认定的法律规定。再者，本案通行政诉讼、民事诉讼，一步一步推进维权的方式，折射出学校等用人单位对社会保险法律知识存在较大欠缺和认识误区，突显出普法工作仍需要持续不断地向各类用人单位和各类人群深入推进。

5. 郭某与某建筑有限公司劳动合同纠纷案（《2019 年职工法律援助十大典型案例》）②

案例摘要：本案是保护工伤职工劳动合同权益的典型案例。根据《劳动合同法》第 42 条和第 45 条的规定，工伤职工享有“解雇保护”

---

① 来源：河北省总工会，载 http：//www. hebgh. org/sjd/wqfw/flyz/202008/t20200817_350194. html，最后访问时间为 2022 年 10 月 12 日。

② 来源：河北省总工会，载 http：//www. hebgh. org/sjd/wqfw/flyz/202008/t20200817_350194. html，最后访问时间为 2022 年 10 月 12 日。

的特别法律待遇，用人单位解除或者终止劳动合同的权利，依法受到一定限制。一级至四级的工伤职工，《工伤保险条例》明确规定为“保留劳动关系”，不存在经济补偿的劳动合同权益问题；五级至十级的工伤职工，应当根据劳动合同法的规定，依法享有经济补偿或者赔偿金的劳动合同权益。通俗地说，法律并未将工伤职工获得经济补偿等劳动合同权益排除在外，即工伤保险待遇和经济补偿可以“兼得”。

全面依法维护职工合法权益，体现了工会职工法律援助律师对维权工作真正的用心、敬业和专业。目前，工伤赔偿通常数额较大，而职工的工作时间短、经济补偿数额一般较小，在维护职工权益工作中，容易被忽视、被遗漏。把法律规定的“纸上权利”变成职工现实可得的“真金白银”，需要从熟知法律条文到运用自如，更需要探摸清楚法律规则的“犄角旮旯”，才能实现对职工合法权益的依法维护全面维护。

第二十八条 对停工、怠工的协调

企业、事业单位、社会组织发生停工、怠工事件，工会应当代表职工同企业、事业单位、社会组织或者有关方面协商，反映职工的意见和要求并提出解决意见。对于职工的合理要求，企业、事业单位、社会组织应当予以解决。工会协助企业、事业单位、社会组织做好工作，尽快恢复生产、工作秩序。

● 其他规范性文件

《中华全国总工会、民政部关于加强社会组织工会建设的意见（试行）》（2021年8月31日　总工发〔2021〕16号）

各省、自治区、直辖市总工会、民政厅（局），新疆生产建设兵团民政局，各全国产业工会，中央和国家机关工会联合会，全总各部门、各直属单位：

为深入学习贯彻党的十九大和十九届二中、三中、四中、五中全会及中央党的群团工作会议精神，切实落实中共中央办公厅、国务院办公厅印发的《关于改革社会组织管理制度促进社会组织健康有序发展的意见》，推动社会组织依法建立工会，促进工会和社会组织在构建基层社会治理新格局中发挥重要作用，现就加强社会组织工会建设提出如下意见。

一、加强社会组织工会建设的重要意义和总体要求

（一）重要意义。随着改革开放不断深入，以社会团体、基金会和社会服务机构为主体的社会组织快速发展，已成为社会主义现代化建设的重要力量、党的工作和群众工作的重要阵地。党的十九届五中全会提出，发挥群团组织和社会组织在社会治理中的作用，畅通和规范市场主体、新社会阶层、社会工作者和志愿者等参与社会治理的途径。中央党的群团工作会议强调，联系和引导相关社会组织，是群团组织发挥桥梁和纽带作用的一项重要任务。推动社会组织建立工会是坚持党建带群建，落实中央党的群团工作会议精神的内在要求。加强社会组织工会建设，对于维护社会组织职工合法权益，构建和谐劳动关系；对于团结带领社会组织职工听党话、跟党走，巩固和扩大党执政的阶级基础和群众基础；对于加强工会对劳动领域社会组织的政治引领、示范带动、联系服务，团结引导劳动领域社会组织人士，促进社会组织健康有序发展，推动社会组织在国家治理体系和治理能力现代化进程中更好发挥作用等，都具有重要意义。各级工会、民政部门要充分认识加强社会组织工会建设的重要性和紧迫性，将其作为一项重要的基础性工作，发挥各自职责优势，加强联动配合，推动党中央的要求落地落实。

（二）总体要求。坚持以习近平新时代中国特色社会主义思想为指导，深入学习贯彻习近平总书记关于工人阶级和工会工作的重要论述，积极探索符合社会组织实际的工会建设方式方法，着力破解社会组织中工会组织覆盖不够全面、作用发挥不够充分

等问题，不断扩大工会对社会组织的有效覆盖，激发社会组织工会活力，加大工会联系引导社会组织工作力度，在促进社会组织有序参与社会治理、提供社会服务、承担社会责任等方面充分发挥工会的重要作用。

二、社会组织工会的主要职责

（一）密切联系职工，强化政治引领。组织引导职工学习贯彻习近平新时代中国特色社会主义思想，学习习近平总书记关于工人阶级和工会工作的重要论述，不断增强“四个意识”、坚定“四个自信”、做到“两个维护”，宣传贯彻执行党的路线方针政策，坚定不移听党话、跟党走，始终同以习近平同志为核心的党中央保持高度一致。及时向同级党组织和上级工会请示报告工会重大事项。在已建工会、尚未建立党组织的社会组织，工会要积极配合上级党组织在工会会员中培养发展党员，并发挥好党员模范带头作用，为在社会组织中建立党组织创造条件。

（二）团结凝聚职工，汇集发展力量。加强对职工的思想政治引领，引导职工积极践行社会主义核心价值观，激发职工主人翁意识和工作热情。大力弘扬劳模精神、劳动精神、工匠精神，围绕社会组织中心任务开展劳动和技能竞赛，加强技能培训，提升素质，推动建立健全专业人才培养、评价、使用、激励机制。支持社会组织有序参与社会治理、提供社会服务、承担社会责任。

（三）建立健全机制，维护职工权益。通过以职工代表大会为基本形式的民主管理制度或其他形式，组织职工有序参与社会组织的民主决策、民主管理和民主监督。涉及职工切身利益的重要事项，要及时向职工公开。指导帮助职工与社会组织依法订立和履行劳动合同，规范劳动用工管理。对社会组织贯彻执行有关劳动法律法规和政策实施监督。建立健全集体协商和集体合同制度，探索建立行业性、区域性协商机制，协商解决涉及职工切身利益的重大问题，维护职工合法权益，构建和谐劳动关系。

（四）创新方式方法，竭诚服务职工。坚持以职工需求为导向，利用现代信息技术，组织开展丰富多彩的文化活动，营造积极向上的文化氛围。通过购买服务、项目合作等方式，为职工提供专业化个性化服务。注重对职工的人文关怀和心理疏导，做好送温暖、金秋助学等困难职工帮扶工作，努力提升职工群众的获得感、幸福感、安全感。

三、扩大工会[illegible]有效覆盖

（一）推动社[illegible]立工会。以在省级以上人民政府民政部门登记的[illegible]地民政部门登记的民办医院、学校、幼儿园等为[illegible]排查，力争用三年左右的时间，推动符合条件的[illegible]会工作取得明显突破。

（二）合理[illegible]坚持从社会组织特点出发，采取灵活多样的组织[illegible]会组织有效覆盖。

1. 按用人单[illegible]织。本单位有工会会员二十五人以上的社会组织，[illegible]层工会委员会；不足二十五人的，可以单独建立基[illegible]也可以由两个以上单位的工会会员联合建立基层[illegible]也可以选举组织员或工会主席一人主持基层工会[illegible]

2. 按区域[illegible]会组织。在社会组织相对集中的街区、园区、楼[illegible]建立区域性工会联合会。行业特征明显、管理体[illegible]或依托相关管理部门成立社会组织综合（行业）[illegible]组建行业性工会联合会。区域性、行业性工会联合会一般在县（市、区、旗）级以下范围内建立。符合条件的，可以在市级探索建立行业性工会联合会。

乡镇（街道）、村（社区）工会应加强本区域社会组织工会建设的领导，广泛吸收职工入会，推动社会组织依法建立工会，切实发挥区域“兜底”作用。

（三）广泛吸收职工入会。加强宣传动员和服务吸引，最大限度地把社会组织职工吸收到工会中来。尚未建立工会的社会组织，职工可以向工作或居住地的乡镇（街道）、开发区（工业园区）、村（社区）工会和区域性、行业性工会联合会等提出入会申请，工作或居住地工会应吸收其入会，做好会籍管理工作；条件具备后，上级工会应及时指导社会组织组建工会。社会组织兼职人员等，应加入所在单位工会；所在单位尚未建立工会的职工，可以向单位所在地或本人居住地工会提出入会申请，也可以申请加入所兼职社会组织的工会，待所在单位成立工会后及时接转会员组织关系。

四、规范社会组织工会建设

（一）理顺工会组织领导关系。社会组织工会受同级党组织和上一级工会双重领导，以同级党组织领导为主。未建立党组织的，由上一级工会领导。按照属地管理原则，社会组织住所地与登记地不一致的，原则上在住所地成立工会，受住所地工会领导。在京全国性社会组织工会，以同级党组织领导为主，同时受业务主管单位工会领导；没有业务主管单位但由党建工作机构统一领导和管理党建工作的，同时受党建工作机构工会领导。京外全国性社会组织和省级以下社会组织工会，以同级党组织领导为主，同时受住所地地方工会或相关产业工会领导。各地已建社会组织党建工作机构的，有条件的地方可依托社会组织党建工作机构成立社会组织工会联合会，指导本地区社会组织工会工作。

（二）依法选举工会主席、副主席。按照《工会基层组织选举工作条例》、《基层工会会员代表大会条例》等规定，规范选举工会委员会、经费审查委员会及女职工委员会。社会组织负责人、法定代表人及他们的近亲属不得作为工会主席、副主席和委员候选人。

区域性、行业性工会联合会主席、副主席、委员的人选及产生，应按照《中华全国总工会关于加强和规范区域性、行业性工会联合会建设的意见》的规定执行。

上级工会可以向社会组织工会和区域性、行业性工会联合会推荐工会主席、副主席候选人，为其配备社会化工会工作者。

（三）努力建设职工之家。社会组织工会要按照“六有”标准（即：有依法选举的工会主席、有独立健全的组织机构、有服务职工的活动载体、有健全完善的制度机制、有自主管理的工会经费、有工会会员满意的工作绩效），加强工会组织和工会工作规范化建设，努力做到建起来、转起来、活起来。加强工会会员会籍管理，推进社会组织工会和会员实名制管理工作。开展建设职工之家活动，落实会员评家、会务公开、会员代表常任制等制度，依靠会员群众将社会组织工会建成职工信赖的职工之家。依据《基层工会经费收支管理办法》的有关规定，规范社会组织工会财务预算管理，严格工会经费使用。

五、加强对社会组织工会建设的领导

（一）加强组织领导。各级工会和民政部门要高度重视社会组织工会建设，作为当前和今后一个时期的重要任务抓紧抓好。积极争取地方党委组织部门的支持，加强对社会组织工会建设的领导指导，推动社会组织工会在党组织领导下发挥作用，以党建带工建机制引领工作。健全完善社会组织工会建设工作机制，形成党委统一领导、工会具体负责、民政部门支持、有关部门各司其职、齐抓共管的工作格局。

（二）强化协调联动。各级工会要加强与民政部门、社会组织党建工作机构和业务主管单位的沟通与协调，定期研商工作，共享数据信息，合力推动社会组织依法建立工会、规范运行。各级民政部门要积极支持配合，及时提供数据信息，做好政策宣传引导，通过将工会建设情况纳入社会组织评估指标等适当形式，支持和推动社会组织工会建设。在推动建立社会组织工作协调机制时，应吸纳同级工会参与。

（三）落实保障措施。各级工会要督促社会组织及时足额拨缴工会经费、支持工会依法行使权利并开展工作。支持社会组织工会通过单独建、联合建、共享资源等方式，解决职工活动场地等问题。加大对社会组织工会建设的经费支持力度。有条件的地方，上级工会可以向社会组织兼职工会干部发放补贴，可以设立专项经费保障规模较小社会组织工会和区域性、行业性工会联合会正常运转。各级工会组织购买社会组织服务时，在同等条件下，优先购买已建工会组织或实现工会工作覆盖的社会组织的服务。

（四）注重精准施策。根据社会组织规模、工会工作基础等实际情况，坚持建管并举，不断增强工会工作的针对性和实效性。对应建未建工会的社会组织，要明确目标时限，采取有效措施推动尽快建立工会组织。对已经建立工会的社会组织，要加强工会规范化建设，促进工会作用发挥。要加强工会干部的教育培训，提高做好工作能力水平。要加大宣传力度，培育推广社会组织工会工作先进典型，营造社会组织工会工作良好氛围。

● 案例指引

1. 用人单位停产案（《2016 年北京工会劳动维权十大案例评析》）①

案例摘要：该案件中的用人单位系外资企业，员工们担心公司关闭后拿不到赔偿，所以工会法援律师在第一时间帮他们立案，并且积极与仲裁委沟通，使这些员工 24 天就拿到了裁决书。为了保证劳动者拿到赔偿款，法援律师积极与法院沟通查封事宜。9 月 22 日，北京市密云区人民法院执行庭对被执行人的银行账户和车辆进行查封、扣

① 来源：京工网，载 https：//www.workerbj.cn/jgw/html/weiquan/shuofa/2017/0125/47028.html，最后访问时间为 2021 年 12 月 26 日。

押、冻结。9月26日上午，法援律师陪同承办法官到被申请人的工厂送达执行裁定书与协助执行通知书。在完成所有法定手续后，在场执行干警对厂房内的机器设备进行了核对和查封。此后，法援律师又与法官到平谷海关和天津码头，对该公司准备运输出境的设备进行查封，最终在天津海关将这家公司的4集装箱机器设备扣押查封。

2. **签解除协议用人单位不付款案**（《2017年北京工会劳动维权十大案例评析》）①

案例摘要：工会调解员通过了解得知某汽车部件公司因经营不景气，现在基本处于停产状态，公司财务账户被人民法院冻结，使得135位职工的工资、解除劳动合同经济补偿金无钱可付。于是，工会调解员分别做劳动者和用人单位的工作，最终使双方自愿达成一致并签订调解协议书，当事人对此结果均表示满意。集体劳动争议案件由于涉及劳动者人数多、案情复杂、社会影响大，如果处理不当会直接影响社会稳定，因此，调解是妥善解决这类案件的一个有效途径，而由北京市总工会牵头，与市人力社保局、市司法局、市委市政府信访办公室、市企联、首都综治办、公安局内保局、市工商联等部门建立的首都劳动争议调解联动机制，在解决集体劳动争议、促进社会维稳方面发挥了重要作用。

第二十九条　工会对劳动争议的调解

工会参加企业的劳动争议调解工作。

地方劳动争议仲裁组织应当有同级工会代表参加。

法　律

1. **《劳动法》**（2018年12月29日）

第77条　用人单位与劳动者发生劳动争议，当事人可以依

---

① 来源：京工网，载https：//www.workerbj.cn/jgw/html/weiquan/shuofa/2018/0118/72156.html，最后访问时间为2021年12月26日。

法申请调解、仲裁、提起诉讼，也可以协商解决。

调解原则适用于仲裁和诉讼程序。

第 78 条　解决劳动争议，应当根据合法、公正、及时处理的原则，依法维护劳动争议当事人的合法权益。

第 79 条　劳动争议发生后，当事人可以向本单位劳动争议调解委员会申请调解；调解不成，当事人一方要求仲裁的，可以向劳动争议仲裁委员会申请仲裁。当事人一方也可以直接向劳动争议仲裁委员会申请仲裁。对仲裁裁决不服的，可以向人民法院提起诉讼。

第 80 条　在用人单位内，可以设立劳动争议调解委员会。劳动争议调解委员会由职工代表、用人单位代表和工会代表组成。劳动争议调解委员会主任由工会代表担任。

劳动争议经调解达成协议的，当事人应当履行。

第 81 条　劳动争议仲裁委员会由劳动行政部门代表、同级工会代表、用人单位方面的代表组成。劳动争议仲裁委员会主任由劳动行政部门代表担任。

第 82 条　提出仲裁要求的一方应当自劳动争议发生之日起六十日内向劳动争议仲裁委员会提出书面申请。仲裁裁决一般应在收到仲裁申请的六十日内作出。对仲裁裁决无异议的，当事人必须履行。

第 83 条　劳动争议当事人对仲裁裁决不服的，可以自收到仲裁裁决书之日起十五日内向人民法院提起诉讼。一方当事人在法定期限内不起诉又不履行仲裁裁决的，另一方当事人可以申请人民法院强制执行。

第 84 条　因签订集体合同发生争议，当事人协商解决不成的，当地人民政府劳动行政部门可以组织有关各方协调处理。

因履行集体合同发生争议，当事人协商解决不成的，可以向劳动争议仲裁委员会申请仲裁；对仲裁裁决不服的，可以自收到仲裁裁决书之日起十五日内向人民法院提起诉讼。

2. **《劳动争议调解仲裁法》**（2007 年 12 月 29 日）

第 4 条 发生劳动争议，劳动者可以与用人单位协商，也可以请工会或者第三方共同与用人单位协商，达成和解协议。

第 8 条 县级以上人民政府劳动行政部门会同工会和企业方面代表建立协调劳动关系三方机制，共同研究解决劳动争议的重大问题。

第 10 条 发生劳动争议，当事人可以到下列调解组织申请调解：

（一）企业劳动争议调解委员会；

（二）依法设立的基层人民调解组织；

（三）在乡镇、街道设立的具有劳动争议调解职能的组织。

企业劳动争议调解委员会由职工代表和企业代表组成。职工代表由工会成员担任或者由全体职工推举产生，企业代表由企业负责人指定。企业劳动争议调解委员会主任由工会成员或者双方推举的人员担任。

第 19 条 劳动争议仲裁委员会由劳动行政部门代表、工会代表和企业方面代表组成。劳动争议仲裁委员会组成人员应当是单数。

劳动争议仲裁委员会依法履行下列职责：

（一）聘任、解聘专职或者兼职仲裁员；

（二）受理劳动争议案件；

（三）讨论重大或者疑难的劳动争议案件；

（四）对仲裁活动进行监督。

劳动争议仲裁委员会下设办事机构，负责办理劳动争议仲裁委员会的日常工作。

3. **《人民调解法》**（2010 年 8 月 28 日）

第 9 条 村民委员会、居民委员会的人民调解委员会委员由村民会议或者村民代表会议、居民会议推选产生；企业事业单位设立的人民调解委员会委员由职工大会、职工代表大会或者工会组织推选产生。

人民调解委员会委员每届任期三年，可以连选连任。

● 部门规章及文件

4.《人力资源社会保障部等九部门关于进一步加强劳动人事争议协商调解工作的意见》（2022年10月13日　人社部发〔2022〕71号）

各省、自治区、直辖市人力资源社会保障厅（局）、党委政法委、高级人民法院、中小企业主管部门、司法厅（局）、财政厅（局）、总工会、工商联、企业联合会/企业家协会，新疆生产建设兵团人力资源社会保障局、党委政法委、新疆维吾尔自治区高级人民法院生产建设兵团分院、工业和信息化局、司法局、财政局、总工会、工商联、企业联合会/企业家协会：

劳动人事争议协商调解是社会矛盾纠纷多元预防调处化解综合机制的重要组成部分。通过协商调解等方式柔性化解劳动人事争议，对于防范化解劳动关系风险、维护劳动者合法权益、构建和谐劳动关系、维护社会稳定具有重要意义。为深入贯彻党的二十大精神，落实党中央、国务院关于“防范化解重大风险”“坚持把非诉讼纠纷解决机制挺在前面”的重要决策部署，进一步强化劳动人事争议源头治理，现就加强劳动人事争议协商调解工作，提出如下意见：

一、总体要求

（一）指导思想。以习近平新时代中国特色社会主义思想为指导，深入贯彻习近平法治思想，坚持系统观念、目标导向和问题导向，着力强化风险防控，加强源头治理，健全多元处理机制，提升协商调解能力，促进中国特色和谐劳动关系高质量发展。

（二）基本原则

1. 坚持人民至上，把为民服务理念贯穿协商调解工作全过程，拓展服务领域，优化服务方式，提升服务能力，打造协商调解服务优质品牌。

2. 坚持源头治理，充分发挥协商调解的前端性、基础性作用，做到关口前移、重心下沉，最大限度地把劳动人事争议解决在基层和萌芽状态。

3. 坚持创新发展，尊重基层首创精神，积极探索新理念、新机制、新举措，促进各类调解联动融合，推动社会协同共治，形成体现中国特色、符合劳动人事争议多元处理规律、满足时代需求的协商调解工作格局。

4. 坚持灵活高效，充分发挥协商调解柔性高效、灵活便捷的优势，运用法治思维和法治方式，推动案结事了人和，促进劳动关系和谐与社会稳定。

（三）目标任务。从 2022 年 10 月开始，持续加强协商调解制度机制和能力建设，力争用 5 年左右时间，基本实现组织机构进一步健全、队伍建设进一步强化、制度建设进一步完善、基础保障进一步夯实，党委领导、政府负责、人力资源社会保障部门牵头和有关部门参与、司法保障、科技支撑的劳动人事争议多元处理机制更加健全，部门联动质效明显提升，协商调解解决的劳动人事争议案件数量在案件总量中的比重显著提高，劳动人事争议诉讼案件稳步下降至合理区间，协商调解工作的规范化、标准化、专业化、智能化水平显著提高。

二、加强源头治理

（四）强化劳动人事争议预防指导。充分发挥用人单位基层党组织在劳动关系治理、协商调解工作中的重要作用，以党建引领劳动关系和谐发展。完善民主管理制度，保障劳动者对用人单位重大决策和重大事项的知情权、参与权、表达权、监督权。推行典型案例发布、工会劳动法律监督提示函和意见书、调解建议书、仲裁建议书、司法建议书、信用承诺书等制度，引导用人单位依法合规用工、劳动者依法理性表达诉求。发挥中小企业服务机构作用，通过培训、咨询等服务，推动中小企业完善劳动管理制度、加强劳动人事争议预防，具备相应资质的服务机构可开展劳动关系事务托管服务。把用人单位建立劳动人事争议调解组织、开展协商调解工作情况作为和谐劳动关系创建等评选表彰示范创建的重要考虑因素。发挥律师、法律顾问职能作用，推进依法治企，强化劳动用工领域合规管理，减少劳动人事争议。

（五）健全劳动人事争议风险监测预警机制。建立健全劳动人事争议风险监测机制，通过税费缴纳、社保欠费、案件受理、投诉举报、信访处理、社会舆情等反映劳动关系运行的重要指标变化情况，准确研判劳动人事争议态势。完善重大劳动人事争议风险预警机制，聚焦重要时间节点，突出农民工和劳务派遣、新就业形态劳动者等重点群体，围绕确认劳动关系、追索劳动报酬、工作时间、解除和终止劳动合同等主要劳动人事争议类型，强化监测预警，建立风险台账，制定应对预案。

（六）加强劳动人事争议隐患排查化解工作。建立重点区域、重点行业、重点企业联系点制度，以工业园区和互联网、建筑施工、劳动密集型加工制造行业以及受客观经济情况发生重大变化、突发事件等影响导致生产经营困难的企业为重点，全面开展排查，及时发现苗头性、倾向性问题，妥善化解因欠薪、不规范用工等引发的风险隐患。加强劳动人事争议隐患协同治理，完善调解仲裁机构与劳动关系、劳动保障监察机构以及工会劳动法律监督组织信息共享、协调联动，共同加强劳动用工指导，履行好“抓前端、治未病”的预防功能。

三、强化协商和解

（七）指导建立内部劳动人事争议协商机制。培育用人单位和劳动者的劳动人事争议协商意识，推动用人单位以设立负责人接待日、召开劳资恳谈会、开通热线电话或者电子邮箱、设立意见箱、组建网络通讯群组等方式，建立健全沟通对话机制，畅通劳动者诉求表达渠道。指导用人单位完善内部申诉、协商回应制度，优化劳动人事争议协商流程，认真研究制定解决方案，及时回应劳动者协商诉求。

（八）协助开展劳动人事争议协商。工会组织统筹劳动法律监督委员会和集体协商指导员、法律援助志愿者队伍等资源力量，推动健全劳动者申诉渠道和争议协商平台，帮助劳动者与用人单位开展劳动人事争议协商，做好咨询解答、释法说理、劝解疏导、促成和解等工作。各级地方工会可设立劳动人事争议协商室，做好劳动人事争议协商工作。企业代表组织指导企业加强协商能力建设，完善企业内部劳动争议协商程序。鼓励、支持社会力量开展劳动人事争议协商咨询、代理服务工作。

（九）强化和解协议履行和效力。劳动者与用人单位就劳动人事争议协商达成一致的，工会组织要主动引导签订和解协议，并推动和解协议履行。劳动者或者用人单位未按期履行和解协议的，工会组织要主动做好引导申请调解等工作。经劳动人事争议仲裁委员会审查，和解协议程序和内容合法有效的，可在仲裁办案中作为证据使用；但劳动者或者用人单位为达成和解目的作出的妥协认可的事实，不得在后续的仲裁、诉讼中作为对其不利的根据，但法律另有规定或者劳动者、用人单位均同意的除外。

四、做实多元调解

（十）推进基层劳动人事争议调解组织建设。人力资源社会保障部门会同司法行政、工会、企业代表组织和企事业单位、社会团体，推动用人单位加大调解组织建设力度。推动大中型企业普遍建立劳动争议调解委员会，建立健全以乡镇（街道）、工会、行业商（协）会、区域性等调解组织为支撑、调解员（信息员）

为落点的小微型企业劳动争议协商调解机制。推动事业单位、社会团体加强调解组织建设，规范劳动人事管理和用工行为。

（十一）建设市、县级劳动人事争议仲裁院调解中心和工会法律服务工作站。推动在有条件的市、县级劳动人事争议仲裁院（以下简称仲裁院）内设劳动人事争议调解中心（以下简称调解中心），通过配备工作人员或者购买服务等方式提供劳动人事争议调解服务。调解中心负责办理仲裁院、人民法院委派委托调解的案件，协助人力资源社会保障部门指导辖区内的乡镇（街道）、工会、行业商（协）会、区域性等调解组织做好工作。探索推进工会组织在劳动人事争议案件较多、劳动者诉求反映集中的仲裁院、人民法院设立工会法律服务工作站，具备条件的地方工会可安排专人入驻开展争议协商、调解和法律服务工作，建立常态化调解与仲裁、诉讼对接机制。

（十二）加强调解工作规范化建设。人力资源社会保障部门会同司法行政、工会、企业代表组织等部门，落实调解组织和调解员名册制度，指导各类劳动人事争议调解组织建立健全调解受理登记、调解办理、告知引导、回访反馈、档案管理、统计报告等制度，提升调解工作规范化水平。加大督促调解协议履行力度，加强对当事人履约能力评估，达成调解协议后向当事人发放履行告知书。总结、推广调解组织在实践中形成的成熟经验和特色做法，发挥典型引领作用。

（十三）发挥各类调解组织特色优势。企业劳动争议调解委员会发挥熟悉内部运营规则和劳动者情况的优势，引导当事人优先通过调解方式解决劳动争议。人民调解组织发挥扎根基层、贴近群众、熟悉社情民意的优势，加大劳动人事争议调处工作力度。乡镇（街道）劳动人事争议调解组织发挥专业性优势，积极推进标准化、规范化、智能化建设，帮助辖区内用人单位做好劳动人事争议预防化解工作。行业性、区域性劳动人事争议调解组织发挥具有行业影响力、区域带动力的优势，帮助企业培养调解人员、开展调解工作。商（协）会调解组织发挥贴近企业的优势，积极化解劳动争议、协同社会治理。人力资源社会保障部门、司法行政部门、工会、企业代表组织引导和规范有意向的社会组织及律师、专家学者等社会力量，积极有序参与调解工作，进一步增加调解服务供给。

五、健全联动工作体系

（十四）健全劳动人事争议调解与人民调解、行政调解、司法调解联动工作体系。人力资源社会保障部门在党委政法委的统筹协调下，加强与司法行政、法院、工会、企业代表组织等部门的工作沟通，形成矛盾联调、力量联动、信息联通的工作格局，建立健全重大劳动人事争议应急联合调处机制。有条件的地区，可建立“一窗式”劳动人事争议受理和流转办理机制，通过联通各类网上调解平台、设立实体化联调中心等方式，强化各类调解资源整合。可根据实际情况建立调解员、专家库共享机制，灵活调配人员，提高案件办理专业性。

（十五）参与社会矛盾纠纷调处中心建设。各相关部门主动融入地方党委、政府主导的社会矛盾纠纷多元预防调处化解综合机制，发挥职能优势，向社会矛盾纠纷调处中心派驻调解仲裁工作人员，办理劳动人事争议案件、参与联动化解、提供业务支持，做好人员、经费、场所、设备等保障工作。

（十六）强化调解与仲裁、诉讼衔接。完善调解与仲裁的衔接，建立仲裁员分片联系调解组织制度。双方当事人经调解达成一致的，调解组织引导双方提起仲裁审查申请或者司法确认申请，及时巩固调解成果。仲裁机构通过建议调解、委托调解等方式，积极引导未经调解的当事人到调解组织先行调解。加强调解与诉讼的衔接，对追索劳动报酬、经济补偿等适宜调解的纠纷，先行通过诉前调解等非诉讼方式解决。推进劳动人事争议“总对总”在线诉调对接，开展全流程在线委派委托调解、音视频调解、申请调解协议司法确认等工作。建立省级劳动人事争议调解专家库，并将符合条件的调解组织和人员纳入特邀调解名册，参与调解化解重大疑难复杂劳动人事争议。依法落实支付令制度。

六、提升服务能力

（十七）加强调解员队伍建设。通过政府购买服务等方式提升劳动人事争议协商调解能力。扩大兼职调解员来源渠道，广泛吸纳法学专家、仲裁员、律师、劳动关系协调员（师）、退休法官、退休检察官等专业力量参与调解。加强对调解员的培训指导，开发国家职业技能标准，切实提高调解员职业道德、增强服务意识，提升办案能力。

（十八）加强智慧协商调解建设。推动信息化技术与协商调解深度融合，建立部门间数据信息互通共享机制，整合运用各类大数据开展劳动人事争议情况分析研判。完善网络平台和手机APP、微信小程序、微信公众号等平台的调解功能，推进“网上办”“掌上办”，实现协商调解向智能化不断迈进。

（十九）保障工作经费。人力资源社会保障部门将协商调解纳入政府购买服务指导性目录。地方财政部门结合当地实际和财力可能，合理安排经费，对协商调解工作经费给予必要的支持和保障，加强硬件保障，为调解组织提供必要的办公办案设施设备。

（二十）落实工作责任。构建和谐劳动关系，是增强党的执政基础、巩固党的执政地位的必然要求，是加强和创新社会治理、保障和改善民生的重要内容，是促进经济高质量发展、社会和谐稳定的重要基础。各地要把做好协商调解工作作为构建和谐劳动关系的一项重要任务，切实增强责任感、使命感、紧迫感，积极争取党委、政府支持，将这项工作纳入当地经济社会发展总体规划和政府目标责任考核体系，推动工作扎实有效开展。各级党委政法委要将劳动人事争议多元处理机制建设工作纳入平安建设考核，推动相关部门细化考评标准，完善督导检查、考评推动等工作。人力资源社会保障部门要发挥在劳动人事争议多元处理中的牵头作用，会同有关部门统筹推进调解组织、制度和队伍建设，完善调解成效考核评价机制。人民法院要发挥司法引领、推动和保障作用，加强调解与诉讼有机衔接。司法行政部门要指导调解组织积极开展劳动人事争议调解工作，加强对调解员的劳动法律政策知识培训，鼓励、引导律师参与法律援助和社会化调解。财政部门要保障协商调解工作经费，督促有关部门加强资金管理，发挥资金使用效益。中小企业主管部门要进一步健全服务体系，指导中小企业服务机构帮助企业依法合规用工，降低用工风险，构建和谐劳动关系。工会要积极参与劳动人事争议多元化解，引导劳动者依法理性表达利益诉求，帮助劳动者协商化解劳动人事争议，依法为劳动者提供法律服务，切实维护劳动者合法权益，竭诚服务劳动者。工商联、企业联合会等要发挥代表作用，引导和支持企业守法诚信经营、履行社会责任，建立健全内部劳动人事争议解决机制。

各省级人力资源社会保障部门要会同有关部门，按照本意见精神，制定切实可行的实施方案，明确任务、明确措施、明确责任、明确要求，定期对本意见落实情况进行督促检查，及时向人力资源社会保障部报送工作进展情况。

● 司法解释及文件

5.《最高人民法院、中华全国总工会关于在部分地区开展劳动争议多元化解试点工作的意见》（2020年2月20日　法〔2020〕55号）

内蒙古、吉林、上海、浙江、江西、山东、湖北、广东、广西、四川、陕西省（自治区、直辖市）高级人民法院、总工会：

为全面贯彻党的十九大和十九届二中、三中、四中全会精神，积极落实完善社会矛盾纠纷多元预防调处化解综合机制新要求，深入推进劳动争议多元化解机制建设，构建和谐劳动关系，促进广大劳动者实现体面劳动、全面发展，根据《中华人民共和国工会法》《中华人民共和国劳动法》《中华人民共和国劳动争议调解仲裁法》，以及中共中央办公厅、国务院办公厅《关于完善矛盾纠纷多元化解机制的意见》（中办发〔2015〕60 号）和最高人民法院《关于人民法院进一步深化多元化纠纷解决机制改革的意见》（法发〔2016〕14 号），最高人民法院和中华全国总工会决定在内蒙古、吉林、上海、江西、山东、湖北、广东、四川等省（自治区、直辖市），以及陕西省西安市、浙江省宁波市和广西壮族自治区北海市开展劳动争议多元化解试点工作。现提出如下意见：

1. 试点工作意义。开展劳动争议多元化解试点工作，是坚持和完善共建共治共享的社会治理制度，充分发挥工会参与劳动争议协商调解职能作用，发挥人民法院在多元化纠纷解决机制改革中的引领、推动、保障作用，切实将非诉讼纠纷解决机制挺在前面的务实举措，有利于依法维护广大职工合法权益，积极预防和妥善化解劳动关系领域重大风险，优化法治营商环境，维护劳动关系和谐与社会稳定。

2. 推进劳动争议多元化解。各级人民法院和总工会要加强工作协同，积极推动建立完善党委领导、政府主导、各部门和组织共同参与的劳动争议预防化解机制。鼓励和引导争议双方当事人通过协商、调解、仲裁等非诉讼方式解决纠纷，加强工会参与劳动争议调解工作与仲裁调解、人民调解、司法调解的联动，逐步实现程序衔接、资源整合、信息共享，推动形成劳动争议多元化解新格局。

3. 加强调解组织建设。各级总工会要依法积极履行维护职工合法权益、竭诚服务职工群众的基本职责，推动完善劳动争议调解组织机构，协调企业与劳动者妥善解决劳动争议。推动企业劳动争议调解组织和行业性、区域性劳动争议调解组织建设。依托工会职工服务平台、地方社会治理综合服务平台建立健全劳动争议调解中心（工作室），鼓励建立以调解员命名的工作室。推动调解组织在人民法院诉讼服务中心设立工作室，派驻调解员。

4. 加强调解员队伍建设。各级总工会要积极推动建立劳动争议调解员名册制度，广泛吸纳法学专家、退休法官检察官、劳动争议调解员仲裁员、劳动关系协调员（师）、人民调解员及其他领域专业人才等社会力量加入名册。建立和完善名册管理制度，加强调解员培训，建立调解员职业道德规范体系，完善调解员惩戒和退出机制，不断提高调解员队伍的专业化、职业化水平，提升劳动争议调解公信力。

5. 规范律师参与。各级总工会要积极从职工维权律师团、职工法律服务团和工会法律顾问中遴选政治立场坚定、业务素质过硬、执业经验丰富的律师参与调解工作。积极通过购买服务方式甄选优质律师事务所选派律师参与劳动争议调解工作。探索建立劳动争议专职调解律师制度。

6. 依法履行审判职能。各级人民法院要健全完善审判机构和工作机制，依法受理劳动争议案件。有条件的人民法院可以推动设立劳动争议专业审判庭、合议庭，在地方总工会和职工服务中心设立劳动争议巡回法庭，积极推荐和确定符合条件的工会法律工作者担任人民陪审员，依法公正高效审理劳动争议案件，不断提升审判质量和效率。

7. 落实特邀调解制度。人民法院要积极吸纳符合条件的劳动争议调解组织和调解员加入特邀调解名册。探索人民法院特邀调解名册与劳动争议调解名册的衔接机制，会同工会加强对名册的管理。人民法院要加强诉前委派、诉中委托调解工作，强化调解业务指导，依法进行司法确认，不断促进劳动争议调解组织提升预防和化解劳动争议的能力。

8. 完善诉调对接工作机制。各级人民法院和总工会要健全劳动争议多元化解工作沟通机制，明确诉调对接工作部门，在名册管理，调解员培训、考核、奖励、惩戒，调审平台建设和程序对接，以及重大风险预防化解等方面加强信息交流反馈，切实提升工作协同水平。

9. 完善调解协议履行机制。纠纷经调解达成协议的，劳动争议调解组织和调解员应当积极引导和督促当事人主动、及时、充分履行调解协议约定的内容。当事人申请人民法院确认调解协议效力的，人民法院应当依法办理。用人单位未按照调解协议约定支付拖欠的劳动报酬、工伤医疗费、经济补偿或者赔偿金的，劳动者可以依法申请先予执行或者支付令，人民法院应当依法办理。

10. 充分应用信息化平台。各级人民法院和总工会要善于将大数据、人工智能等现代科技手段与劳动争议预防化解深度融合，提升工作的信息化、智能化水平。各级总工会要大力推动开展在线调解，建设劳动争议调解信息化平台，推动与人民法院调解平台的对接，调解组织和调解员信息全部线上汇聚，调解过程与诉讼程序的“无缝式”衔接，实现调解员菜单式选择和在线调解、在线司法确认，方便当事人参与纠纷解决。积极运用司法大数据，共同对典型性、苗头性、普遍性劳动争议案件进行分析研判，提前防控化解重大矛盾风险。

11. 完善经费保障。各级人民法院和总工会要紧紧依靠党委领导，主动争取政府支持，协调和推动财政部门将劳动争议调解经费纳入政府财政预算，积极争取将劳动争议调解服务纳入政府购买服务指导目录。地方各级总工会要结合实际情况，将劳动争议诉调对接工作经费纳入专项预算，为开展劳动争议调解提供必要的经费保障，细化完善“以案定补”和各项考核激励机制，健全上下级工会劳动争议调解经费支持机制。

12. 巩固制度保障。各级人民法院和总工会要加强政策沟通，充分听取对方对促进劳动关系和谐和维护职工权益工作的意见建议。及时总结本地区推进诉调对接工作的成熟经验，积极推动有关部门制定或者修订完善相关地方性法规、规章，确保工作依法有序推进。

13. 加强理论研究和宣传引导。各级人民法院和总工会要与高等院校、科研机构加强合作，通过普法宣传、教育培训、课题调研等多种形式，推进劳动争议多元化解理论研究。充分运用各种传媒手段，在遵循调解保密原则的前提下，以发布白皮书、典型案例等多种方式指导企业依法规范用工。积极宣传多元化纠纷解决机制优势，提高劳动争议协商、调解、仲裁等非诉讼纠纷解决方式的社会接受度，把矛盾纠纷化解在萌芽状态。

14. 加强组织领导。省（自治区、直辖市）高级人民法院和省级总工会要共同研究制定试点工作方案，加强对劳动争议多元化解机制建设的组织、指导和监督，特别是加强业务和技术层面的沟通、协调和对接。地方各级人民法院和总工会要认真研究新情况、新问题，及时将工作进展、遇到的问题、意见建议等层报最高人民法院、中华全国总工会。最高人民法院、中华全国总工会将定期总结评估试点工作推进情况。待条件成熟时，视情扩大试点、推广经验，确保改革试点不断深化。

● 其他规范性文件

6. 《企业工会工作条例》（2006 年 12 月 11 日）

第 40 条　依法建立企业劳动争议调解委员会，劳动争议调解委员会由职工代表、企业代表和工会代表组成，办事机构设在企业工会。职工代表和工会代表的人数不得少于调解委员会成员总数的三分之二。

建立劳动争议预警机制，发挥劳动争议调解组织的预防功能，设立建立企业劳动争议信息员制度，做好劳动争议预测、预报、预防工作。

企业发生停工、怠工事件，工会应当积极同企业或者有关方面协商，反映职工的意见和要求并提出解决意见，协助企业做好工作，尽快恢复生产、工作秩序。

● 案例指引

1. 用人单位不依约履行劳动合同案（《2014年北京劳动维权十大案例评析》）①

案例摘要：调解中心委托的律师调解员是此次劳动纠纷案件中为此案调解的主导人。在这次调解过程中，律师调解员深入分析7名职工的证据材料，跟他们多次核实证据，根据职工草拟的书面调解内容，逐项跟每个人仔细核对，帮助他们分析调解的条件，并对相关的法律条文及可能出现的结果一一做出解释，分析原告与被告达成调解条件的合理性和可行性。这次群体性劳动纠纷，经过3个月后终于能够和解，这缘于工会律师调解员多次与双方当事人电话沟通、当面交流。律师作为专业人士，在案件调解过程中，仔细听取双方当事人意见后，重点就劳动争议发生的原因、关键环节进行仔细周密的分析、调查、核实，找准发生纠纷的症结，找出调解争议的法律法规和政策理论依据，及时化解纠纷，促进劳动关系和谐。

2. 职工索赔经济补偿差额案（《2015年北京劳动维权十大案例评析》）②

案例摘要：本案是一起用人单位与劳动者协商解除劳动合同，因支付经济补偿金计算方法产生的法律纠纷。张某入职十余年，称单位对他也是不错的。公司因岗位调动与其协商解除劳动合同，张

---

① 来源：京工网，载 https：//www.workerbj.cn/jgw/html/weiquan/shuofa/2014/1230/5943.html，最后访问时间为2021年12月26日。

② 来源：京工网，载 https：//www.workerbj.cn/jgw/index.php？m=content&c=index&a=show&catid=93&id=22963，最后访问时间为2021年12月26日。

某表示同意，但他认为公司在支付经济补偿金时计算方法是错误的，自己吃了亏，所以要求公司支付经济补偿金的差额。在劳动合同解除时，会涉及如何计算经济补偿的问题。在本案中，工会调解员了解到用人单位比较正规，但对法律知识并不熟悉。在此种情况下，调解员并不着急进行调解，而是邀请单位的法律顾问、公司人力资源总监及相关部门职员，参加北京市某区调解中心开办的“劳动争议法律知识讲座”。在讲座中，调解员以此案为蓝本，讲解了案件的法律适用情况，并穿插生动的案例解析。讲座结束后，单位的法律顾问主动找到工会调解员，要求按法律规定进行调解。之后，调解员又找到张某，对其动之以情，晓之以法，提出公司经济补偿金计算方法虽然存在错误，但张某计算的金额也是偏高。最终，双方达成一致，单位一次性支付张某解除劳动合同经济补偿金1万元，使调解成功。

3. **职工未洗净食品被解职案**（《2015年北京劳动维权十大案例评析》）①

案例摘要：本案的申请人周某从入职到离职不足一个月，按《劳动法》来说单位甚至不需要跟员工签订书面劳动合同。这就是说，所有与工作相关的内容全都是口头约定，薪资、岗位、房补和车补等福利都是可以随着争议双方当事人情绪变化及矛盾激化程度而发生变化的。加之餐饮公司还没来得及为周某发放工资（未足月），如何确定劳动关系就成了非常难解决的问题。但如果劳动关系不能确定，周某的诉求便一项也不会得到支持。在这种情况下，工会调解员首先对企业进行安抚引导，一方面树立调解机构的权威，使其不敢妄自否认劳动关系的存在；另一方面，及时告知案件调解结案后对企业的益处，使其更愿意朝着解决争议纠纷的思路上靠拢。进行调解时，在员工没有异议的情况下，调解员先让企业陈述，接

① 来源：京工网，载 https：//www.workerbj.cn/jgw/index.php? m = content&c = index&a = show&catid = 93&id = 22963，最后访问时间为2021年12月26日。

着把当事职工的薪资数额、入职时间、离职时间确定了下来，然后把法律中关于如何计算工作日及加班费的公式向企业和员工讲清楚，这样算出来的数额双方均无异议，最终使他们达成调解协议。

4. 毕业后离职被单位索赔案（《2016 年北京工会劳动维权十大案例评析》）①

案例摘要：本案中，刘某参加“首都农民工大学生助推计划”属于培训的范畴，虽与单位签订了《专项培训服务协议》，但该协议有效的必备条件是用人单位支付专项培训费用。调解时，单位提出工会负担的学费是企业缴纳的工会经费，所以职工参加该计划的学费就是单位负担的，该说法明显不成立。工会经费是工会依法取得主要用于职工服务和工会活动的经费，是企业依法支持员工参加工会组织的法定义务，该经费依法拨缴后即归工会所有，不再属于缴费企业所有。另外工会的经费除了企业依法按比例拨缴之外，还有工会会员缴纳的会费、工会所属的企事业单位上缴的收入、人民政府的补助及其他收入。所以，用人单位认为由工会负担的学费就是企业负担的，这个说法不成立。另外，法律明确规定用人单位不得扣押劳动者的证件，本案中单位扣押刘某的毕业证属于违法，要求其支付赔偿没有事实依据且不符合法律规定。但鉴于刘某愿意给予单位象征性的补偿，也不违反法律强制性规定，因此，其调解内容符合法律规定。

5. 11 位职工追索加班费案（《2017 年北京工会劳动维权十大案例评析》）②

案例摘要：工会法援，是工会为合法权益受到侵害的职工、工会工作者和工会组织提供的一种无偿法律服务。而调解，是争议当事人在第三方的主持下，自愿进行协商解决纠纷的一种办法。一般

---

① 来源：京工网，载 https://www.workerbj.cn/jgw/html/weiquan/shuofa/2017/0125/47028.html，最后访问时间为 2021 年 12 月 26 日。

② 来源：京工网，载 https://www.workerbj.cn/jgw/html/weiquan/shuofa/2018/0118/72156.html，最后访问时间为 2021 年 12 月 26 日。

来说，调解员不能担任任何一方当事人的代理人。但在本案中，因职工证据不足，判决无法使其合法权益得到维护，有可能会激化矛盾，工会法援律师在主审法官的建议下，积极主动联系公司代理人。在职工与单位分歧较大的情况下，工会律师利用“背靠背”的调解技巧，分别向双方当事人宣传相关法律知识，依据事实和法律规定，耐心劝说和疏导。经过多次面谈和电话沟通，反复做思想工作，终于打动了单位代理人，使其大幅提高了补偿标准，最终促成 11 位职工与公司达成调解协议，并获得 29 万元补偿，其中 3 位职工得到了其主张的全部诉求金额。

第三十条 县级以上总工会提供法律援助服务

县级以上各级总工会依法为所属工会和职工提供法律援助等法律服务。

法　律

《劳动合同法》（2012 年 12 月 28 日）

第 78 条　工会依法维护劳动者的合法权益，对用人单位履行劳动合同、集体合同的情况进行监督。用人单位违反劳动法律、法规和劳动合同、集体合同的，工会有权提出意见或者要求纠正；劳动者申请仲裁、提起诉讼的，工会依法给予支持和帮助。

案例指引

1. 违法解除受害人劳动合同案①

案例摘要：刘某在受到吴某的性骚扰后，向公司所在地的工会

① 来源：中国工会法律服务平台（中国工会普法网），载 https://ghpf.acftu.org/fzxc/nzgqybzpf/yasf/202012/t20201231_773300.html?sdiOEtCa=qqrDqKFDkiQZrVOrvapQ.wca5JeE56XNyeD1K26DFha16K26cG3uwmZn2bm9dJa8yeDko99X5xbu4BYZ5Op5BybJ0H8oUJthTpS7AqyDT8kPgTfYkV4.i_48FUZa435JJdqVLaPtxhx3DQosgW3xouS2Gcl，最后访问时间为 2021 年 12 月 26 日。

进行了咨询，工会工作人员建议她保存吴某对其实施性骚扰的证据，并提出可以协助刘某用法律手段维权。吴某作为公司的部门经理利用职权与刘某解除劳动关系时，刘某再次向工会寻求帮助，工会经审查确定吴某符合法律援助条件，为其指派了法援律师。在案件审理过程中，刘某提供了相应的证据材料证明吴某存在性骚扰行为，公司无法提供关于刘某不服从工作安排的相应证据材料，最终仲裁机关作出裁决，裁决公司向刘某支付违法解除劳动合同的赔偿金。案件发生后，公司以吴某严重违反公司规章制度为由，与其解除了劳动合同。

2. 用人单位多支付补偿案（《2015 年北京劳动维权十大案例评析》）①

案例摘要：本案的焦点在于公司辞退赵某是否合法。《最高人民法院关于审理劳动争议案件适用法律若干问题的解释》（法释〔2001〕14 号）② 第 13 条规定，因用人单位作出的辞退决定而发生的劳动争议，用人单位负举证责任。本案中，物业公司在仲裁审理中未提供证据证明辞退赵某的合法性。而赵某提供的公司会服主管岗位职责中，也没有上述规定，所以，公司作出的辞退决定违法。工会律师尊重赵某的个人意愿，讲明利害关系，最终达成调解协议并履行完毕。本案中，物业公司因小失大，不履行前一个调解协议的不诚信行为，使公司在仲裁时多支付了 3500 元补偿，从而付出了更大的代价。

第三十一条　职工集体福利协助

工会协助用人单位办好职工集体福利事业，做好工资、劳动安全卫生和社会保险工作。

---

① 来源：京工网，载 https://www.workerbj.cn/jgw/index.php?m=content&c=index&a=show&catid=93&id=22963，最后访问时间为 2021 年 12 月 26 日。

② 编者注：该文件已失效，参见《最高人民法院关于审理劳动争议案件适用法律问题的解释（一）》（2020 年 12 月 29 日　法释〔2020〕26 号）第 44 条。

法　律

1.《社会保险法》(2018 年 12 月 29 日)

第 9 条　工会依法维护职工的合法权益，有权参与社会保险重大事项的研究，参加社会保险监督委员会，对与职工社会保险权益有关的事项进行监督。

第 80 条　统筹地区人民政府成立由用人单位代表、参保人员代表，以及工会代表、专家等组成的社会保险监督委员会，掌握、分析社会保险基金的收支、管理和投资运营情况，对社会保险工作提出咨询意见和建议，实施社会监督。

社会保险经办机构应当定期向社会保险监督委员会汇报社会保险基金的收支、管理和投资运营情况。社会保险监督委员会可以聘请会计师事务所对社会保险基金的收支、管理和投资运营情况进行年度审计和专项审计。审计结果应当向社会公开。

社会保险监督委员会发现社会保险基金收支、管理和投资运营中存在问题的，有权提出改正建议；对社会保险经办机构及其工作人员的违法行为，有权向有关部门提出依法处理建议。

行政法规及文件

2.《保障农民工工资支付条例》(2019 年 12 月 30 日)

第 8 条　工会、共产主义青年团、妇女联合会、残疾人联合会等组织按照职责依法维护农民工获得工资的权利。

案例指引

1. 生育津贴差额案①

案例摘要：本案中，单位未为职工依法足额缴纳生育保险费，

---

① 来源：中国工会法律服务平台（中国工会普法网），载 https：//ghpf.acftu.org/fzxc/nzgqybzpf/yasf/202012/t20201231_773294.html？sdiOEtCa = qqrF5ZZ8r1OWBuPX8IUFsk2qrMxV1JsoCGei3FehStHsHZNSERXtsW3nmVcfSNl2M.kdtKbSYQ4bKjPVgJ39ZzBKQdL6wn.A.DM4cW9QhBmP_Evhc7yIvgkgUMiBQOGafsQhGZb5UV.3ry2Gk2KMgaG9GqE，最后访问时间为 2021 年 12 月 26 日。

第三章

给李某某造成了生育津贴损失，单位应当补偿差额。李某某产假前的原工资待遇为15000元，故其要求以此标准享受产假工资待遇，于法未悖。本案争议的焦点在于职工工资表上的收入与其实际收入不符，明显低于职工的实际收入，为规避足额缴纳社保责任，企业按工资表上的金额为职工缴纳社保。因此，证明职工的真实收入是此案的关键。根据《劳动争议调解仲裁法》第6条，当事人对自己提出的主张，有责任提供证据。职工法律援助律师指导当事人李某某找到了单位向其支付其余收入的支付宝转账记录、聊天记录、录音光盘及文字整理稿等证据，来证明自己每月实际工资分为两部分支付，实际是15000元，对案件审理和当事人维权起到了至关重要的作用。

2. 派遣工不同意变更主体案（《2014年北京劳动维权十大案例评析》）①

案例摘要：本案件中，某公司是由某物流公司出资，在很多年前设立的劳务派遣机构。原公司将包括38名职工在内的人员派遣到物流公司工作，这种做法违反了《劳动合同法》第67条中“用人单位不得设立劳务派遣单位向本单位或者所属单位派遣劳动者”的规定，存在用工不规范之处。同时，本案件中的劳动者多为老职工，固定岗位工作长达十多年，显然不属于劳务派遣的范畴。在经济补偿方面，本案件中的某公司，因没有资质而不能再经营劳务派遣业务，若单位按照法定破产程序解散而与劳动者解除劳动合同，应当自《劳动合同法》施行之日即2008年1月1日起的工作年限支付经济补偿。并按照合同解除或终止之日劳动者前12个月的平均工资标准计算，不足12个月的，按实际工作月数的平均工资计算。经工会调解员依法依规进行调解，双方当事人终于达成协议，顺利解决了38位被派遣职工与两家单位的矛盾，保护了职工的合法权益。

---

① 来源：京工网，载https://www.workerbj.cn/jgw/html/weiquan/shuofa/2014/1230/5943.html，最后访问时间为2021年12月26日。

3. 95 位退休职工获取暖补贴案（《2015 年北京劳动维权十大案例评析》）①

案例摘要：本案中，职工认为单位需按惯例向他们发放 400 元补贴，而单位则认为无任何企业内部文件和相关法律规定，且发放取暖补贴只限于在岗职工，因此双方存在认识上的分歧。根据相关规定，退休职工与在职职工宿舍取暖补贴应当发放。工会调解员了解到，争议职工是居住在单位所建的平房中，根据《关于调整职工冬季取暖补贴标准的通知》的规定，单位应按照每年 400 元的标准支付取暖补贴。通过普法，单位与 95 位退休职工达成调解协议。该案件调解不是和稀泥，而是给了双方现行有效的法律规定作为支持，使双方对结果均比较满意。

4. 14 名农民工与某物流有限公司劳动争议纠纷案（《2019 年职工法律援助十大典型案例》）②

案例摘要：本案是用人单位"假派遣"的典型案例。用人单位"另行"组建所谓的劳务派遣单位，就是一手"损招""歪招"。《劳动合同法》第 67 条关于"用人单位不得设立劳务派遣单位向本单位或者所属单位派遣劳动者"的规定，是效力性行政管理规范，即使签订空白劳动合同也不发生劳动关系转移的法律效果。目前，运输行业竞争激烈，货车驾驶员的流动性较大，职工的约定工资较高，但是未能参加社会保险，损害了社会保险制度和职工的长远利益。本案对劳务派遣主体、劳动用工主体及用人单位未开立社会保险账户的属于人民法院受案范围的认定，具有创新性，对于类似案件的审理具有指导性，具有法治进步意义。

针对具有行业代表性的劳动争议纠纷案件，工会组织高度重视、

---

① 来源：京工网，载 https：//www.workerbj.cn/jgw/index.php？m=content&c=index&a=show&catid=93&id=22963，最后访问时间为 2021 年 12 月 26 日。

② 来源：河北省总工会，载 http：//www.hebgh.org/sjd/wqfw/flyz/202008/t20200817_350194.html，最后访问时间为 2022 年 10 月 12 日。

作出指示、指派得力人员提供法律援助，起到了“办好一案、纠正一片”的效果。目前，对职工社会保险权益的救济，确实仍存在救济途径和适用法律上的困难，工会组织在本案中依法维护职工的社会保险权益方面的做法具有示范性，值得充分肯定和推广。

5. 任某某与某防腐工程公司工伤社会保险待遇纠纷案（《2019 年职工法律援助十大典型案例》）①

案例摘要：本案是工会服务“雪中送炭”、工会维权“竭尽所能”的代表性案例，是工会组织积极履行维护职工合法权益、竭诚服务职工群众基本职责的具体体现。职工在工作过程中跌落导致高位瘫痪，妻离女幼、父母年老，工伤职工在生活艰难和维权困难的时候，工会组织不仅为职工提供了生活救助，还为其提供了法律援助，充分体现了工会组织全面依法履行法定职责的新时代作为。法律援助律师在解决工伤赔偿过程中，从收集证据到确认劳动关系，从认定工伤到工伤赔偿，从劳动仲裁到法院，从一审到二审，数次赴外省参加案件审理，不畏艰辛百折不挠，彰显职工法律援助律师的担当精神。经营活动和劳动用工的跨区域流动，带来安全生产和工伤维权的重重困难，这也是本案的时代特点和行业特点。在新形势下，政府和工会组织应当针对这些新特点，拿出更有效的新办法、新举措，进一步加大安全生产和构建和谐劳动关系的工作力度，督促企业履行法定的安全生产主体责任。劳动者也应加强守法意识和证据意识，依法举报或者投诉劳动用工违法行为。

6. 刘某与某公司工伤社会保险待遇纠纷案（《2019 年职工法律援助十大典型案例》）②

案例摘要：本案是用人单位低标准缴纳工伤保险费、损害工伤

---

① 来源：河北省总工会，载 http：//www.hebgh.org/sjd/wqfw/flyz/202008/t20200817_350194.html，最后访问时间为 2022 年 10 月 12 日。

② 来源：河北省总工会，载 http：//www.hebgh.org/sjd/wqfw/flyz/202008/t20200817_350194.html，最后访问时间为 2022 年 10 月 12 日。

职工合法权益的典型案例。目前，用人单位为压低劳动用工成本，以最低缴纳保险费用标准缴费的，并非个案。本案的成功解决具有极强的法律价值、示范作用和普法价值。工伤职工应当睁大眼睛区分清楚不同的工资概念。《工伤保险条例》第35、36条关于“一次性伤残补助金”和“伤残津贴”的计算标准是“本人工资”。原劳动部《关于贯彻执行〈中华人民共和国劳动法〉若干问题的意见》第53条规定，劳动法中的工资是指用人单位依据国家有关规定或劳动合同的约定，以货币形式直接支付给本单位劳动者的劳动报酬，一般包括计时工资、计件工资、奖金、津贴和补贴、延长工作时间的工资报酬以及特殊情况下支付的工资等。用人单位与劳动者在劳动合同中约定的工资报酬有时为本地最低工资标准，实际履行过程中劳动者工资水平远高于此标准。因此，合同约定工资不能等同于“本人工资”。用人单位未依法缴纳和经办机构未依法收取工伤保险的过错责任和法律后果，不应当由工伤职工承担，职工应勇于拿起法律武器积极维权，工会组织也应履行依法维护职工合法权益的基本职责。

7. 1200余名职工与某钢厂停产重整期间社会保险费争议案（《2019年职工法律援助十大典型案例》）①

案例摘要：本案是工会解决群体性劳动维权重大事件的典型。目前，国家正在大力推动经济高质量发展，产业升级和企业兼并重组越来越多，维护群体性职工合法权益成为企业重组过程的重要环节，也密切关系着一个地方的社会稳定。工会组织站在维护社会稳定，服务高质量发展的政治高度，积极发挥第一知情人、第一报告人等职能，向政府及时报告，与有关部门协调沟通，形成了有效维护职工权益的机制。群体性的职工权益问题具有历史性、复杂性和专业性，工会聘请专业团队、发挥专业律师作用，由专业人员提出专业的法律意见，拿出可行的解决方案和办法，积极协调当事人、

① 来源：河北省总工会，载 http：//www.hebgh.org/sjd/wqfw/flyz/202008/t20200817_350194.html，最后访问时间为2022年10月12日。

资产管理人、人民法院，最终推动群体性职工权益问题的解决。

社会保险费用问题的形成具有政治性和法律性。部分地方为招商引资、发展地方经济等，制定的政策制度与国家社会保险制度不一致，存在“土政策”和“缴费洼地”，由此产生的问题不容忽视。部分“僵尸”企业长期存在的不规范劳动用工行为和拖欠社会保险费用等问题，天长日久积案缠身，涉及的法律问题较多，由专业人办专业事，遵循正当程序和依法解决问题的原则，是解决此类问题的正确途径。

第三十二条 加强思想政治引领，丰富职工文化生活

工会会同用人单位加强对职工的思想政治引领，教育职工以国家主人翁态度对待劳动，爱护国家和单位的财产；组织职工开展群众性的合理化建议、技术革新、劳动和技能竞赛活动，进行业余文化技术学习和职工培训，参加职业教育和文化体育活动，推进职业安全健康教育和劳动保护工作。

第三十三条 评优等管理职能

根据政府委托，工会与有关部门共同做好劳动模范和先进生产（工作）者的评选、表彰、培养和管理工作。

第三十四条 对发展计划的建议权

国家机关在组织起草或者修改直接涉及职工切身利益的法律、法规、规章时，应当听取工会意见。

县级以上各级人民政府制定国民经济和社会发展计划，对涉及职工利益的重大问题，应当听取同级工会的意见。

县级以上各级人民政府及其有关部门研究制定劳动就业、工资、劳动安全卫生、社会保险等涉及职工切身利益的政策、措施时，应当吸收同级工会参加研究，听取工会意见。

第三十五条　政府协商

县级以上地方各级人民政府可以召开会议或者采取适当方式，向同级工会通报政府的重要的工作部署和与工会工作有关的行政措施，研究解决工会反映的职工群众的意见和要求。

各级人民政府劳动行政部门应当会同同级工会和企业方面代表，建立劳动关系三方协商机制，共同研究解决劳动关系方面的重大问题。

● 法　律

《劳动合同法》（2012 年 12 月 28 日）

第 5 条　县级以上人民政府劳动行政部门会同工会和企业方面代表，建立健全协调劳动关系三方机制，共同研究解决有关劳动关系的重大问题。

第 73 条　国务院劳动行政部门负责全国劳动合同制度实施的监督管理。

县级以上地方人民政府劳动行政部门负责本行政区域内劳动合同制度实施的监督管理。

县级以上各级人民政府劳动行政部门在劳动合同制度实施的监督管理工作中，应当听取工会、企业方面代表以及有关行业主管部门的意见。

● 案例指引

克扣产假案①

案例摘要：本案中，甲市某医院擅自缩短女职工产假的做法违

---

① 来源：中国工会法律服务平台（中国工会普法网），载 https：//ghpf.acftu.org/fzxc/nzgqybzpf/yasf/202012/t20201231_773291.html？sdiOEtCa=qqrKGco3C9b3i8Kt6zx8K9Skk2vKQC0ySmP54j9fEvRvN3r0FVpWGeOu891UqY3hdy77jd78FYU72.C6NYMKJkfEWiyATTrDhuNcNcO_0BG_xkHgKsE4O_36gYXSyVZIWvly46PCj0MQ9QTP26bEYVnAarI，最后访问时间为 2021 年 12 月 26 日。

反了相关法律法规，侵害了女职工的合法权益。因此，医院应当及时依照国家法律法规和地方性法规修改相关制度规定，以保护女职工的合法权益。在本案件处理过程中，全总、省、市三级总工会主动应对，及时协调，深入实地调查了解情况，多部门联动，切实推动用人单位整改落实，发挥工会组织在维护职工权益中的作用。为杜绝同样事件再次发生，某省总工会专门下发通知，要求全省各级工会联合当地人力资源和社会保障局、卫生健康委员会等部门对侵害女职工合法权益的行为进行排查，并督促用人单位及时整改；乙市总工会也在全市下发了《关于开展女职工权益保护专项督导检查的通知》，有效地维护了女职工的休息休假权。

第四章　基层工会组织

第三十六条　企业权力机构及其工作机构

国有企业职工代表大会是企业实行民主管理的基本形式，是职工行使民主管理权力的机构，依照法律规定行使职权。

国有企业的工会委员会是职工代表大会的工作机构，负责职工代表大会的日常工作，检查、督促职工代表大会决议的执行。

● 宪　法

1.《宪法》（2018 年 3 月 11 日）

第 16 条　国有企业在法律规定的范围内有权自主经营。

国有企业依照法律规定，通过职工代表大会和其他形式，实行民主管理。

第 17 条　集体经济组织在遵守有关法律的前提下，有独立进行经济活动的自主权。

集体经济组织实行民主管理，依照法律规定选举和罢免管理人员，决定经营管理的重大问题。

法　律

2.《工会法》（2021 年 12 月 24 日）

第 6 条　维护职工合法权益、竭诚服务职工群众是工会的基本职责。工会在维护全国人民总体利益的同时，代表和维护职工的合法权益。

工会通过平等协商和集体合同制度等，推动健全劳动关系协调机制，维护职工劳动权益，构建和谐劳动关系。

工会依照法律规定通过职工代表大会或者其他形式，组织职工参与本单位的民主选举、民主协商、民主决策、民主管理和民主监督。

工会建立联系广泛、服务职工的工会工作体系，密切联系职工，听取和反映职工的意见和要求，关心职工的生活，帮助职工解决困难，全心全意为职工服务。

3.《公司法》（2018 年 10 月 26 日）

第 18 条　公司职工依照《中华人民共和国工会法》组织工会，开展工会活动，维护职工合法权益。公司应当为本公司工会提供必要的活动条件。公司工会代表职工就职工的劳动报酬、工作时间、福利、保险和劳动安全卫生等事项依法与公司签订集体合同。

公司依照宪法和有关法律的规定，通过职工代表大会或者其他形式，实行民主管理。

公司研究决定改制以及经营方面的重大问题、制定重要的规章制度时，应当听取公司工会的意见，并通过职工代表大会或者其他形式听取职工的意见和建议。

4.《安全生产法》（2021 年 6 月 10 日）

第 7 条　工会依法对安全生产工作进行监督。

生产经营单位的工会依法组织职工参加本单位安全生产工作的民主管理和民主监督，维护职工在安全生产方面的合法权益。生产经营单位制定或者修改有关安全生产的规章制度，应当听取工会的意见。

● 行政法规及文件

5.《使用有毒物品作业场所劳动保护条例》（2002 年 5 月 12 日）

第 38 条　劳动者享有下列职业卫生保护权利：

（一）获得职业卫生教育、培训；

（二）获得职业健康检查、职业病诊疗、康复等职业病防治服务；

（三）了解工作场所产生或者可能产生的职业中毒危害因素、危害后果和应当采取的职业中毒危害防护措施；

（四）要求用人单位提供符合防治职业病要求的职业中毒危害防护设施和个人使用的职业中毒危害防护用品，改善工作条件；

（五）对违反职业病防治法律、法规，危及生命、健康的行为提出批评、检举和控告；

（六）拒绝违章指挥和强令进行没有职业中毒危害防护措施的作业；

（七）参与用人单位职业卫生工作的民主管理，对职业病防治工作提出意见和建议。

用人单位应当保障劳动者行使前款所列权利。禁止因劳动者依法行使正当权利而降低其工资、福利等待遇或者解除、终止与其订立的劳动合同。

● 其他规范性文件

6.《企业工会工作条例》（2006 年 12 月 11 日）

第 33 条　企业工会是职工代表大会或职工大会的工作机构，

负责职工代表大会或职工大会的日常工作。

职工代表大会的代表经职工民主选举产生。职工代表大会中的一线职工代表一般不少于职工代表总数的百分之五十。女职工、少数民族职工代表应占相应比例。

第35条　职工代表大会或职工大会应有全体职工代表或全体职工三分之二以上参加方可召开。职工代表大会或职工大会进行选举和作出重要决议、决定，须采用无记名投票方式进行表决，经全体职工代表或全体职工过半数通过。

小型企业工会可联合建立区域或行业职工代表大会，解决本区域或行业涉及职工利益的共性问题。

公司制企业不得以股东（代表）大会取代职工（代表）大会。

第三十七条　集体企业工会职责

集体企业的工会委员会，应当支持和组织职工参加民主管理和民主监督，维护职工选举和罢免管理人员、决定经营管理的重大问题的权力。

第三十八条　工会参与民主管理

本法第三十六条、第三十七条规定以外的其他企业、事业单位的工会委员会，依照法律规定组织职工采取与企业、事业单位相适应的形式，参与企业、事业单位民主管理。

第三十九条　工会代表对企事业单位、社会组织决策的参与

企业、事业单位、社会组织研究经营管理和发展的重大问题应当听取工会的意见；召开会议讨论有关工资、福利、劳动安全卫生、工作时间、休息休假、女职工保护和社会保险等涉及职工切身利益的问题，必须有工会代表参加。

企业、事业单位、社会组织应当支持工会依法开展工作，工会应当支持企业、事业单位、社会组织依法行使经营管理权。

第四十条 职工代表的产生

公司的董事会、监事会中职工代表的产生，依照公司法有关规定执行。

● 法　律

《公司法》（2018 年 10 月 26 日）

第 44 条　有限责任公司设董事会，其成员为三人至十三人；但是，本法第五十条另有规定的除外。

两个以上的国有企业或者两个以上的其他国有投资主体投资设立的有限责任公司，其董事会成员中应当有公司职工代表；其他有限责任公司董事会成员中可以有公司职工代表。董事会中的职工代表由公司职工通过职工代表大会、职工大会或者其他形式民主选举产生。

董事会设董事长一人，可以设副董事长。董事长、副董事长的产生办法由公司章程规定。

第 51 条　有限责任公司设监事会，其成员不得少于三人。股东人数较少或者规模较小的有限责任公司，可以设一至二名监事，不设监事会。

监事会应当包括股东代表和适当比例的公司职工代表，其中职工代表的比例不得低于三分之一，具体比例由公司章程规定。监事会中的职工代表由公司职工通过职工代表大会、职工大会或者其他形式民主选举产生。

监事会设主席一人，由全体监事过半数选举产生。监事会主席召集和主持监事会会议；监事会主席不能履行职务或者不履行职务的，由半数以上监事共同推举一名监事召集和主持监事会会议。

董事、高级管理人员不得兼任监事。

第 67 条 国有独资公司设董事会，依照本法第四十六条、第六十六条的规定行使职权。董事每届任期不得超过三年。董事会成员中应当有公司职工代表。

董事会成员由国有资产监督管理机构委派；但是，董事会成员中的职工代表由公司职工代表大会选举产生。

董事会设董事长一人，可以设副董事长。董事长、副董事长由国有资产监督管理机构从董事会成员中指定。

第 108 条 股份有限公司设董事会，其成员为五人至十九人。

董事会成员中可以有公司职工代表。董事会中的职工代表由公司职工通过职工代表大会、职工大会或者其他形式民主选举产生。

本法第四十五条关于有限责任公司董事任期的规定，适用于股份有限公司董事。

本法第四十六条关于有限责任公司董事会职权的规定，适用于股份有限公司董事会。

第 117 条 股份有限公司设监事会，其成员不得少于三人。

监事会应当包括股东代表和适当比例的公司职工代表，其中职工代表的比例不得低于三分之一，具体比例由公司章程规定。监事会中的职工代表由公司职工通过职工代表大会、职工大会或者其他形式民主选举产生。

监事会设主席一人，可以设副主席。监事会主席和副主席由全体监事过半数选举产生。监事会主席召集和主持监事会会议；监事会主席不能履行职务或者不履行职务的，由监事会副主席召集和主持监事会会议；监事会副主席不能履行职务或者不履行职务的，由半数以上监事共同推举一名监事召集和主持监事会会议。

董事、高级管理人员不得兼任监事。

本法第五十二条关于有限责任公司监事任期的规定，适用于股份有限公司监事。

第四十一条 工会活动的时间安排

基层工会委员会召开会议或者组织职工活动，应当在生产或者工作时间以外进行，需要占用生产或者工作时间的，应当事先征得企业、事业单位、社会组织的同意。

基层工会的非专职委员占用生产或者工作时间参加会议或者从事工会工作，每月不超过三个工作日，其工资照发，其他待遇不受影响。

第四十二条 工会工作人员待遇

用人单位工会委员会的专职工作人员的工资、奖励、补贴，由所在单位支付。社会保险和其他福利待遇等，享受本单位职工同等待遇。

第五章　工会的经费和财产

第四十三条 工会经费来源及使用

工会经费的来源：

（一）工会会员缴纳的会费；

（二）建立工会组织的用人单位按每月全部职工工资总额的百分之二向工会拨缴的经费；

（三）工会所属的企业、事业单位上缴的收入；

（四）人民政府的补助；

（五）其他收入。

前款第二项规定的企业、事业单位、社会组织拨缴的经费在税前列支。

工会经费主要用于为职工服务和工会活动。经费使用的具体办法由中华全国总工会制定。

● 其他规范性文件

《企业工会工作条例》（2006 年 12 月 11 日）

第 9 条 会员大会或会员代表大会的职权：

（一）审议和批准工会委员会的工作报告。

（二）审议和批准工会委员会的经费收支情况报告和经费审查委员会的工作报告。

（三）选举工会委员会和经费审查委员会。

（四）听取工会主席、副主席的述职报告，并进行民主评议。

（五）撤换或者罢免其所选举的代表或者工会委员会组成人员。

（六）讨论决定工会工作其他重大问题。

第 18 条 企业工会的基本任务：

（一）执行会员大会或会员代表大会的决议和上级工会的决定。

（二）组织职工依法通过职工代表大会或职工大会和其他形式，参加企业民主管理和民主监督，检查督促职工代表大会或职工大会决议的执行。

（三）帮助和指导职工与企业签订劳动合同。就劳动报酬、工作时间、劳动定额、休息休假、劳动安全卫生、保险福利等与企业平等协商、签订集体合同，并监督集体合同的履行。调解劳动争议。

（四）组织职工开展劳动竞赛、合理化建议、技术革新、技术攻关、技术协作、发明创造、岗位练兵、技术比赛等群众性经济技术创新活动。

（五）组织培养、评选、表彰劳动模范，负责做好劳动模范的日常管理工作。

（六）对职工进行思想政治教育，组织职工学习文化、科学和业务知识，提高职工素质。办好职工文化、教育、体育事业，开展健康的文化体育活动。

（七）协助和督促企业做好劳动报酬、劳动安全卫生和保险福利等方面的工作，监督有关法律法规的贯彻执行。参与劳动安全卫生事故的调查处理。协助企业办好职工集体福利事业，做好困难职工帮扶救助工作，为职工办实事、做好事、解难事。

（八）维护女职工的特殊利益。

（九）加强组织建设，健全民主生活，做好会员会籍管理工作。

（十）收好、管好、用好工会经费，管理好工会资产和工会企（事）业。

第19条 坚持群众化、民主化，实行会务公开。凡涉及会员群众利益的重要事项，须经会员大会或会员代表大会讨论决定；工作计划、重大活动、经费收支等情况接受会员监督。

第27条 企业工会主席的职权：

（一）负责召集工会委员会会议，主持工会日常工作。

（二）参加企业涉及职工切身利益和有关生产经营重大问题的会议，反映职工的意愿和要求，提出工会的意见。

（三）以职工方首席代表的身份，代表和组织职工与企业进行平等协商、签订集体合同。

（四）代表和组织职工参与企业民主管理。

（五）代表和组织职工依法监督企业执行劳动安全卫生等法律法规，要求纠正侵犯职工和工会合法权益的行为。

（六）担任劳动争议调解委员会主任，主持企业劳动争议调解委员会的工作。

（七）向上级工会报告重要信息。

（八）负责管理工会资产和经费。

第46条 督促企业依法按每月全部职工工资总额的百分之二向工会拨缴经费、提供工会办公和开展活动的必要设施和场所等物质条件。

第47条 工会依法设立独立银行账户，自主管理和使用工会经费、会费。工会经费、会费主要用于为职工服务和工会活动。

第四十四条 工会经费的保障

企业、事业单位、社会组织无正当理由拖延或者拒不拨缴工会经费，基层工会或者上级工会可以向当地人民法院申请支付令；拒不执行支付令的，工会可以依法申请人民法院强制执行。

● 司法解释及文件

《最高人民法院关于在民事审判工作中适用〈中华人民共和国工会法〉若干问题的解释》（2020年12月29日 法释〔2020〕17号）

第3条 基层工会或者上级工会依照工会法第四十三条规定向人民法院申请支付令的，由被申请人所在地的基层人民法院管辖。

第4条 人民法院根据工会法第四十三条的规定受理工会提出的拨缴工会经费的支付令申请后，应当先行征询被申请人的意见。被申请人仅对应拨缴经费数额有异议的，人民法院应当就无异议部分的工会经费数额发出支付令。

人民法院在审理涉及工会经费的案件中，需要按照工会法第四十二条第一款第（二）项规定的“全部职工”“工资总额”确定拨缴数额的，“全部职工”“工资总额”的计算，应当按照国家有关部门规定的标准执行。

第5条 根据工会法第四十三条和民事诉讼法的有关规定，上级工会向人民法院申请支付令或者提起诉讼，要求企业、事业单位拨缴工会经费的，人民法院应当受理。基层工会要求参加诉讼的，人民法院可以准许其作为共同申请人或者共同原告参加诉讼。

第四十五条 工会经费管理

工会应当根据经费独立原则，建立预算、决算和经费审查监督制度。

各级工会建立经费审查委员会。

各级工会经费收支情况应当由同级工会经费审查委员会审查，并且定期向会员大会或者会员代表大会报告，接受监督。工会会员大会或者会员代表大会有权对经费使用情况提出意见。

工会经费的使用应当依法接受国家的监督。

部门规章及文件

1. **《工会会计制度》**（2021年4月14日　财会〔2021〕7号）

第一章　总　　则

第1条 为了规范工会会计行为，保证会计信息质量，根据《中华人民共和国会计法》（以下简称会计法）、《中华人民共和国工会法》（以下简称工会法）等法律法规，制定本制度。

第2条 本制度适用于各级工会，包括基层工会及县级以上（含县级，下同）工会。工会所属事业单位、工会所属企业及挂靠工会管理的社会团体，不适用本制度。

第3条　工会会计是核算、反映、监督工会预算执行和经济活动的专业会计。工会依法建立独立的会计核算管理体系，与工会预算管理体制相适应。

第4条　工会应当对其自身发生的经济业务或者事项进行会计处理和报告。

第5条　工会会计处理应当以工会的持续运行为前提。

第6条　工会会计处理应当划分会计期间，分期结算账目和编制会计报表。

会计期间至少分为年度和月度。会计年度、月度等会计期间的起讫日期采用公历日期。

第7条　工会会计处理应当以货币计量，以人民币作为记账本位币。

第8条　工会会计处理一般采用收付实现制，部分经济业务或者事项应当按照本制度的规定采用权责发生制。

第9条　工会会计要素包括：资产、负债、净资产、收入和支出。其平衡公式为：资产=负债+净资产。

第10条　工会会计处理应当采用借贷记账法记账。

第11条　工会会计记录的文字应当使用中文。在民族自治地方，会计记录可以同时使用当地通用的一种民族文字。

第12条　县级以上工会应当设置会计机构，配备专职会计人员。基层工会应当根据会计业务的需要设置会计机构或者在有关机构中设置会计人员并指定会计主管人员；不具备设置条件的，应当委托经批准设立从事代理记账业务的中介机构代理记账。

第13条　各级工会的法定代表人应当对本级工会的会计工作以及会计资料的真实性、完整性负责。

第14条　各级工会应当建立健全内部控制制度，并确保内部控制有效施行。县级以上工会应当组织指导和检查下级工会会计工作，负责制定有关实施细则；组织工会会计人员培训，不断提高政策、业务水平。

第15条　工会应当重视并不断推进会计信息化的应用。工会开展会计信息化工作，应当符合财政部制定的相关会计信息化工作规范和标准，确保利用现代信息技术手段进行会计处理及生成的会计信息符合会计法和本制度的规定。

第二章　一般原则

第16条　工会提供的会计信息应当符合工会管理工作的要求，满足会计信息使用者的需要，满足本级工会加强财务管理的需要。

第17条　工会应当以实际发生的经济业务或者事项为依据进行会计处理，如实反映工会财务状况和收支情况等信息，保证会计信息真实可靠、内容完整。

第18条　工会提供的会计信息应当清晰明了，便于理解和使用。

第19条　工会会计处理应当采用规定的会计政策，前后各期一致，不得随意变更，以确保会计信息口径一致，相互可比。

第20条　工会会计处理应当遵循重要性原则。对于重要的经济业务或者事项，应当单独反映。

第21条　工会应当对已经发生的经济业务或者事项及时进行会计处理和报告，不得提前或者延后。

第22条　工会应当对指定用途的资金按规定的用途专款专用，并单独反映。

第23条　工会在发生会计政策变更、会计估计变更和会计差错更正时，除本制度另有规定外，一般采用未来适用法进行会计处理。

会计政策，是指工会在会计核算时所遵循的特定原则、基础以及所采用的具体会计处理方法。会计估计，是指工会对结果不确定的经济业务或者事项以最近可利用的信息为基础所作的判断，如固定资产、无形资产的预计使用年限等。会计差错，是指工会在会计核算时，在确认、计量、记录、报告等方面出现的错误，通常包括计算或记录错误、应用会计政策错误、疏忽或曲解事实产生的错误、财务舞弊等。未来适用法，是指将变更后的会计政策应用于变更当期及以后各期发生的经济业务或者事项，或者在会计估计变更当期和未来期间确认会计估计变更的影响的方法。

第三章　资　　产

第 24 条　资产是工会过去的经济业务或者事项形成的，由工会控制的，预期能够产生服务潜力或者带来经济利益流入的经济资源。

服务潜力是指工会利用资产提供公共产品和服务以履行工会职能的潜在能力。

经济利益流入表现为现金及现金等价物的流入，或者现金及现金等价物流出的减少。

工会的资产包括流动资产、在建工程、固定资产、无形资产、投资和长期待摊费用等。

第 25 条　工会对符合本制度第二十四条规定的资产定义的经济资源，在同时满足以下条件时，应当确认为资产：

（一）与该经济资源相关的服务潜力很可能实现或者经济利益很可能流入工会；

（二）该经济资源的成本或者价值能够可靠地计量。

符合资产定义并确认的资产项目，应当列入资产负债表。

第 26 条　工会的资产按照国家有关规定依法确认为国有资产的，应当作为国有资产登记入账；依法确认为工会资产的，应当作为工会资产登记入账。

第 27 条 工会的资产在取得时应当按照实际成本计量。除国家另有规定外，工会不得自行调整其账面价值。

对于工会接受捐赠的现金资产，应当按照实际收到的金额入账。对于工会接受捐赠、无偿调入的非现金资产，其成本按照有关凭据注明的金额加上相关税费、运输费等确定；没有相关凭据、但按照规定经过资产评估的，其成本按照评估价值加上相关税费、运输费等确定；没有相关凭据、也未经过评估的，其成本比照同类或类似资产的价格加上相关税费、运输费等确定。如无法采用上述方法确定资产成本的，按照名义金额（人民币 1 元）入账，相关税费、运输费等计入当期支出。

工会盘盈的资产，其成本比照本条第二款确定。

第一节 流动资产

第 28 条 流动资产是指预计在一年内（含一年）变现或者耗用的资产。主要包括货币资金、应收款项和库存物品等。

第 29 条 货币资金包括库存现金、银行存款等。

货币资金应当按照实际发生额入账。工会应当设置库存现金和银行存款日记账，按照业务发生顺序逐日逐笔登记。库存现金应当做到日清月结，其账面余额应当与库存数相符；银行存款的账面余额应当与银行对账单定期核对，如有不符，应当编制银行存款余额调节表调节相符。

工会发生外币业务的，应当按照业务发生当日的即期汇率，将外币金额折算为人民币金额记账，并登记外币金额和汇率。期末，各种外币账户的期末余额，应当按照期末的即期汇率折算为人民币，作为外币账户期末人民币余额。调整后的各种外币账户人民币余额与原账面余额的差额，作为汇兑损益计入当期支出。

第 30 条 应收款项包括应收上级经费、应收下级经费和其他应收款等。

应收上级经费是本级工会应收未收的上级工会应拨付（或转

拨）的工会拨缴经费和补助。

应收下级经费是县级以上工会应收未收的下级工会应上缴的工会拨缴经费。

其他应收款是工会除应收上下级经费以外的其他应收及暂付款项。

应收款项应当按照实际发生额入账。年末，工会应当分析各项应收款项的可收回性，对于确实不能收回的应收款项应报经批准认定后及时予以核销。

第 31 条 库存物品指工会取得的将在日常活动中耗用的材料、物品及达不到固定资产标准的工具、器具等。

库存物品在取得时应当按照其实际成本入账。工会购入、有偿调入的库存物品以实际支付的价款记账。工会接受捐赠、无偿调入的库存物品按照本制度第二十七条规定所确定的成本入账。

库存物品在发出（领用或出售等）时，工会应当根据实际情况在先进先出法、加权平均法、个别计价法中选择一种方法确定发出库存物品的实际成本。库存物品发出方法一经选定，不得随意变更。

工会应当定期对库存物品进行清查盘点，每年至少全面盘点一次。对于盘盈、盘亏或报废、毁损的库存物品，应当及时查明原因，报经批准认定后及时进行会计处理。

工会盘盈的库存物品应当按照确定的成本入账，报经批准后相应增加资产基金；盘亏的库存物品，应当冲减其账面余额，报经批准后相应减少资产基金。对于报废、毁损的库存物品，工会应当冲减其账面余额，报经批准后相应减少资产基金，清理中取得的变价收入扣除清理费用后的净收入（或损失）计入当期收入（或支出），按规定应当上缴财政的计入其他应付款。

第二节 固定资产

第 32 条 固定资产是指工会使用年限超过 1 年（不含 1

年），单位价值在规定标准以上，并在使用过程中基本保持原有物质形态的资产，一般包括：房屋及构筑物；专用设备；通用设备；文物和陈列品；图书、档案；家具、用具、装具及动植物。

通用设备单位价值在1000元以上，专用设备单位价值在1500元以上的，应当确认为固定资产。单位价值虽未达到规定标准，但是使用时间超过1年（不含1年）的大批同类物资，应当按照固定资产进行核算和管理。

第33条　固定资产在取得时应当按照其实际成本入账。

工会购入、有偿调入的固定资产，其成本包括实际支付的买价、运输费、保险费、安装费、装卸费及相关税费等。

工会自行建造的固定资产，其成本包括该项资产至交付使用前所发生的全部必要支出。

工会接受捐赠、无偿调入的固定资产，按照本制度第二十七条规定所确定的成本入账。

工会在原有固定资产基础上进行改建、扩建、大型修缮后的固定资产，其成本按照原固定资产账面价值加上改建、扩建、大型修缮发生的支出，再扣除固定资产被替换部分的账面价值后的金额确定。

已交付使用但尚未办理竣工决算手续的固定资产，工会应当按照估计价值入账，待办理竣工决算后再按照实际成本调整原来的暂估价值。

第34条　在建工程是工会已经发生必要支出，但尚未交付使用的建设项目工程。工会作为建设单位的基本建设项目应当按照本制度规定统一进行会计核算。

工会对在建工程应当按照实际发生的支出确定其工程成本，并单独核算。在建工程的工程成本应当根据以下具体情况分别确定：

（一）对于自营工程，按照直接材料、直接人工、直接机械施工费等确定其成本；

（二）对于出包工程，按照应支付的工程价款等确定其成本；

（三）对于设备安装工程，按照所安装设备的价值、工程安装费用、工程试运转等所发生的支出等确定其成本。

建设项目完工交付使用时，工会应当将在建工程成本转入固定资产等进行核算。

第 35 条　工会应当对固定资产计提折旧，但文物和陈列品，动植物，图书、档案，单独计价入账的土地和以名义金额计量的固定资产除外。

工会应当根据相关规定以及固定资产的性质和使用情况，合理确定固定资产的使用年限。固定资产的使用年限一经确定，不得随意变更。

工会一般应当采用年限平均法或者工作量法计提固定资产折旧，计提折旧时不考虑预计净残值。在确定固定资产折旧方法时，应当考虑与固定资产相关的服务潜力或经济利益的预期实现方式。固定资产的折旧方法一经确定，不得随意变更。

工会应当按月对固定资产计提折旧。当月增加的固定资产，当月计提折旧；当月减少的固定资产，当月不再计提折旧。固定资产提足折旧后，无论是否继续使用，均不再计提折旧；提前报废的固定资产，也不再补提折旧。

固定资产因改建、扩建或大型修缮等原因而延长其使用年限的，工会应当按照重新确定的固定资产成本以及重新确定的折旧年限计算折旧额。

工会应当对暂估入账的固定资产计提折旧，实际成本确定后不需调整原已计提的折旧额。

第 36 条　工会处置（出售）固定资产时，应当冲减其账面价值并相应减少资产基金，处置中取得的变价收入扣除处置费用后的净收入（或损失）计入当期收入（或支出），按规定应当上缴财政的计入其他应付款。

第 37 条　工会应当定期对固定资产进行清查盘点，每年至少全面盘点一次。对于盘盈、盘亏或报废、毁损的固定资产，工会应当及时查明原因，报经批准认定后及时进行会计处理。

工会盘盈的固定资产，应当按照确定的成本入账，报经批准后相应增加资产基金；盘亏的固定资产，应当冲减其账面余额，报经批准后相应减少资产基金。对于报废、毁损的固定资产，工会应当冲减其账面余额，报经批准后相应减少资产基金，清理中取得的变价收入扣除清理费用后的净收入（或损失）计入当期收入（或支出），按规定应当上缴财政的计入其他应付款。

第三节　无形资产

第 38 条　无形资产是指工会控制的没有实物形态的可辨认非货币性资产，包括专利权、商标权、著作权、土地使用权、非专利技术等。工会购入的不构成相关硬件不可缺少组成部分的应用软件，应当确认为无形资产。

第 39 条　无形资产在取得时应当按照其实际成本入账。

工会外购的无形资产，其成本包括购买价款、相关税费以及可归属于该项资产达到预定用途前所发生的其他支出。工会委托软件公司开发的软件，视同外购无形资产确定其成本。

工会接受捐赠、无偿调入的无形资产，按照本制度第二十七条规定所确定的成本入账。

对于非大批量购入、单价小于 1000 元的无形资产，工会可以于购买的当期将其成本直接计入支出。

第 40 条　工会应当按月对无形资产进行摊销，使用年限不确定的、以名义金额计量的无形资产除外。

工会应当按照以下原则确定无形资产的摊销年限：法律规定了有效年限的，按照法律规定的有效年限作为摊销年限；法律没有规定有效年限的，按照相关合同中的受益年限作为摊销年限；

上述两种方法无法确定有效年限的，应当根据无形资产为工会带来服务潜力或者经济利益的实际情况，预计其使用年限。

工会应当采用年限平均法或工作量法对无形资产进行摊销，应摊销金额为其成本，不考虑预计净残值。

工会应当按月进行摊销。当月增加的无形资产，当月进行摊销；当月减少的无形资产，当月不再进行摊销。无形资产提足摊销后，无论是否继续使用，均不再进行摊销；核销的无形资产，也不再补提摊销。

因发生后续支出而增加无形资产成本的，对于使用年限有限的无形资产，工会应当按照重新确定的无形资产成本以及重新确定的摊销年限计算摊销额。

第 41 条　工会处置（出售）无形资产时，应当冲减其账面价值并相应减少资产基金，处置中取得的变价收入扣除处置费用后的净收入（或损失）计入当期收入（或支出），按规定应当上缴财政的计入其他应付款。

第 42 条　工会应当定期对无形资产进行清查盘点，每年至少全面盘点一次。工会在资产清查盘点过程中发现的无形资产盘盈、盘亏等，参照本制度固定资产相关规定进行处理。

第四节　其他资产

第 43 条　投资是指工会按照国家有关法律、行政法规和工会的相关规定，以货币资金、实物资产等方式向其他单位的投资。投资按其流动性分为短期投资和长期投资；按其性质分为股权投资和债权投资。

投资在取得时应当按照其实际成本入账。工会以货币资金方式对外投资的，以实际支付的款项（包括购买价款以及税金、手续费等相关税费）作为投资成本记账。工会以实物资产和无形资产方式对外投资的，以评估确认或合同、协议确定的价值记账。

对于投资期内取得的利息、利润、红利等各项投资收益，工会应当计入当期投资收益。

工会处置（出售）投资时，实际取得价款与投资账面余额的差额，应当计入当期投资收益。

对于因被投资单位破产、被撤销、注销、吊销营业执照或者被政府责令关闭等情况造成难以收回的未处置不良投资，工会应当在报经批准后及时核销。

第 44 条 长期待摊费用是工会已经支出，但应由本期和以后各期负担的分摊期限在 1 年以上（不含 1 年）的各项支出，如对以经营租赁方式租入的固定资产发生的改良支出等。

长期待摊费用应当在对应资产的受益年限内平均摊销。如果某项长期待摊费用已经不能使工会受益，应当将其摊余金额一次性转销。

第四章 负 债

第 45 条 负债是指工会过去的经济业务或者事项形成的，预期会导致经济资源流出的现时义务。

现时义务是指工会在现行条件下已承担的义务。未来发生的经济业务或者事项形成的义务不属于现时义务，不应当确认为负债。

工会的负债包括应付职工薪酬、应付款项等。

第 46 条 工会对于符合本制度第四十五条规定的现时义务，在同时满足以下条件时，应当确认为负债：

（一）履行该义务很可能导致含有服务潜力或者经济利益的经济资源流出工会；

（二）该义务的金额能够可靠计量。

符合负债定义并确认的负债项目，应当列入资产负债表。

第 47 条 应付职工薪酬是工会按照国家有关规定应付给本单位职工及为职工支付的各种薪酬，包括基本工资、国家统一规定的津贴补贴、规范津贴补贴（绩效工资）、改革性补贴、社会保险费（如职工基本养老保险费、职业年金、基本医疗保险费等）和住房公积金等。

第 48 条　应付款项包括应付上级经费、应付下级经费和其他应付款。

应付上级经费指本级工会按规定应上缴上级工会的工会拨缴经费。

应付下级经费指本级工会应付下级工会的各项补助以及应转拨下级工会的工会拨缴经费。

其他应付款指除应付上下级经费之外的其他应付及暂存款项，包括工会按规定收取的下级工会筹建单位交来的建会筹备金等。

第 49 条　工会的各项负债应当按照实际发生额入账。

第五章　净资产

第 50 条　净资产是指工会的资产减去负债后的余额，包括资产基金、专用基金、工会资金结转、工会资金结余、财政拨款结转、财政拨款结余和预算稳定调节基金。

第 51 条　资产基金指工会库存物品、固定资产、在建工程、无形资产、投资和长期待摊费用等非货币性资产在净资产中占用的金额。

资产基金应当在取得库存物品、固定资产、在建工程、无形资产、投资及发生长期待摊费用时确认。资产基金应当按照实际发生额入账。

第 52 条　专用基金指县级以上工会按规定依法提取和使用的有专门用途的基金。

工会提取专用基金时，应当按照实际提取金额计入当期支出；使用专用基金时，应当按照实际支出金额冲减专用基金余额；专用基金未使用的余额，可以滚存下一年度使用。

第 53 条　工会资金结转是指工会预算安排项目的支出年终

尚未执行完毕或者因故未执行，且下年需要按原用途继续使用的工会资金。

工会资金结余是指工会年度预算执行终了，预算收入实际完成数扣除预算支出和工会结转资金后剩余的工会资金。

第 54 条 财政拨款结转是指县级以上工会预算安排项目的支出年终尚未执行完毕或者因故未执行，且下年需要按原用途继续使用的财政拨款资金。

财政拨款结余是指县级以上工会年度预算执行终了，预算收入实际完成数扣除预算支出和财政拨款结转资金后剩余的财政拨款资金。

第 55 条 预算稳定调节基金是县级以上工会为平衡年度预算按规定设置的储备性资金。

第六章 收　　入

第 56 条 收入是指工会根据工会法以及有关政策规定开展业务活动所取得的非偿还性资金。收入按照来源分为会费收入、拨缴经费收入、上级补助收入、政府补助收入、行政补助收入、附属单位上缴收入、投资收益和其他收入。

会费收入指工会会员依照规定向基层工会缴纳的会费。

拨缴经费收入指基层单位行政拨缴、下级工会按规定上缴及上级工会按规定转拨的工会拨缴经费中归属于本级工会的经费。

上级补助收入指本级工会收到的上级工会补助的款项，包括一般性转移支付补助和专项转移支付补助。

政府补助收入指各级人民政府按照工会法和国家有关规定给予县级以上工会的补助款项。

行政补助收入指基层工会取得的所在单位行政方面按照工会法和国家有关规定给予工会的补助款项。

附属单位上缴收入指工会所属的企事业单位按规定上缴的收入。

投资收益指工会对外投资发生的损益。

其他收入指工会除会费收入、拨缴经费收入、上级补助收入、政府补助收入、行政补助收入、附属单位上缴收入和投资收益之外的各项收入。

第 57 条　工会各项收入应当按照实际发生额入账。

第七章　支　　出

第 58 条　支出是指工会为开展各项工作和活动所发生的各项资金耗费和损失。支出按照功能分为职工活动支出、职工活动组织支出、职工服务支出、维权支出、业务支出、行政支出、资本性支出、补助下级支出、对附属单位的支出和其他支出。

职工活动支出指基层工会开展职工教育活动、文体活动、宣传活动、劳模疗休养活动、会员活动等发生的支出。

职工活动组织支出指县级以上工会组织开展职工教育活动、文体活动、宣传活动和劳模疗休养活动等发生的支出。

职工服务支出指工会开展职工劳动和技能竞赛活动、职工创新活动、建家活动、职工书屋、职工互助保障、心理咨询等工作发生的支出。

维权支出指工会用于维护职工权益的支出，包括劳动关系协调、劳动保护、法律援助、困难职工帮扶、送温暖和其他维权支出。

业务支出指工会培训工会干部、加强自身建设及开展业务工作发生的各项支出。

行政支出指县级以上工会为行政管理、后勤保障等发生的各项日常支出。

资本性支出指工会从事建设工程、设备工具购置、大型修缮和信息网络购建等而发生的实际支出。

补助下级支出指县级以上工会为解决下级工会经费不足或根据有关规定给予下级工会的各类补助款项。

对附属单位的支出指工会按规定对所属企事业单位的补助。

其他支出指工会除职工活动支出、职工活动组织支出、职工服务支出、维权支出、业务支出、行政支出、资本性支出、补助下级支出和对附属单位的支出以外的各项支出。

第 59 条　工会各项支出应当按照实际发生额入账。

第八章　财务报表

第 60 条　工会财务报表是反映各级工会财务状况、业务活动和预算执行结果的书面文件。工会财务报表是各级工会领导、上级工会及其他财务报表使用者了解情况、掌握政策、指导工作的重要资料。

第 61 条　工会财务报表包括会计报表和附注。会计报表分为主表和附表，主表包括资产负债表和收入支出表，附表包括财政拨款收入支出表、国有资产情况表和成本费用表。

资产负债表，是反映工会某一会计期末全部资产、负债和净资产情况的报表。

收入支出表，是反映工会某一会计期间全部收入、支出及结转结余情况的报表。

财政拨款收入支出表，是反映县级以上工会某一会计期间从同级政府财政部门取得的财政拨款收入、支出及结转结余情况的报表。

国有资产情况表，是反映县级以上工会某一会计期间持有的国有资产情况的报表。

成本费用表，是反映县级以上工会某一会计期间成本费用情况的报表。

附注是对在资产负债表、收入支出表等报表中列示项目所作的进一步说明，以及未能在这些报表中列示项目的说明。

第 62 条　工会财务报表分为年度财务报表和中期财务报表。以短于一个完整的会计年度的期间（如半年度、季度和月度）编制的财务报表称为中期财务报表。年度财务报表是以整个会计年度为基础编制的财务报表。

第 63 条　工会要负责对所属单位财务报表和下级工会报送的年度财务报表进行审核、核批和汇总工作，定期向本级工会领导和上级工会报告本级工会预算执行情况。

第 64 条　工会财务报表要根据登记完整、核对无误的账簿记录和其他有关资料编制，做到数字准确、内容完整、报送及时。工会财务报表应当由各级工会的法定代表人和主管会计工作的负责人、会计机构负责人（会计主管人员）签名并盖章。

第九章　附　　则

第 65 条　工会填制会计凭证、登记会计账簿、管理会计档案等，应当按照《会计基础工作规范》、《会计档案管理办法》等规定执行。

第 66 条　本制度从 2022 年 1 月 1 日起实施。2009 年 5 月 31 日财政部印发的《工会会计制度》（财会〔2009〕7 号）同时废止。

附录 1：工会会计科目和财务报表（略）

附录 2：工会固定资产折旧年限表（略）

其他规范性文件

2.《企业工会工作条例》（2006 年 12 月 11 日）

第 48 条　督促企业按国家有关规定支付工会会同企业开展的职工教育培训、劳动保护、劳动竞赛、技术创新、职工疗休养、困难职工补助、企业文化建设等工作所需费用。

第 49 条　工会经费审查委员会代表会员群众对工会经费收支和财产管理进行审查监督。

建立经费预算、决算和经费审查监督制度，经费收支情况接受同级工会经费审查委员会审查，接受上级工会审计，并定期向会员大会或会员代表大会报告。

第 50 条　企业工会经费、财产和企业拨给工会使用的不动产受法律保护，任何单位和个人不得侵占、挪用和任意调拨。

企业工会组织合并，其经费财产归合并后的工会所有；工会组织撤销或解散，其经费财产由上级工会处置。

3.《基层工会经费收支管理办法》（2017 年 12 月 15 日）

第一章　总　　则

第 1 条　为加强基层工会收支管理，规范基层工会经费使用，根据《中华人民共和国工会法》和《中国工会章程》《工会会计制度》《工会预算管理办法》的有关规定，结合中华全国总工会（以下简称“全国总工会”）贯彻落实中央有关规定的相关要求，制定本办法。

第 2 条　本办法适用于企业、事业单位、机关和其他经济社会组织单独或联合建立的基层工会委员会。

第 3 条　基层工会经费收支管理应遵循以下原则：

（一）遵纪守法原则。基层工会应依据《中华人民共和国工会法》的有关规定，依法组织各项收入，严格遵守国家法律法规，严格执行全国总工会有关制度规定，严肃财经纪律，严格工会经费使用，加强工会经费收支管理。

（二）经费独立原则。基层工会应依据全国总工会关于工会法人登记管理的有关规定取得工会法人资格，依法享有民事权利、承担民事义务，并根据财政部、中国人民银行的有关规定，设立工会经费银行账户，实行工会经费独立核算。

（三）预算管理原则。基层工会应按照《工会预算管理办法》的要求，将单位各项收支全部纳入预算管理。基层工会经费年度收支预算（含调整预算）需经同级工会委员会和工会经费审查委员会审查同意，并报上级主管工会批准。

（四）服务职工原则。基层工会应坚持工会经费正确的使用方向，优化工会经费支出结构，严格控制一般性支出，将更多的工会经费用于为职工服务和开展工会活动，维护职工的合法权益，增强工会组织服务职工的能力。

（五）勤俭节约原则。基层工会应按照党中央、国务院关于厉行勤俭节约反对奢侈浪费的有关规定，严格控制工会经费开支范围和开支标准，经费使用要精打细算，少花钱多办事，节约开支，提高工会经费使用效益。

（六）民主管理原则。基层工会应依靠会员管好用好工会经费。年度工会经费收支情况应定期向会员大会或会员代表大会报告，建立经费收支信息公开制度，主动接受会员监督。同时，接受上级工会监督，依法接受国家审计监督。

第二章　工会经费收入

第4条　基层工会经费收入范围包括：

（一）会费收入。会费收入是指工会会员依照全国总工会规定按本人工资收入的5‰向所在基层工会缴纳的会费。

（二）拨缴经费收入。拨缴经费收入是指建立工会组织的单位按全部职工工资总额2%依法向工会拨缴的经费中的留成部分。

（三）上级工会补助收入。上级工会补助收入是指基层工会收到的上级工会拨付的各类补助款项。

（四）行政补助收入。行政补助收入是指基层工会所在单位依法对工会组织给予的各项经费补助。

（五）事业收入。事业收入是指基层工会独立核算的所属事业单位上缴的收入和非独立核算的附属事业单位的各项事业收入。

（六）投资收益。投资收益是指基层工会依据相关规定对外投资取得的收益。

（七）其他收入。其他收入是指基层工会取得的资产盘盈、固定资产处置净收入、接受捐赠收入和利息收入等。

第5条　基层工会应加强对各项经费收入的管理。要按照会员工资收入和规定的比例，按时收取全部会员应交的会费。要严格按照国家统计局公布的职工工资总额口径和所在省级工会规定的分成比例，及时足额拨缴工会经费；实行财政划拨或委托税务代收部分工会经费的基层工会，应加强与本单位党政部门的沟通，依法足额落实基层工会按照省级工会确定的留成比例应当留成的经费。要统筹安排行政补助收入，按照预算确定的用途开支，不得将与工会无关的经费以行政补助名义纳入账户管理。

第三章　工会经费支出

第6条　基层工会经费主要用于为职工服务和开展工会活动。

第7条　基层工会经费支出范围包括：职工活动支出、维权支出、业务支出、资本性支出、事业支出和其他支出。

第8条　职工活动支出是指基层工会组织开展职工教育、文体、宣传等活动所发生的支出和工会组织的职工集体福利支出。包括：

（一）职工教育支出。用于基层工会举办政治、法律、科技、业务等专题培训和职工技能培训所需的教材资料、教学用品、场地租金等方面的支出，用于支付职工教育活动聘请授课人员的酬金，用于基层工会组织的职工素质提升补助和职工教育培训优秀学员的奖励。对优秀学员的奖励应以精神鼓励为主、物质激励为辅。授课人员酬金标准参照国家有关规定执行。

（二）文体活动支出。用于基层工会开展或参加上级工会组织的职工业余文体活动所需器材、服装、用品等购置、租赁与维修方面的支出以及活动场地、交通工具的租金支出等，用于文体活动优胜者的奖励支出，用于文体活动中必要的伙食补助费。

文体活动奖励应以精神鼓励为主、物质激励为辅。奖励范围不得超过参与人数的三分之二；不设置奖项的，可为参加人员发放少量纪念品。

文体活动中开支的伙食补助费，不得超过当地差旅费中的伙食补助标准。

基层工会可以用会员会费组织会员观看电影、文艺演出和体育比赛等，开展春游秋游，为会员购买当地公园年票。会费不足部分可以用工会经费弥补，弥补部分不超过基层工会当年会费收入的三倍。

基层工会组织会员春游秋游应当日往返，不得到有关部门明令禁止的风景名胜区开展春游秋游活动。

（三）宣传活动支出。用于基层工会开展重点工作、重大主题和重大节日宣传活动所需的材料消耗、场地租金、购买服务等方面的支出，用于培育和践行社会主义核心价值观，弘扬劳模精神和工匠精神等经常性宣传活动方面的支出，用于基层工会开展或参加上级工会举办的知识竞赛、宣讲、演讲比赛、展览等宣传活动支出。

（四）职工集体福利支出。用于基层工会逢年过节和会员生日、婚丧嫁娶、退休离岗的慰问支出等。

基层工会逢年过节可以向全体会员发放节日慰问品。逢年过节的年节是指国家规定的法定节日（即：新年、春节、清明节、劳动节、端午节、中秋节和国庆节）和经自治区以上人民政府批准设立的少数民族节日。节日慰问品原则上为符合中国传统节日习惯的用品和职工群众必需的生活用品等，基层工会可结合实际采取便捷灵活的发放方式。

工会会员生日慰问可以发放生日蛋糕等实物慰问品，也可以发放指定蛋糕店的蛋糕券。

工会会员结婚生育时，可以给予一定金额的慰问品。工会会员生病住院、工会会员或其直系亲属去世时，可以给予一定金额的慰问金。

工会会员退休离岗，可以发放一定金额的纪念品。

（五）其他活动支出。用于工会组织开展的劳动模范和先进职工疗休养补贴等其他活动支出。

第 9 条　维权支出是指基层工会用于维护职工权益的支出。包括：劳动关系协调费、劳动保护费、法律援助费、困难职工帮扶费、送温暖费和其他维权支出。

（一）劳动关系协调费。用于推进创建劳动关系和谐企业活动、加强劳动争议调解和队伍建设、开展劳动合同咨询活动、集体合同示范文本印制与推广等方面的支出。

（二）劳动保护费。用于基层工会开展群众性安全生产和职业病防治活动、加强群监员队伍建设、开展职工心理健康维护等促进安全健康生产、保护职工生命安全为宗旨开展职工劳动保护发生的支出等。

（三）法律援助费。用于基层工会向职工群众开展法治宣传、提供法律咨询、法律服务等发生的支出。

（四）困难职工帮扶费。用于基层工会对困难职工提供资金和物质帮助等发生的支出。

工会会员本人及家庭因大病、意外事故、子女就学等原因致困时，基层工会可给予一定金额的慰问。

（五）送温暖费。用于基层工会开展春送岗位、夏送清凉、金秋助学和冬送温暖等活动发生的支出。

（六）其他维权支出。用于基层工会补助职工和会员参加互助互济保障活动等其他方面的维权支出。

第 10 条　业务支出是指基层工会培训工会干部、加强自身建设以及开展业务工作发生的各项支出。包括：

（一）培训费。用于基层工会开展工会干部和积极分子培训发生的支出。开支范围和标准以有关部门制定的培训费管理办法为准。

（二）会议费。用于基层工会会员大会或会员代表大会、委员会、常委会、经费审查委员会以及其他专业工作会议的各项支出。开支范围和标准以有关部门制定的会议费管理办法为准。

（三）专项业务费。用于基层工会开展基层工会组织建设、建家活动、劳模和工匠人才创新工作室、职工创新工作室等创建活动发生的支出，用于基层工会开办的图书馆、阅览室和职工书屋等职工文体活动阵地所发生的支出，用于基层工会开展专题调研所发生的支出，用于基层工会开展女职工工作性支出，用于基层工会开展外事活动方面的支出，用于基层工会组织开展合理化建议、技术革新、发明创造、岗位练兵、技术比武、技术培训等劳动和技能竞赛活动支出及其奖励支出。

（四）其他业务支出。用于基层工会发放兼职工会干部和专职社会化工会工作者补贴，用于经上级批准评选表彰的优秀工会干部和积极分子的奖励支出，用于基层工会必要的办公费、差旅费，用于基层工会支付代理记账、中介机构审计等购买服务方面的支出。

基层工会兼职工会干部和专职社会化工会工作者发放补贴的管理办法由省级工会制定。

第 11 条 资本性支出是指基层工会从事工会建设工程、设备工具购置、大型修缮和信息网络购建而发生的支出。

第 12 条 事业支出是指基层工会对独立核算的附属事业单位的补助和非独立核算的附属事业单位的各项支出。

第 13 条 其他支出是指基层工会除上述支出以外的其他各项支出。包括：资产盘亏、固定资产处置净损失、捐赠、赞助等。

第 14 条 根据《中华人民共和国工会法》的有关规定，基层工会专职工作人员的工资、奖励、补贴由所在单位承担，基层工会办公和开展活动必要的设施和活动场所等物质条件由所在单位提供。所在单位保障不足且基层工会经费预算足以保证的前提下，可以用工会经费适当弥补。

第四章　财务管理

第15条　基层工会主席对基层工会会计工作和会计资料的真实性、完整性负责。

第16条　基层工会应根据国家和全国总工会的有关政策规定以及上级工会的要求，制定年度工会工作计划，依法、真实、完整、合理地编制工会经费年度预算，依法履行必要程序后报上级工会批准。严禁无预算、超预算使用工会经费。年度预算原则上一年调整一次，调整预算的编制审批程序与预算编制审批程序一致。

第17条　基层工会应根据批准的年度预算，积极组织各项收入，合理安排各项支出，并严格按照《工会会计制度》的要求，科学设立和登记会计账簿，准确办理经费收支核算，定期向工会委员会和经费审查委员会报告预算执行情况。基层工会经费年度财务决算需报上级工会审批。

第18条　基层工会应加强财务管理制度建设，健全完善财务报销、资产管理、资金使用等内部管理制度。基层工会应依法组织工会经费收入，严格控制工会经费支出，各项收支实行工会委员会集体领导下的主席负责制，重大收支须集体研究决定。

第19条　基层工会应根据自身实际科学设置会计机构、合理配备会计人员，真实、完整、准确、及时反映工会经费收支情况和财务管理状况。具备条件的基层工会，应当设置会计机构或在有关机构中设置专职会计人员；不具备条件的，由设立工会财务结算中心的乡镇（街道）、开发区（工业园区）工会实行集中核算，分户管理，或者委托本单位财务部门或经批准设立从事会计代理记账业务的中介机构或聘请兼职会计人员代理记账。

第五章　监督检查

第20条　全国总工会负责对全国工会系统工会经费的收入、

支出和使用管理情况进行监督检查。按照“统一领导、分级管理”的管理体制，省以下各级工会应加强对本级和下一级工会经费收支与使用管理情况的监督检查，下一级工会应定期向本级工会委员会和上一级工会报告财务监督检查情况。

第 21 条　基层工会应加强对本单位工会经费使用情况的内部会计监督和工会预算执行情况的审查审计监督，依法接受并主动配合国家审计监督。内部会计监督主要对原始凭证的真实性合法性、会计账簿与财务报告的准确性及时性、财产物资的安全性完整性进行监督，以维护财经纪律的严肃性。审查审计监督主要对单位财务收支情况和预算执行情况进行审查监督。

第 22 条　基层工会应严格执行以下规定：

（一）不准使用工会经费请客送礼。

（二）不准违反工会经费使用规定，滥发奖金、津贴、补贴。

（三）不准使用工会经费从事高消费性娱乐和健身活动。

（四）不准单位行政利用工会账户，违规设立“小金库”。

（五）不准将工会账户并入单位行政账户，使工会经费开支失去控制。

（六）不准截留、挪用工会经费。

（七）不准用工会经费参与非法集资活动，或为非法集资活动提供经济担保。

（八）不准用工会经费报销与工会活动无关的费用。

第 23 条　各级工会对监督检查中发现违反基层工会经费收支管理办法的问题，要及时纠正。违规问题情节较轻的，要限期整改；涉及违纪的，由纪检监察部门依照有关规定，追究直接责任人和相关领导责任；构成犯罪的，依法移交司法机关处理。

第六章　附　　则

第 24 条　各省级工会应根据本办法的规定，结合本地区、本产业和本系统工作实际，制定具体实施细则，细化支出范围，明确开支标准，确定审批权限，规范活动开展。各省级工会制定的实施细则须报全国总工会备案。基层工会制定的相关办法须报上级工会备案。

第 25 条　本办法自印发之日起执行。《中华全国总工会办公厅关于加强基层工会经费收支管理的通知》（总工办发〔2014〕23 号）和《全总财务部关于〈关于加强基层工会经费收支管理的通知〉的补充通知》（工财发〔2014〕69 号）同时废止。

第 26 条　基层工会预算编制审批管理办法由全国总工会另行制定。

第 27 条　本办法由全国总工会负责解释。

第四十六条　物质条件保障

各级人民政府和用人单位应当为工会办公和开展活动，提供必要的设施和活动场所等物质条件。

第四十七条　工会财产禁止侵占

工会的财产、经费和国家拨给工会使用的不动产，任何组织和个人不得侵占、挪用和任意调拨。

● 其他规范性文件

《企业工会工作条例》（2006 年 12 月 11 日）

第 50 条　企业工会经费、财产和企业拨给工会使用的不动产受法律保护，任何单位和个人不得侵占、挪用和任意调拨。

企业工会组织合并，其经费财产归合并后的工会所有；工会组织撤销或解散，其经费财产由上级工会处置。

第四十八条　工会隶属关系不随意变动原则

工会所属的为职工服务的企业、事业单位，其隶属关系不得随意改变。

第四十九条　工会离退休人员待遇

县级以上各级工会的离休、退休人员的待遇，与国家机关工作人员同等对待。

第六章　法律责任

第五十条　工会对侵权的维护

工会对违反本法规定侵犯其合法权益的，有权提请人民政府或者有关部门予以处理，或者向人民法院提起诉讼。

● 法　律

1.《劳动法》(2018 年 12 月 29 日)

第 77 条　用人单位与劳动者发生劳动争议，当事人可以依法申请调解、仲裁、提起诉讼，也可以协商解决。

调解原则适用于仲裁和诉讼程序。

第 78 条　解决劳动争议，应当根据合法、公正、及时处理的原则，依法维护劳动争议当事人的合法权益。

第 79 条　劳动争议发生后，当事人可以向本单位劳动争议调解委员会申请调解；调解不成，当事人一方要求仲裁的，可以向劳动争议仲裁委员会申请仲裁。当事人一方也可以直接向劳动争议仲裁委员会申请仲裁。对仲裁裁决不服的，可以向人民法院提起诉讼。

第 80 条　在用人单位内，可以设立劳动争议调解委员会。劳动争议调解委员会由职工代表、用人单位代表和工会代表组成。劳动争议调解委员会主任由工会代表担任。

劳动争议经调解达成协议的，当事人应当履行。

第 81 条　劳动争议仲裁委员会由劳动行政部门代表、同级工会代表、用人单位方面的代表组成。劳动争议仲裁委员会主任由劳动行政部门代表担任。

第82条 提出仲裁要求的一方应当自劳动争议发生之日起六十日内向劳动争议仲裁委员会提出书面申请。仲裁裁决一般应在收到仲裁申请的六十日内作出。对仲裁裁决无异议的，当事人必须履行。

第83条 劳动争议当事人对仲裁裁决不服的，可以自收到仲裁裁决书之日起十五日内向人民法院提起诉讼。一方当事人在法定期限内不起诉又不履行仲裁裁决的，另一方当事人可以申请人民法院强制执行。

第84条 因签订集体合同发生争议，当事人协商解决不成的，当地人民政府劳动行政部门可以组织有关各方协调处理。

因履行集体合同发生争议，当事人协商解决不成的，可以向劳动争议仲裁委员会申请仲裁；对仲裁裁决不服的，可以自收到仲裁裁决书之日起十五日内向人民法院提起诉讼。

● 司法解释及文件

2.《最高人民法院关于在民事审判工作中适用〈中华人民共和国工会法〉若干问题的解释》（2020年12月29日　法释〔2020〕17号）

第7条 对于企业、事业单位无正当理由拖延或者拒不拨缴工会经费的，工会组织向人民法院请求保护其权利的诉讼时效期间，适用民法典第一百八十八条的规定。

第8条 工会组织就工会经费的拨缴向人民法院申请支付令的，应当按照《诉讼费用交纳办法》第十四条的规定交纳申请费；督促程序终结后，工会组织另行起诉的，按照《诉讼费用交纳办法》第十三条规定的财产案件受理费标准交纳诉讼费用。

第五十一条 阻挠工会活动的法律责任

违反本法第三条、第十二条规定，阻挠职工依法参加和组织工会或者阻挠上级工会帮助、指导职工筹建工会的，由劳动行政部门责令其改正；拒不改正的，由劳动行政部门提请县级以上人民政府处理；以暴力、威胁等手段阻挠造成严重后果，构成犯罪的，依法追究刑事责任。

● 法 律

《工会法》（2021 年 12 月 24 日）

第 3 条 在中国境内的企业、事业单位、机关、社会组织（以下统称用人单位）中以工资收入为主要生活来源的劳动者，不分民族、种族、性别、职业、宗教信仰、教育程度，都有依法参加和组织工会的权利。任何组织和个人不得阻挠和限制。

工会适应企业组织形式、职工队伍结构、劳动关系、就业形态等方面的发展变化，依法维护劳动者参加和组织工会的权利。

第 12 条 基层工会、地方各级总工会、全国或者地方产业工会组织的建立，必须报上一级工会批准。

上级工会可以派员帮助和指导企业职工组建工会，任何单位和个人不得阻挠。

第五十二条 工会工作人员工作、人身尊严的维护

违反本法规定，对依法履行职责的工会工作人员无正当理由调动工作岗位，进行打击报复的，由劳动行政部门责令改正、恢复原工作；造成损失的，给予赔偿。

对依法履行职责的工会工作人员进行侮辱、诽谤或者进行人身伤害，构成犯罪的，依法追究刑事责任；尚未构成犯罪的，由公安机关依照治安管理处罚法的规定处罚。

第五十三条　对工会工作人员的赔偿

违反本法规定，有下列情形之一的，由劳动行政部门责令恢复其工作，并补发被解除劳动合同期间应得的报酬，或者责令给予本人年收入二倍的赔偿：

（一）职工因参加工会活动而被解除劳动合同的；

（二）工会工作人员因履行本法规定的职责而被解除劳动合同的。

● 法　律

1. **《劳动法》**（2018 年 12 月 29 日）

第 25 条　劳动者有下列情形之一的，用人单位可以解除劳动合同：

（一）在试用期间被证明不符合录用条件的；

（二）严重违反劳动纪律或者用人单位规章制度的；

（三）严重失职，营私舞弊，对用人单位利益造成重大损害的；

（四）被依法追究刑事责任的。

第 26 条　有下列情形之一的，用人单位可以解除劳动合同，但是应当提前三十日以书面形式通知劳动者本人：

（一）劳动者患病或者非因工负伤，医疗期满后，不能从事原工作也不能从事由用人单位另行安排的工作的；

（二）劳动者不能胜任工作，经过培训或者调整工作岗位，仍不能胜任工作的；

（三）劳动合同订立时所依据的客观情况发生重大变化，致使原劳动合同无法履行，经当事人协商不能就变更劳动合同达成协议的。

2. **《劳动合同法》**（2012 年 12 月 28 日）

第 39 条　劳动者有下列情形之一的，用人单位可以解除劳动合同：

（一）在试用期间被证明不符合录用条件的；

（二）严重违反用人单位的规章制度的；

（三）严重失职，营私舞弊，给用人单位造成重大损害的；

（四）劳动者同时与其他用人单位建立劳动关系，对完成本单位的工作任务造成严重影响，或者经用人单位提出，拒不改正的；

（五）因本法第二十六条第一款第一项规定的情形致使劳动合同无效的；

（六）被依法追究刑事责任的。

第40条 有下列情形之一的，用人单位提前三十日以书面形式通知劳动者本人或者额外支付劳动者一个月工资后，可以解除劳动合同：

（一）劳动者患病或者非因工负伤，在规定的医疗期满后不能从事原工作，也不能从事由用人单位另行安排的工作的；

（二）劳动者不能胜任工作，经过培训或者调整工作岗位，仍不能胜任工作的；

（三）劳动合同订立时所依据的客观情况发生重大变化，致使劳动合同无法履行，经用人单位与劳动者协商，未能就变更劳动合同内容达成协议的。

第46条 有下列情形之一的，用人单位应当向劳动者支付经济补偿：

（一）劳动者依照本法第三十八条规定解除劳动合同的；

（二）用人单位依照本法第三十六条规定向劳动者提出解除劳动合同并与劳动者协商一致解除劳动合同的；

（三）用人单位依照本法第四十条规定解除劳动合同的；

（四）用人单位依照本法第四十一条第一款规定解除劳动合同的；

（五）除用人单位维持或者提高劳动合同约定条件续订劳动合同，劳动者不同意续订的情形外，依照本法第四十四条第一项规定终止固定期限劳动合同的；

（六）依照本法第四十四条第四项、第五项规定终止劳动合同的；

（七）法律、行政法规规定的其他情形。

第 47 条 经济补偿按劳动者在本单位工作的年限，每满一年支付一个月工资的标准向劳动者支付。六个月以上不满一年的，按一年计算；不满六个月的，向劳动者支付半个月工资的经济补偿。

劳动者月工资高于用人单位所在直辖市、设区的市级人民政府公布的本地区上年度职工月平均工资三倍的，向其支付经济补偿的标准按职工月平均工资三倍的数额支付，向其支付经济补偿的年限最高不超过十二年。

本条所称月工资是指劳动者在劳动合同解除或者终止前十二个月的平均工资。

第 48 条 用人单位违反本法规定解除或者终止劳动合同，劳动者要求继续履行劳动合同的，用人单位应当继续履行；劳动者不要求继续履行劳动合同或者劳动合同已经不能继续履行的，用人单位应当依照本法第八十七条规定支付赔偿金。

第 85 条 用人单位有下列情形之一的，由劳动行政部门责令限期支付劳动报酬、加班费或者经济补偿；劳动报酬低于当地最低工资标准的，应当支付其差额部分；逾期不支付的，责令用人单位按应付金额百分之五十以上百分之一百以下的标准向劳动者加付赔偿金：

（一）未按照劳动合同的约定或者国家规定及时足额支付劳动者劳动报酬的；

（二）低于当地最低工资标准支付劳动者工资的；

（三）安排加班不支付加班费的；

（四）解除或者终止劳动合同，未依照本法规定向劳动者支付经济补偿的。

第86条 劳动合同依照本法第二十六条规定被确认无效，给对方造成损害的，有过错的一方应当承担赔偿责任。

第87条 用人单位违反本法规定解除或者终止劳动合同的，应当依照本法第四十七条规定的经济补偿标准的二倍向劳动者支付赔偿金。

第88条 用人单位有下列情形之一的，依法给予行政处罚；构成犯罪的，依法追究刑事责任；给劳动者造成损害的，应当承担赔偿责任：

（一）以暴力、威胁或者非法限制人身自由的手段强迫劳动的；

（二）违章指挥或者强令冒险作业危及劳动者人身安全的；

（三）侮辱、体罚、殴打、非法搜查或者拘禁劳动者的；

（四）劳动条件恶劣、环境污染严重，给劳动者身心健康造成严重损害的。

● 司法解释及文件

3.《最高人民法院关于在民事审判工作中适用〈中华人民共和国工会法〉若干问题的解释》（2020年12月29日　法释〔2020〕17号）

第6条 根据工会法第五十二条规定，人民法院审理涉及职工和工会工作人员因参加工会活动或者履行工会法规定的职责而被解除劳动合同的劳动争议案件，可以根据当事人的请求裁判用人单位恢复其工作，并补发被解除劳动合同期间应得的报酬；或者根据当事人的请求裁判用人单位给予本人年收入二倍的赔偿，并根据劳动合同法第四十六条、第四十七条规定给予解除劳动合同时的经济补偿。

第五十四条　对工会的违法情形

违反本法规定，有下列情形之一的，由县级以上人民政府责令改正，依法处理：

（一）妨碍工会组织职工通过职工代表大会和其他形式依法行使民主权利的；

（二）非法撤销、合并工会组织的；

（三）妨碍工会参加职工因工伤亡事故以及其他侵犯职工合法权益问题的调查处理的；

（四）无正当理由拒绝进行平等协商的。

第五十五条　工会的起诉权

违反本法第四十七条规定，侵占工会经费和财产拒不返还的，工会可以向人民法院提起诉讼，要求返还，并赔偿损失。

● 法　律

《工会法》（2021 年 12 月 24 日）

第 47 条　工会的财产、经费和国家拨给工会使用的不动产，任何组织和个人不得侵占、挪用和任意调拨。

第五十六条　工作人员的违法处理

工会工作人员违反本法规定，损害职工或者工会权益的，由同级工会或者上级工会责令改正，或者予以处分；情节严重的，依照《中国工会章程》予以罢免；造成损失的，应当承担赔偿责任；构成犯罪的，依法追究刑事责任。

第七章　附　　则

第五十七条　实施办法的制定

中华全国总工会会同有关国家机关制定机关工会实施本法的具体办法。

第五十八条　生效日期

本法自公布之日起施行。1950 年 6 月 29 日中央人民政府颁布的《中华人民共和国工会法》同时废止。

附录一

中国工会章程

（2018 年 10 月 26 日　中国工会第十七次全国代表大会通过）

总　　则

中国工会是中国共产党领导的职工自愿结合的工人阶级群众组织，是党联系职工群众的桥梁和纽带，是国家政权的重要社会支柱，是会员和职工利益的代表。

中国工会以宪法为根本活动准则，按照《中华人民共和国工会法》和本章程独立自主地开展工作，依法行使权利和履行义务。

工人阶级是我国的领导阶级，是先进生产力和生产关系的代表，是中国共产党最坚实最可靠的阶级基础，是改革开放和社会主义现代化建设的主力军，是维护社会安定的强大而集中的社会力量。中国工会高举中国特色社会主义伟大旗帜，以马克思列宁主义、毛泽东思想、邓小平理论、“三个代表”重要思想、科学发展观、习近平新时代中国特色社会主义思想为指导，贯彻执行党的以经济建设为中心，坚持四项基本原则，坚持改革开放的基本路线，保持和增强政治性、先进性、群众性，坚定不移地走中国特色社会主义工会发展道路，推动党的全心全意依靠工人阶级的根本指导方针的贯彻落实，全面履行工会的社会职能，在维护全国人民总体利益的同时，更好地表达和维护职工的具体利益，团结和动员全国职工自力更生、艰苦创业，坚持和发展中国特色社会主义，为全面建成小康社会、把我国建设成为富强民主文明和谐美丽的社会主义现代化强国、实现中华民族伟大复兴的中国梦而奋斗。

中国工会坚持自觉接受中国共产党的领导，承担团结引导职工群众听党话、跟党走的政治责任，巩固和扩大党执政的阶级基础和群众基础。

中国工会的基本职责是维护职工合法权益、竭诚服务职工群众。

中国工会按照中国特色社会主义事业“五位一体”总体布局和“四个全面”战略布局，贯彻创新、协调、绿色、开放、共享的发展理念，把握为实现中华民族伟大复兴的中国梦而奋斗的工人运动时代主题，弘扬劳模精神、劳动精神、工匠精神，动员和组织职工积极参加建设和改革，努力促进经济、政治、文化、社会和生态文明建设；代表和组织职工参与国家和社会事务管理，参与企业、事业单位和机关的民主管理；教育职工践行社会主义核心价值观，不断提高思想道德素质、科学文化素质和技术技能素质，推进产业工人队伍建设改革，建设有理想、有道德、有文化、有纪律的职工队伍，不断发展工人阶级先进性。

中国工会以忠诚党的事业、竭诚服务职工为己任，坚持组织起来、切实维权的工作方针，坚持以职工为本、主动依法科学维权的维权观，促进完善社会主义劳动法律，维护职工的经济、政治、文化和社会权利，参与协调劳动关系和社会利益关系，推动构建和谐劳动关系，促进经济高质量发展和社会的长期稳定，维护工人阶级和工会组织的团结统一，为构建社会主义和谐社会作贡献。

中国工会维护工人阶级领导的、以工农联盟为基础的人民民主专政的社会主义国家政权，协助人民政府开展工作，依法发挥民主参与和社会监督作用。

中国工会在企业、事业单位中，按照促进企事业发展、维护职工权益的原则，支持行政依法行使管理权力，组织职工参加民主管理和民主监督，与行政方面建立协商制度，保障职工的合法权益，调动职工的积极性，促进企业、事业的发展。

中国工会实行产业和地方相结合的组织领导原则，坚持民主集中制。

中国工会坚持以改革创新精神加强自身建设，构建联系广泛、服务职工的工作体系，增强团结教育、维护权益、服务职工的功能，坚持群众化、民主化，保持同会员群众的密切联系，依靠会员群众开展工会工作。各级工会领导机关坚持把工作重点放到基层，着力扩大覆盖面、增强代表性，着力强化服务意识、提高维权能力，着力加强队伍建设、提升保障水平，坚持服务职工群众的工作生命线，全心全意为基层、为职工服务，构建智慧工会，增强基层工会的吸引力凝聚力战斗力，把工会组织建设得更加充满活力、更加坚强有力，成为深受职工群众信赖的学习型、服务型、创新型“职工之家”。

工会兴办的企业、事业，坚持公益性、服务性，坚持为改革开放和发展社会生产力服务，为职工群众服务，为推进工运事业服务。

中国工会努力巩固和发展工农联盟，坚持最广泛的爱国统一战线，加强包括香港特别行政区同胞、澳门特别行政区同胞、台湾同胞和海外侨胞在内的全国各族人民的大团结，促进祖国的统一、繁荣和富强。

中国工会在国际事务中坚持独立自主、互相尊重、求同存异、加强合作、增进友谊的方针，在独立、平等、互相尊重、互不干涉内部事务的原则基础上，广泛建立和发展同国际和各国工会组织的友好关系，积极参与“一带一路”建设，增进我国工人阶级同各国工人阶级的友谊，同全世界工人和工会一起，在推动构建人类命运共同体中发挥作用，为世界的和平、发展、合作、工人权益和社会进步而共同努力。

中国工会落实新时代党的建设总要求，以党的政治建设为统领，全面加强党的建设，增强政治意识、大局意识、核心意识、看齐意识，坚定道路自信、理论自信、制度自信、文化自信，坚决维护习近平总书记党中央的核心、全党的核心地位，坚决维护党中央权威和集中统一领导，在思想上政治上行动上同以习近平同志为核心的党中央保持高度一致。

第一章　会　　员

第一条　凡在中国境内的企业、事业单位、机关和其他社会组织中，以工资收入为主要生活来源或者与用人单位建立劳动关系的体力劳动者和脑力劳动者，不分民族、种族、性别、职业、宗教信仰、教育程度，承认工会章程，都可以加入工会为会员。

第二条　职工加入工会，由本人自愿申请，经工会基层委员会批准并发给会员证。

第三条　会员享有以下权利：

（一）选举权、被选举权和表决权。

（二）对工会工作进行监督，提出意见和建议，要求撤换或者罢免不称职的工会工作人员。

（三）对国家和社会生活问题及本单位工作提出批评与建议，要求工会组织向有关方面如实反映。

（四）在合法权益受到侵犯时，要求工会给予保护。

（五）工会提供的文化、教育、体育、旅游、疗休养、互助保障、生活救助、法律服务、就业服务等优惠待遇；工会给予的各种奖励。

（六）在工会会议和工会媒体上，参加关于工会工作和职工关心问题的讨论。

第四条　会员履行下列义务：

（一）认真学习贯彻习近平新时代中国特色社会主义思想，学习政治、经济、文化、法律、科学、技术和工会基本知识等。

（二）积极参加民主管理，努力完成生产和工作任务，立足本职岗位建功立业。

（三）遵守宪法和法律，践行社会主义核心价值观，弘扬中华民族传统美德，恪守社会公德、职业道德、家庭美德、个人品德，遵守劳动纪律。

（四）正确处理国家、集体、个人三者利益关系，向危害国家、社会利益的行为作斗争。

（五）维护中国工人阶级和工会组织的团结统一，发扬阶级友爱，搞好互助互济。

（六）遵守工会章程，执行工会决议，参加工会活动，按月交纳会费。

第五条　会员组织关系随劳动（工作）关系变动，凭会员证明接转。

第六条　会员有退会自由。会员退会由本人向工会小组提出，由工会基层委员会宣布其退会并收回会员证。

会员没有正当理由连续六个月不交纳会费、不参加工会组织生活，经教育拒不改正，应当视为自动退会。

第七条　对不执行工会决议、违反工会章程的会员，给予批评教育。对严重违法犯罪并受到刑事处分的会员，开除会籍。开除会员会籍，须经工会小组讨论，提出意见，由工会基层委员会决定，报上一级工会备案。

第八条　会员离休、退休和失业，可保留会籍。保留会籍期间免交会费。

工会组织要关心离休、退休和失业会员的生活，积极向有关方面反映他们的愿望和要求。

第二章 组织制度

第九条 中国工会实行民主集中制，主要内容是：

（一）个人服从组织，少数服从多数，下级组织服从上级组织。

（二）工会的各级领导机关，除它们派出的代表机关外，都由民主选举产生。

（三）工会的最高领导机关，是工会的全国代表大会和它所产生的中华全国总工会执行委员会。工会的地方各级领导机关，是工会的地方各级代表大会和它所产生的总工会委员会。

（四）工会各级委员会，向同级会员大会或者会员代表大会负责并报告工作，接受会员监督。会员大会和会员代表大会有权撤换或者罢免其所选举的代表和工会委员会组成人员。

（五）工会各级委员会，实行集体领导和分工负责相结合的制度。凡属重大问题由委员会民主讨论，作出决定，委员会成员根据集体的决定和分工，履行自己的职责。

（六）工会各级领导机关，加强对下级组织的领导和服务，经常向下级组织通报情况，听取下级组织和会员的意见，研究和解决他们提出的问题。下级组织应及时向上级组织请示报告工作。

第十条 工会各级代表大会的代表和委员会的产生，要充分体现选举人的意志。候选人名单，要反复酝酿，充分讨论。选举采用无记名投票方式，可以直接采用候选人数多于应选人数的差额选举办法进行正式选举，也可以先采用差额选举办法进行预选，产生候选人名单，然后进行正式选举。任何组织和个人，不得以任何方式强迫选举人选举或不选举某个人。

第十一条 中国工会实行产业和地方相结合的组织领导原则。同一企业、事业单位、机关和其他社会组织中的会员，组织在一个工会基层组织中；同一行业或者性质相近的几个行业，根据需要建立全国的或者地方的产业工会组织。除少数行政管理体制实行垂直管理的产业，其产业工会实行产业工会和地方工会双重领导，以产业工会领导为主外，其他产业工会均实行以地方工会领导为主，同时接受上级产业工会领导的体制。各产业工会的领导体制，由中华全国总工会确定。

省、自治区、直辖市，设区的市和自治州，县（旗）、自治县、不设区的市建立地方总工会。地方总工会是当地地方工会组织和产业工会地方组织的领导机关。全国建立统一的中华全国总工会。中华全国总工会是各级地方总工会和各产业工会全国组织的领导机关。

中华全国总工会执行委员会委员和产业工会全国委员会委员实行替补制，各级地方总工会委员会委员和地方产业工会委员会委员，也可以实行替补制。

第十二条 县和县以上各级地方总工会委员会，根据工作需要可以派出代表机关。

县和县以上各级工会委员会，在两次代表大会之间，认为有必要时，可以召集代表会议，讨论和决定需要及时解决的重大问题。代表会议代表的名额和产生办法，由召集代表会议的总工会决定。

全国产业工会、各级地方产业工会、乡镇工会和城市街道工会的委员会，可以按照联合制、代表制原则，由下一级工会组织民主选举的主要负责人和适当比例的有关方面代表组成。

上级工会可以派员帮助和指导用人单位的职工组建工会。

第十三条 各级工会代表大会选举产生同级经费审查委员会。中华全国总工会经费审查委员会设常务委员会，省、自治区、直辖市总工会经费审查委员会和独立管理经费的全国产业工会经费审查委员会，应当设常务委员会。经费审查委员会负责审查同级工会组织及其直属企业、事业单位的经费收支和资产管理情况，监督财经法纪的贯彻执行和工会经费的使用，并接受上级工会经费审查委员会的指导和监督。工会经费审查委员会向同级会员大会或会员代表大会负责并报告工作；在大会闭会期间，向同级工会委员会负责并报告工作。

上级经费审查委员会应当对下一级工会及其直属企业、事业单位的经费收支和资产管理情况进行审查。

中华全国总工会经费审查委员会委员实行替补制，各级地方总工会经费审查委员会委员和独立管理经费的产业工会经费审查委员会委员，也可以实行替补制。

第十四条 各级工会建立女职工委员会，表达和维护女职工的合法权益。女职工委员会由同级工会委员会提名，在充分协商的基础上组成或者选举产生，女职工委员会与工会委员会同时建立，在同级工会委员会领导下开展工作。企业工会女职工委员会是县或者县以上妇联的团体会员，通过县以上地方工会接受妇联的业务指导。

第十五条 县和县以上各级工会组织应当建立法律服务机构，为保护职工和工会组织的合法权益提供服务。

各级工会组织应当组织和代表职工开展劳动法律监督。

第十六条 成立或者撤销工会组织，必须经会员大会或者会员代表大会通过，并报上一级工会批准。工会基层组织所在的企业终止，或者所在的事业单位、机关和其他社会组织被撤销，该工会组织相应撤销，并报上级工会备案。其他组织和个人不得随意撤销工会组织，也不得把工会组织的机构撤销、合并或者归属其他工作部门。

第三章 全国组织

第十七条 中国工会全国代表大会，每五年举行一次，由中华全国总工会执行委员会召集。在特殊情况下，由中华全国总工会执行委员会主席团提议，经执行委员会全体会议通过，可以提前或者延期举行。代表名额和代表选举办法由中华全国总工会决定。

第十八条 中国工会全国代表大会的职权是：

（一）审议和批准中华全国总工会执行委员会的工作报告。

（二）审议和批准中华全国总工会执行委员会的经费收支情况报告和经费审查委员会的工作报告。

（三）修改中国工会章程。

（四）选举中华全国总工会执行委员会和经费审查委员会。

第十九条 中华全国总工会执行委员会，在全国代表大会闭会期间，负责贯彻执行全国代表大会的决议，领导全国工会工作。

执行委员会全体会议选举主席一人、副主席若干人、主席团委员若干人，组成主席团。

执行委员会全体会议由主席团召集，每年至少举行一次。

第二十条 中华全国总工会执行委员会全体会议闭会期间，由主席团行使执行委员会的职权。主席团全体会议，由主席召集。

主席团闭会期间，由主席、副主席组成的主席会议行使主席团职权。主席会议由中华全国总工会主席召集并主持。

主席团下设书记处，由主席团在主席团成员中推选第一书记一人，书记若干人组成。书记处在主席团领导下，主持中华全国总工会的日常工作。

第二十一条 产业工会全国组织的设置，由中华全国总工会根据需要确定。

产业工会全国委员会的建立，经中华全国总工会批准，可以按照联合制、代表制原则组成，也可以由产业工会全国代表大会选举产生。全国委员会每届任期五年。任期届满，应当如期召开会议，进行换届选举。在特殊情况下，经中华全国总工会批准，可以提前或者延期举行。

产业工会全国代表大会和按照联合制、代表制原则组成的产业工会全国委员会全体会议的职权是：审议和批准产业工会全国委员会的工作报告；选举产业工会全国委员会或者产业工会全国委员会常务委员会。独立管理经费的产业工会，选举经费审查委员会，并向产业工会全国代表大会或者委员会全体会议报告工作。产业工会全国委员会常务委员会由主席一人、副主席若干人、常务委员若干人组成。

第四章　地方组织

第二十二条　省、自治区、直辖市，设区的市和自治州，县(旗)、自治县、不设区的市的工会代表大会，由同级总工会委员会召集，每五年举行一次。在特殊情况下，由同级总工会委员会提议，经上一级工会批准，可以提前或者延期举行。工会的地方各级代表大会的职权是：

(一) 审议和批准同级总工会委员会的工作报告。

(二) 审议和批准同级总工会委员会的经费收支情况报告和经费审查委员会的工作报告。

(三) 选举同级总工会委员会和经费审查委员会。

各级地方总工会委员会，在代表大会闭会期间，执行上级工会的决定和同级工会代表大会的决议，领导本地区的工会工作，定期向上级总工会委员会报告工作。

根据工作需要，省、自治区总工会可在地区设派出代表机关。直辖市和设区的市总工会在区一级建立总工会。

县和城市的区可在乡镇和街道建立乡镇工会和街道工会组织，具备条件的，建立总工会。

第二十三条　各级地方总工会委员会选举主席一人、副主席若干人、常务委员若干人，组成常务委员会。工会委员会、常务委员会和主席、副主席以及经费审查委员会的选举结果，报上一级总工会批准。

各级地方总工会委员会全体会议，每年至少举行一次，由常务委员会召集。各级地方总工会常务委员会，在委员会全体会议闭会期间，行使委员会的职权。

第二十四条 各级地方产业工会组织的设置，由同级地方总工会根据本地区的实际情况确定。

第五章 基层组织

第二十五条 企业、事业单位、机关和其他社会组织等基层单位，应当依法建立工会组织。社区和行政村可以建立工会组织。从实际出发，建立区域性、行业性工会联合会，推进新经济组织、新社会组织工会组织建设。

有会员二十五人以上的，应当成立工会基层委员会；不足二十五人的，可以单独建立工会基层委员会，也可以由两个以上单位的会员联合建立工会基层委员会，也可以选举组织员或者工会主席一人，主持基层工会工作。工会基层委员会有女会员十人以上的建立女职工委员会，不足十人的设女职工委员。

职工二百人以上企业、事业单位的工会设专职工会主席。工会专职工作人员的人数由工会与企业、事业单位协商确定。

基层工会具备法人条件，依法取得社团法人资格，工会主席为法定代表人。

第二十六条 工会基层组织的会员大会或者会员代表大会，每年至少召开一次。经基层工会委员会或者三分之一以上的工会会员提议，可以临时召开会员大会或者会员代表大会。工会会员在一百人以下的基层工会应当召开会员大会。

工会会员大会或者会员代表大会的职权是：

（一）审议和批准工会基层委员会的工作报告。

（二）审议和批准工会基层委员会的经费收支情况报告和经费审查委员会的工作报告。

（三）选举工会基层委员会和经费审查委员会。

（四）撤换或者罢免其所选举的代表或者工会委员会组成人员。

（五）讨论决定工会工作的重大问题。

工会基层委员会和经费审查委员会每届任期三年至五年，具体任期由会员大会或者会员代表大会决定。任期届满，应当如期召开会议，进行换届选举。在特殊情况下，经上一级工会批准，可以提前或者延期举行。

会员代表大会的代表实行常任制，任期与本单位工会委员会相同。

第二十七条 工会基层委员会的委员，应当在会员或者会员代表充分酝酿协商的基础上选举产生；主席、副主席，可以由会员大会或者会员代表大会直接选举产生，也可以由工会基层委员会选举产生。大型企业、事业单位的工会委员会，根据工作需要，经上级工会委员会批准，可以设立常务委员会。工会基层委员会、常务委员会和主席、副主席以及经费审查委员会的选举结果，报上一级工会批准。

第二十八条 工会基层委员会的基本任务是：

（一）执行会员大会或者会员代表大会的决议和上级工会的决定，主持基层工会的日常工作。

（二）代表和组织职工依照法律规定，通过职工代表大会、厂务公开和其他形式，参加本单位民主管理和民主监督，在公司制企业落实职工董事、职工监事制度。企业、事业单位工会委员会是职工代表大会工作机构，负责职工代表大会的日常工作，检查、督促职工代表大会决议的执行。

（三）参与协调劳动关系和调解劳动争议，与企业、事业单位行政方面建立协商制度，协商解决涉及职工切身利益问题。帮助和指导职工与企业、事业单位行政方面签订和履行劳动合同，代表职工与企业、事业单位行政方面签订集体合同或者其他专项协议，并监督执行。

（四）组织职工开展劳动和技能竞赛、合理化建议、技能培训、技术革新和技术协作等活动，培育工匠人才，总结推广先进经验。做好劳动模范和先进生产（工作）者的评选、表彰、培养和管理服务工作。

（五）加强对职工的政治引领和思想教育，开展法治宣传教育，重视人文关怀和心理疏导，鼓励支持职工学习文化科学技术和管理知识，开展健康的文化体育活动。推进企业文化职工文化建设，办好工会文化、教育、体育事业。

（六）监督有关法律、法规的贯彻执行。协助和督促行政方面做好工资、安全生产、职业病防治和社会保险等方面的工作，推动落实职工福利待遇。办好职工集体福利事业，改善职工生活，对困难职工开展帮扶。依法参与生产安全事故和职业病危害事故的调查处理。

（七）维护女职工的特殊利益，同歧视、虐待、摧残、迫害女职工的现象作斗争。

（八）搞好工会组织建设，健全民主制度和民主生活。建立和发展工会积极分子队伍。做好会员的发展、接收、教育和会籍管理工作。加强职工之家建设。

（九）收好、管好、用好工会经费，管理好工会资产和工会的企业、事业。

第二十九条 教育、科研、文化、卫生、体育等事业单位和机关工会，从脑力劳动者比较集中的特点出发开展工作，积极了解和关心职工的思想、工作和生活，推动党的知识分子政策的贯彻落实。组织职工搞好本单位的民主管理和民主监督，为发挥职工的聪明才智，创造良好的条件。

第三十条 工会基层委员会根据工作需要，可以在分厂、车间（科室）建立分厂、车间（科室）工会委员会。分厂、车间（科室）工会委员会由分厂、车间（科室）会员大会或者会员代表大会选举产生，任期和工会基层委员会相同。

工会基层委员会和分厂、车间（科室）委员会，可以根据需要设若干专门委员会或者专门小组。

按照生产（行政）班组建立工会小组，民主选举工会小组长，积极开展工会小组活动。

第六章　工 会 干 部

第三十一条 各级工会组织按照革命化、年轻化、知识化、专业化的要求，努力建设一支坚持党的基本路线，熟悉本职业务，热爱工会工作，受到职工信赖的干部队伍。

第三十二条 工会干部要努力做到：

（一）认真学习马克思列宁主义、毛泽东思想、邓小平理论、“三个代表”重要思想、科学发展观、习近平新时代中国特色社会主义思想，学习政治、经济、历史、文化、科技、法律和工会业务等知识，提高政治能力，增强群众工作本领。

（二）执行党的基本路线和各项方针政策，遵守国家法律、法规，在改革开放和社会主义现代化建设中勇于开拓创新。

（三）信念坚定，忠于职守，勤奋工作，敢于担当，廉洁奉公，顾全大局，维护团结。

（四）坚持实事求是，认真调查研究，如实反映职工的意见、愿望和要求。

（五）坚持原则，不谋私利，热心为职工说话办事，依法维护职工的合法权益。

（六）作风民主，联系群众，增强群众意识和群众感情，自觉接受职工群众的批评和监督。

第三十三条　各级工会组织根据有关规定管理工会干部，重视发现培养和选拔优秀年轻干部、女干部、少数民族干部，成为培养干部的重要基地。

基层工会主席、副主席任期未满不得随意调动其工作。因工作需要调动时，应事先征得本级工会委员会和上一级工会同意。

第三十四条　各级工会组织建立与健全干部培训制度。办好工会干部院校和各种培训班。

第三十五条　各级工会组织关心工会干部的思想、学习和生活，督促落实相应的待遇，支持他们的工作，坚决同打击报复工会干部的行为作斗争。

县和县以上工会设立工会干部权益保障金，保障工会干部依法履行职责。

县和县以上工会可以为基层工会选派、聘用工作人员。

第七章　工会经费和资产

第三十六条　工会经费的来源：

（一）会员交纳的会费。

（二）企业、事业单位、机关和其他社会组织按全部职工工资总额的百分之二向工会拨缴的经费或者建会筹备金。

（三）工会所属的企业、事业单位上缴的收入。

（四）人民政府和企业、事业单位、机关和其他社会组织的补助。

（五）其他收入。

第三十七条　工会经费主要用于为职工服务和开展工会活动。各级工会组织应坚持正确使用方向，加强预算管理，优化支出结构，开展监督检查。

第三十八条 县和县以上各级工会应当与税务、财政等有关部门合作，依照规定做好工会经费收缴和应当由财政负担的工会经费拨缴工作。

未成立工会的企业、事业单位、机关和其他社会组织，按工资总额的百分之二向上级工会拨缴工会建会筹备金。

具备社团法人资格的工会应当依法设立独立经费账户。

第三十九条 工会资产是社会团体资产，中华全国总工会对各级工会的资产拥有终极所有权。各级工会依法依规加强对工会资产的监督、管理，保护工会资产不受损害，促进工会资产保值增值。根据经费独立原则，建立预算、决算、资产监管和经费审查监督制度。实行“统一领导、分级管理”的财务体制、“统一所有、分级监管、单位使用”的资产监管体制和“统一领导、分级管理、分级负责、下审一级”的经费审查监督体制。工会经费、资产的管理和使用办法以及工会经费审查监督制度，由中华全国总工会制定。

第四十条 各级工会委员会按照规定编制和审批预算、决算，定期向会员大会或者会员代表大会和上一级工会委员会报告经费收支和资产管理情况，接受上级和同级工会经费审查委员会审查监督。

第四十一条 工会经费、资产和国家及企业、事业单位等拨给工会的不动产和拨付资金形成的资产受法律保护，任何单位和个人不得侵占、挪用和任意调拨；不经批准，不得改变工会所属企业、事业单位的隶属关系和产权关系。

工会组织合并，其经费资产归合并后的工会所有；工会组织撤销或者解散，其经费资产由上级工会处置。

第八章 会　徽

第四十二条 中国工会会徽，选用汉字“中”、“工”两字，经艺术造型呈圆形重叠组成，并在两字外加一圆线，象征中国工会和中国工人阶级的团结统一。会徽的制作标准，由中华全国总工会规定。

第四十三条 中国工会会徽，可在工会办公地点、活动场所、会议会场悬挂，可作为纪念品、办公用品上的工会标志，也可以作为徽章佩戴。

第九章 附 则

第四十四条 本章程解释权属于中华全国总工会。

附录二

中华人民共和国劳动法

（1994年7月5日第八届全国人民代表大会常务委员会第八次会议通过　根据2009年8月27日第十一届全国人民代表大会常务委员会第十次会议《关于修改部分法律的决定》第一次修正　根据2018年12月29日第十三届全国人民代表大会常务委员会第七次会议《关于修改〈中华人民共和国劳动法〉等七部法律的决定》第二次修正）

第一章　总　　则

第一条　为了保护劳动者的合法权益，调整劳动关系，建立和维护适应社会主义市场经济的劳动制度，促进经济发展和社会进步，根据宪法，制定本法。

第二条　在中华人民共和国境内的企业、个体经济组织（以下统称用人单位）和与之形成劳动关系的劳动者，适用本法。

国家机关、事业组织、社会团体和与之建立劳动合同关系的劳动者，依照本法执行。

第三条　劳动者享有平等就业和选择职业的权利、取得劳动报酬的权利、休息休假的权利、获得劳动安全卫生保护的权利、接受职业技能培训的权利、享受社会保险和福利的权利、提请劳动争议处理的权利以及法律规定的其他劳动权利。

劳动者应当完成劳动任务，提高职业技能，执行劳动安全卫生规程，遵守劳动纪律和职业道德。

第四条　用人单位应当依法建立和完善规章制度，保障劳动者享有劳动权利和履行劳动义务。

第五条 国家采取各种措施，促进劳动就业，发展职业教育，制定劳动标准，调节社会收入，完善社会保险，协调劳动关系，逐步提高劳动者的生活水平。

第六条 国家提倡劳动者参加社会义务劳动，开展劳动竞赛和合理化建议活动，鼓励和保护劳动者进行科学研究、技术革新和发明创造，表彰和奖励劳动模范和先进工作者。

第七条 劳动者有权依法参加和组织工会。

工会代表和维护劳动者的合法权益，依法独立自主地开展活动。

第八条 劳动者依照法律规定，通过职工大会、职工代表大会或者其他形式，参与民主管理或者就保护劳动者合法权益与用人单位进行平等协商。

第九条 国务院劳动行政部门主管全国劳动工作。

县级以上地方人民政府劳动行政部门主管本行政区域内的劳动工作。

第二章 促进就业

第十条 国家通过促进经济和社会发展，创造就业条件，扩大就业机会。

国家鼓励企业、事业组织、社会团体在法律、行政法规规定的范围内兴办产业或者拓展经营，增加就业。

国家支持劳动者自愿组织起来就业和从事个体经营实现就业。

第十一条 地方各级人民政府应当采取措施，发展多种类型的职业介绍机构，提供就业服务。

第十二条 劳动者就业，不因民族、种族、性别、宗教信仰不同而受歧视。

第十三条 妇女享有与男子平等的就业权利。在录用职工时，除国家规定的不适合妇女的工种或者岗位外，不得以性别为由拒绝录用妇女或者提高对妇女的录用标准。

第十四条 残疾人、少数民族人员、退出现役的军人的就业，法律、法规有特别规定的，从其规定。

第十五条 禁止用人单位招用未满十六周岁的未成年人。

文艺、体育和特种工艺单位招用未满十六周岁的未成年人，必须遵守国家有关规定，并保障其接受义务教育的权利。

第三章 劳动合同和集体合同

第十六条 劳动合同是劳动者与用人单位确立劳动关系、明确双方权利和义务的协议。

建立劳动关系应当订立劳动合同。

第十七条 订立和变更劳动合同，应当遵循平等自愿、协商一致的原则，不得违反法律、行政法规的规定。

劳动合同依法订立即具有法律约束力，当事人必须履行劳动合同规定的义务。

第十八条 下列劳动合同无效：

（一）违反法律、行政法规的劳动合同；

（二）采取欺诈、威胁等手段订立的劳动合同。

无效的劳动合同，从订立的时候起，就没有法律约束力。确认劳动合同部分无效的，如果不影响其余部分的效力，其余部分仍然有效。

劳动合同的无效，由劳动争议仲裁委员会或者人民法院确认。

第十九条 劳动合同应当以书面形式订立，并具备以下条款：

（一）劳动合同期限；

（二）工作内容；

（三）劳动保护和劳动条件；

（四）劳动报酬；

（五）劳动纪律；

（六）劳动合同终止的条件；

（七）违反劳动合同的责任。

劳动合同除前款规定的必备条款外，当事人可以协商约定其他内容。

第二十条 劳动合同的期限分为有固定期限、无固定期限和以完成一定的工作为期限。

劳动者在同一用人单位连续工作满十年以上，当事人双方同意续延劳动合同的，如果劳动者提出订立无固定期限的劳动合同，应当订立无固定期限的劳动合同。

第二十一条 劳动合同可以约定试用期。试用期最长不得超过六个月。

第二十二条 劳动合同当事人可以在劳动合同中约定保守用人单位商业秘密的有关事项。

第二十三条 劳动合同期满或者当事人约定的劳动合同终止条件出现，劳动合同即行终止。

第二十四条 经劳动合同当事人协商一致，劳动合同可以解除。

第二十五条 劳动者有下列情形之一的，用人单位可以解除劳动合同：

（一）在试用期间被证明不符合录用条件的；

（二）严重违反劳动纪律或者用人单位规章制度的；

（三）严重失职，营私舞弊，对用人单位利益造成重大损害的；

（四）被依法追究刑事责任的。

第二十六条 有下列情形之一的，用人单位可以解除劳动合同，但是应当提前三十日以书面形式通知劳动者本人：

（一）劳动者患病或者非因工负伤，医疗期满后，不能从事原工作也不能从事由用人单位另行安排的工作的；

（二）劳动者不能胜任工作，经过培训或者调整工作岗位，仍不能胜任工作的；

（三）劳动合同订立时所依据的客观情况发生重大变化，致使原劳动合同无法履行，经当事人协商不能就变更劳动合同达成协议的。

第二十七条 用人单位濒临破产进行法定整顿期间或者生产经营状况发生严重困难，确需裁减人员的，应当提前三十日向工会或者全体职工说明情况，听取工会或者职工的意见，经向劳动行政部门报告后，可以裁减人员。

用人单位依据本条规定裁减人员，在六个月内录用人员的，应当优先录用被裁减的人员。

第二十八条 用人单位依据本法第二十四条、第二十六条、第二十七条的规定解除劳动合同的，应当依照国家有关规定给予经济补偿。

第二十九条 劳动者有下列情形之一的，用人单位不得依据本法第二十六条、第二十七条的规定解除劳动合同：

（一）患职业病或者因工负伤并被确认丧失或者部分丧失劳动能力的；

（二）患病或者负伤，在规定的医疗期内的；

（三）女职工在孕期、产期、哺乳期内的；

（四）法律、行政法规规定的其他情形。

第三十条 用人单位解除劳动合同，工会认为不适当的，有权提出意见。如果用人单位违反法律、法规或者劳动合同，工会有权要求重新处理；劳动者申请仲裁或者提起诉讼的，工会应当依法给予支持和帮助。

第三十一条 劳动者解除劳动合同，应当提前三十日以书面形式通知用人单位。

第三十二条 有下列情形之一的，劳动者可以随时通知用人单位解除劳动合同：

（一）在试用期内的；

（二）用人单位以暴力、威胁或者非法限制人身自由的手段强迫劳动的；

（三）用人单位未按照劳动合同约定支付劳动报酬或者提供劳动条件的。

第三十三条 企业职工一方与企业可以就劳动报酬、工作时间、休息休假、劳动安全卫生、保险福利等事项，签订集体合同。集体合同草案应当提交职工代表大会或者全体职工讨论通过。

集体合同由工会代表职工与企业签订；没有建立工会的企业，由职工推举的代表与企业签订。

第三十四条 集体合同签订后应当报送劳动行政部门；劳动行政部门自收到集体合同文本之日起十五日内未提出异议的，集体合同即行生效。

第三十五条 依法签订的集体合同对企业和企业全体职工具有约束力。职工个人与企业订立的劳动合同中劳动条件和劳动报酬等标准不得低于集体合同的规定。

第四章 工作时间和休息休假

第三十六条 国家实行劳动者每日工作时间不超过八小时、平均每周工作时间不超过四十四小时的工时制度。

第三十七条 对实行计件工作的劳动者，用人单位应当根据本法第三十六条规定的工时制度合理确定其劳动定额和计件报酬标准。

第三十八条 用人单位应当保证劳动者每周至少休息一日。

第三十九条 企业因生产特点不能实行本法第三十六条、第三十八条规定的，经劳动行政部门批准，可以实行其他工作和休息办法。

第四十条 用人单位在下列节日期间应当依法安排劳动者休假：

（一）元旦；

（二）春节；

（三）国际劳动节；

（四）国庆节；

（五）法律、法规规定的其他休假节日。

第四十一条 用人单位由于生产经营需要，经与工会和劳动者协商后可以延长工作时间，一般每日不得超过一小时；因特殊原因需要延长工作时间的，在保障劳动者身体健康的条件下延长工作时间每日不得超过三小时，但是每月不得超过三十六小时。

第四十二条 有下列情形之一的，延长工作时间不受本法第四十一条规定的限制：

（一）发生自然灾害、事故或者因其他原因，威胁劳动者生命健康和财产安全，需要紧急处理的；

（二）生产设备、交通运输线路、公共设施发生故障，影响生产和公众利益，必须及时抢修的；

（三）法律、行政法规规定的其他情形。

第四十三条 用人单位不得违反本法规定延长劳动者的工作时间。

第四十四条 有下列情形之一的，用人单位应当按照下列标准支付高于劳动者正常工作时间工资的工资报酬：

（一）安排劳动者延长工作时间的，支付不低于工资的百分之一百五十的工资报酬；

（二）休息日安排劳动者工作又不能安排补休的，支付不低于工资的百分之二百的工资报酬；

（三）法定休假日安排劳动者工作的，支付不低于工资的百分之三百的工资报酬。

第四十五条 国家实行带薪年休假制度。

劳动者连续工作一年以上的，享受带薪年休假。具体办法由国务院规定。

第五章 工 资

第四十六条 工资分配应当遵循按劳分配原则，实行同工同酬。

工资水平在经济发展的基础上逐步提高。国家对工资总量实行宏观调控。

第四十七条 用人单位根据本单位的生产经营特点和经济效益，依法自主确定本单位的工资分配方式和工资水平。

第四十八条 国家实行最低工资保障制度。最低工资的具体标准由省、自治区、直辖市人民政府规定，报国务院备案。

用人单位支付劳动者的工资不得低于当地最低工资标准。

第四十九条 确定和调整最低工资标准应当综合参考下列因素：

（一）劳动者本人及平均赡养人口的最低生活费用；

（二）社会平均工资水平；

（三）劳动生产率；

（四）就业状况；

（五）地区之间经济发展水平的差异。

第五十条 工资应当以货币形式按月支付给劳动者本人。不得克扣或者无故拖欠劳动者的工资。

第五十一条 劳动者在法定休假日和婚丧假期间以及依法参加社会活动期间，用人单位应当依法支付工资。

第六章 劳动安全卫生

第五十二条 用人单位必须建立、健全劳动安全卫生制度，严格执行国家劳动安全卫生规程和标准，对劳动者进行劳动安全卫生教育，防止劳动过程中的事故，减少职业危害。

第五十三条 劳动安全卫生设施必须符合国家规定的标准。

新建、改建、扩建工程的劳动安全卫生设施必须与主体工程同时设计、同时施工、同时投入生产和使用。

第五十四条 用人单位必须为劳动者提供符合国家规定的劳动安全卫生条件和必要的劳动防护用品，对从事有职业危害作业的劳动者应当定期进行健康检查。

第五十五条 从事特种作业的劳动者必须经过专门培训并取得特种作业资格。

第五十六条 劳动者在劳动过程中必须严格遵守安全操作规程。

劳动者对用人单位管理人员违章指挥、强令冒险作业，有权拒绝执行；对危害生命安全和身体健康的行为，有权提出批评、检举和控告。

第五十七条 国家建立伤亡事故和职业病统计报告和处理制度。县级以上各级人民政府劳动行政部门、有关部门和用人单位应当依法对劳动者在劳动过程中发生的伤亡事故和劳动者的职业病状况，进行统计、报告和处理。

第七章 女职工和未成年工特殊保护

第五十八条 国家对女职工和未成年工实行特殊劳动保护。

未成年工是指年满十六周岁未满十八周岁的劳动者。

第五十九条 禁止安排女职工从事矿山井下、国家规定的第四级体力劳动强度的劳动和其他禁忌从事的劳动。

第六十条 不得安排女职工在经期从事高处、低温、冷水作业和国家规定的第三级体力劳动强度的劳动。

第六十一条 不得安排女职工在怀孕期间从事国家规定的第三级体力劳动强度的劳动和孕期禁忌从事的劳动。对怀孕七个月以上的女职工，不得安排其延长工作时间和夜班劳动。

第六十二条 女职工生育享受不少于九十天的产假。

第六十三条 不得安排女职工在哺乳未满一周岁的婴儿期间从事国家规定的第三级体力劳动强度的劳动和哺乳期禁忌从事的其他劳动，不得安排其延长工作时间和夜班劳动。

第六十四条 不得安排未成年工从事矿山井下、有毒有害、国家规定的第四级体力劳动强度的劳动和其他禁忌从事的劳动。

第六十五条 用人单位应当对未成年工定期进行健康检查。

第八章 职 业 培 训

第六十六条 国家通过各种途径，采取各种措施，发展职业培训事业，开发劳动者的职业技能，提高劳动者素质，增强劳动者的就业能力和工作能力。

第六十七条 各级人民政府应当把发展职业培训纳入社会经济发展的规划，鼓励和支持有条件的企业、事业组织、社会团体和个人进行各种形式的职业培训。

第六十八条 用人单位应当建立职业培训制度，按照国家规定提取和使用职业培训经费，根据本单位实际，有计划地对劳动者进行职业培训。

从事技术工种的劳动者，上岗前必须经过培训。

第六十九条 国家确定职业分类，对规定的职业制定职业技能标准，实行职业资格证书制度，由经备案的考核鉴定机构负责对劳动者实施职业技能考核鉴定。

第九章　社会保险和福利

第七十条　国家发展社会保险事业，建立社会保险制度，设立社会保险基金，使劳动者在年老、患病、工伤、失业、生育等情况下获得帮助和补偿。

第七十一条　社会保险水平应当与社会经济发展水平和社会承受能力相适应。

第七十二条　社会保险基金按照保险类型确定资金来源，逐步实行社会统筹。用人单位和劳动者必须依法参加社会保险，缴纳社会保险费。

第七十三条　劳动者在下列情形下，依法享受社会保险待遇：

（一）退休；

（二）患病、负伤；

（三）因工伤残或者患职业病；

（四）失业；

（五）生育。

劳动者死亡后，其遗属依法享受遗属津贴。

劳动者享受社会保险待遇的条件和标准由法律、法规规定。

劳动者享受的社会保险金必须按时足额支付。

第七十四条　社会保险基金经办机构依照法律规定收支、管理和运营社会保险基金，并负有使社会保险基金保值增值的责任。

社会保险基金监督机构依照法律规定，对社会保险基金的收支、管理和运营实施监督。

社会保险基金经办机构和社会保险基金监督机构的设立和职能由法律规定。

任何组织和个人不得挪用社会保险基金。

第七十五条 国家鼓励用人单位根据本单位实际情况为劳动者建立补充保险。

国家提倡劳动者个人进行储蓄性保险。

第七十六条 国家发展社会福利事业，兴建公共福利设施，为劳动者休息、休养和疗养提供条件。

用人单位应当创造条件，改善集体福利，提高劳动者的福利待遇。

第十章 劳动争议

第七十七条 用人单位与劳动者发生劳动争议，当事人可以依法申请调解、仲裁、提起诉讼，也可以协商解决。

调解原则适用于仲裁和诉讼程序。

第七十八条 解决劳动争议，应当根据合法、公正、及时处理的原则，依法维护劳动争议当事人的合法权益。

第七十九条 劳动争议发生后，当事人可以向本单位劳动争议调解委员会申请调解；调解不成，当事人一方要求仲裁的，可以向劳动争议仲裁委员会申请仲裁。当事人一方也可以直接向劳动争议仲裁委员会申请仲裁。对仲裁裁决不服的，可以向人民法院提起诉讼。

第八十条 在用人单位内，可以设立劳动争议调解委员会。劳动争议调解委员会由职工代表、用人单位代表和工会代表组成。劳动争议调解委员会主任由工会代表担任。

劳动争议经调解达成协议的，当事人应当履行。

第八十一条 劳动争议仲裁委员会由劳动行政部门代表、同级工会代表、用人单位方面的代表组成。劳动争议仲裁委员会主任由劳动行政部门代表担任。

第八十二条 提出仲裁要求的一方应当自劳动争议发生之日

起六十日内向劳动争议仲裁委员会提出书面申请。仲裁裁决一般应在收到仲裁申请的六十日内作出。对仲裁裁决无异议的，当事人必须履行。

第八十三条 劳动争议当事人对仲裁裁决不服的，可以自收到仲裁裁决书之日起十五日内向人民法院提起诉讼。一方当事人在法定期限内不起诉又不履行仲裁裁决的，另一方当事人可以申请人民法院强制执行。

第八十四条 因签订集体合同发生争议，当事人协商解决不成的，当地人民政府劳动行政部门可以组织有关各方协调处理。

因履行集体合同发生争议，当事人协商解决不成的，可以向劳动争议仲裁委员会申请仲裁；对仲裁裁决不服的，可以自收到仲裁裁决书之日起十五日内向人民法院提起诉讼。

第十一章 监督检查

第八十五条 县级以上各级人民政府劳动行政部门依法对用人单位遵守劳动法律、法规的情况进行监督检查，对违反劳动法律、法规的行为有权制止，并责令改正。

第八十六条 县级以上各级人民政府劳动行政部门监督检查人员执行公务，有权进入用人单位了解执行劳动法律、法规的情况，查阅必要的资料，并对劳动场所进行检查。

县级以上各级人民政府劳动行政部门监督检查人员执行公务，必须出示证件，秉公执法并遵守有关规定。

第八十七条 县级以上各级人民政府有关部门在各自职责范围内，对用人单位遵守劳动法律、法规的情况进行监督。

第八十八条 各级工会依法维护劳动者的合法权益，对用人单位遵守劳动法律、法规的情况进行监督。

任何组织和个人对于违反劳动法律、法规的行为有权检举和控告。

第十二章　法律责任

第八十九条　用人单位制定的劳动规章制度违反法律、法规规定的，由劳动行政部门给予警告，责令改正；对劳动者造成损害的，应当承担赔偿责任。

第九十条　用人单位违反本法规定，延长劳动者工作时间的，由劳动行政部门给予警告，责令改正，并可以处以罚款。

第九十一条　用人单位有下列侵害劳动者合法权益情形之一的，由劳动行政部门责令支付劳动者的工资报酬、经济补偿，并可以责令支付赔偿金：

（一）克扣或者无故拖欠劳动者工资的；

（二）拒不支付劳动者延长工作时间工资报酬的；

（三）低于当地最低工资标准支付劳动者工资的；

（四）解除劳动合同后，未依照本法规定给予劳动者经济补偿的。

第九十二条　用人单位的劳动安全设施和劳动卫生条件不符合国家规定或者未向劳动者提供必要的劳动防护用品和劳动保护设施的，由劳动行政部门或者有关部门责令改正，可以处以罚款；情节严重的，提请县级以上人民政府决定责令停产整顿；对事故隐患不采取措施，致使发生重大事故，造成劳动者生命和财产损失的，对责任人员依照刑法有关规定追究刑事责任。

第九十三条　用人单位强令劳动者违章冒险作业，发生重大伤亡事故，造成严重后果的，对责任人员依法追究刑事责任。

第九十四条　用人单位非法招用未满十六周岁的未成年人的，由劳动行政部门责令改正，处以罚款；情节严重的，由市场监督管理部门吊销营业执照。

第九十五条　用人单位违反本法对女职工和未成年工的保护规定，侵害其合法权益的，由劳动行政部门责令改正，处以罚款；对女职工或者未成年工造成损害的，应当承担赔偿责任。

第九十六条 用人单位有下列行为之一，由公安机关对责任人员处以十五日以下拘留、罚款或者警告；构成犯罪的，对责任人员依法追究刑事责任：

（一）以暴力、威胁或者非法限制人身自由的手段强迫劳动的；

（二）侮辱、体罚、殴打、非法搜查和拘禁劳动者的。

第九十七条 由于用人单位的原因订立的无效合同，对劳动者造成损害的，应当承担赔偿责任。

第九十八条 用人单位违反本法规定的条件解除劳动合同或者故意拖延不订立劳动合同的，由劳动行政部门责令改正；对劳动者造成损害的，应当承担赔偿责任。

第九十九条 用人单位招用尚未解除劳动合同的劳动者，对原用人单位造成经济损失的，该用人单位应当依法承担连带赔偿责任。

第一百条 用人单位无故不缴纳社会保险费的，由劳动行政部门责令其限期缴纳；逾期不缴的，可以加收滞纳金。

第一百零一条 用人单位无理阻挠劳动行政部门、有关部门及其工作人员行使监督检查权，打击报复举报人员的，由劳动行政部门或者有关部门处以罚款；构成犯罪的，对责任人员依法追究刑事责任。

第一百零二条 劳动者违反本法规定的条件解除劳动合同或者违反劳动合同中约定的保密事项，对用人单位造成经济损失的，应当依法承担赔偿责任。

第一百零三条 劳动行政部门或者有关部门的工作人员滥用职权、玩忽职守、徇私舞弊，构成犯罪的，依法追究刑事责任；不构成犯罪的，给予行政处分。

第一百零四条 国家工作人员和社会保险基金经办机构的工

作人员挪用社会保险基金，构成犯罪的，依法追究刑事责任。

第一百零五条 违反本法规定侵害劳动者合法权益，其他法律、行政法规已规定处罚的，依照该法律、行政法规的规定处罚。

第十三章 附 则

第一百零六条 省、自治区、直辖市人民政府根据本法和本地区的实际情况，规定劳动合同制度的实施步骤，报国务院备案。

第一百零七条 本法自1995年1月1日起施行。

中华人民共和国劳动合同法

（2007年6月29日第十届全国人民代表大会常务委员会第二十八次会议通过 根据2012年12月28日第十一届全国人民代表大会常务委员会第三十次会议《关于修改〈中华人民共和国劳动合同法〉的决定》修正）

第一章 总 则

第一条 为了完善劳动合同制度，明确劳动合同双方当事人的权利和义务，保护劳动者的合法权益，构建和发展和谐稳定的劳动关系，制定本法。

第二条 中华人民共和国境内的企业、个体经济组织、民办非企业单位等组织（以下称用人单位）与劳动者建立劳动关系，订立、履行、变更、解除或者终止劳动合同，适用本法。

国家机关、事业单位、社会团体和与其建立劳动关系的劳动者，订立、履行、变更、解除或者终止劳动合同，依照本法执行。

第三条 订立劳动合同，应当遵循合法、公平、平等自愿、协商一致、诚实信用的原则。

依法订立的劳动合同具有约束力，用人单位与劳动者应当履行劳动合同约定的义务。

第四条 用人单位应当依法建立和完善劳动规章制度，保障劳动者享有劳动权利、履行劳动义务。

用人单位在制定、修改或者决定有关劳动报酬、工作时间、休息休假、劳动安全卫生、保险福利、职工培训、劳动纪律以及劳动定额管理等直接涉及劳动者切身利益的规章制度或者重大事项时，应当经职工代表大会或者全体职工讨论，提出方案和意见，与工会或者职工代表平等协商确定。

在规章制度和重大事项决定实施过程中，工会或者职工认为不适当的，有权向用人单位提出，通过协商予以修改完善。

用人单位应当将直接涉及劳动者切身利益的规章制度和重大事项决定公示，或者告知劳动者。

第五条 县级以上人民政府劳动行政部门会同工会和企业方面代表，建立健全协调劳动关系三方机制，共同研究解决有关劳动关系的重大问题。

第六条 工会应当帮助、指导劳动者与用人单位依法订立和履行劳动合同，并与用人单位建立集体协商机制，维护劳动者的合法权益。

第二章 劳动合同的订立

第七条 用人单位自用工之日起即与劳动者建立劳动关系。用人单位应当建立职工名册备查。

第八条 用人单位招用劳动者时，应当如实告知劳动者工作内容、工作条件、工作地点、职业危害、安全生产状况、劳动报酬，以及劳动者要求了解的其他情况；用人单位有权了解劳动者与劳动合同直接相关的基本情况，劳动者应当如实说明。

第九条 用人单位招用劳动者，不得扣押劳动者的居民身份证和其他证件，不得要求劳动者提供担保或者以其他名义向劳动者收取财物。

第十条 建立劳动关系，应当订立书面劳动合同。

已建立劳动关系，未同时订立书面劳动合同的，应当自用工之日起一个月内订立书面劳动合同。

用人单位与劳动者在用工前订立劳动合同的，劳动关系自用工之日起建立。

第十一条 用人单位未在用工的同时订立书面劳动合同，与劳动者约定的劳动报酬不明确的，新招用的劳动者的劳动报酬按照集体合同规定的标准执行；没有集体合同或者集体合同未规定的，实行同工同酬。

第十二条 劳动合同分为固定期限劳动合同、无固定期限劳动合同和以完成一定工作任务为期限的劳动合同。

第十三条 固定期限劳动合同，是指用人单位与劳动者约定合同终止时间的劳动合同。

用人单位与劳动者协商一致，可以订立固定期限劳动合同。

第十四条 无固定期限劳动合同，是指用人单位与劳动者约定无确定终止时间的劳动合同。

用人单位与劳动者协商一致，可以订立无固定期限劳动合同。有下列情形之一，劳动者提出或者同意续订、订立劳动合同的，除劳动者提出订立固定期限劳动合同外，应当订立无固定期限劳动合同：

（一）劳动者在该用人单位连续工作满十年的；

（二）用人单位初次实行劳动合同制度或者国有企业改制重新订立劳动合同时，劳动者在该用人单位连续工作满十年且距法定退休年龄不足十年的；

（三）连续订立二次固定期限劳动合同，且劳动者没有本法第三十九条和第四十条第一项、第二项规定的情形，续订劳动合同的。

用人单位自用工之日起满一年不与劳动者订立书面劳动合同的，视为用人单位与劳动者已订立无固定期限劳动合同。

第十五条 以完成一定工作任务为期限的劳动合同，是指用人单位与劳动者约定以某项工作的完成为合同期限的劳动合同。

用人单位与劳动者协商一致，可以订立以完成一定工作任务为期限的劳动合同。

第十六条 劳动合同由用人单位与劳动者协商一致，并经用人单位与劳动者在劳动合同文本上签字或者盖章生效。

劳动合同文本由用人单位和劳动者各执一份。

第十七条 劳动合同应当具备以下条款：

（一）用人单位的名称、住所和法定代表人或者主要负责人；

（二）劳动者的姓名、住址和居民身份证或者其他有效身份证件号码；

（三）劳动合同期限；

（四）工作内容和工作地点；

（五）工作时间和休息休假；

（六）劳动报酬；

（七）社会保险；

（八）劳动保护、劳动条件和职业危害防护；

（九）法律、法规规定应当纳入劳动合同的其他事项。

劳动合同除前款规定的必备条款外，用人单位与劳动者可以约定试用期、培训、保守秘密、补充保险和福利待遇等其他事项。

第十八条 劳动合同对劳动报酬和劳动条件等标准约定不明确，引发争议的，用人单位与劳动者可以重新协商；协商不成的，适用集体合同规定；没有集体合同或者集体合同未规定劳动报酬的，实行同工同酬；没有集体合同或者集体合同未规定劳动条件等标准的，适用国家有关规定。

第十九条 劳动合同期限三个月以上不满一年的，试用期不得超过一个月；劳动合同期限一年以上不满三年的，试用期不得超过二个月；三年以上固定期限和无固定期限的劳动合同，试用期不得超过六个月。

同一用人单位与同一劳动者只能约定一次试用期。

以完成一定工作任务为期限的劳动合同或者劳动合同期限不满三个月的，不得约定试用期。

试用期包含在劳动合同期限内。劳动合同仅约定试用期的，试用期不成立，该期限为劳动合同期限。

第二十条 劳动者在试用期的工资不得低于本单位相同岗位最低档工资或者劳动合同约定工资的百分之八十，并不得低于用人单位所在地的最低工资标准。

第二十一条 在试用期中，除劳动者有本法第三十九条和第四十条第一项、第二项规定的情形外，用人单位不得解除劳动合同。用人单位在试用期解除劳动合同的，应当向劳动者说明理由。

第二十二条 用人单位为劳动者提供专项培训费用，对其进行专业技术培训的，可以与该劳动者订立协议，约定服务期。

劳动者违反服务期约定的，应当按照约定向用人单位支付违约金。违约金的数额不得超过用人单位提供的培训费用。用人单位要求劳动者支付的违约金不得超过服务期尚未履行部分所应分摊的培训费用。

用人单位与劳动者约定服务期的，不影响按照正常的工资调整机制提高劳动者在服务期期间的劳动报酬。

第二十三条 用人单位与劳动者可以在劳动合同中约定保守

用人单位的商业秘密和与知识产权相关的保密事项。

对负有保密义务的劳动者，用人单位可以在劳动合同或者保密协议中与劳动者约定竞业限制条款，并约定在解除或者终止劳动合同后，在竞业限制期限内按月给予劳动者经济补偿。劳动者违反竞业限制约定的，应当按照约定向用人单位支付违约金。

第二十四条 竞业限制的人员限于用人单位的高级管理人员、高级技术人员和其他负有保密义务的人员。竞业限制的范围、地域、期限由用人单位与劳动者约定，竞业限制的约定不得违反法律、法规的规定。

在解除或者终止劳动合同后，前款规定的人员到与本单位生产或者经营同类产品、从事同类业务的有竞争关系的其他用人单位，或者自己开业生产或者经营同类产品、从事同类业务的竞业限制期限，不得超过二年。

第二十五条 除本法第二十二条和第二十三条规定的情形外，用人单位不得与劳动者约定由劳动者承担违约金。

第二十六条 下列劳动合同无效或者部分无效：

（一）以欺诈、胁迫的手段或者乘人之危，使对方在违背真实意思的情况下订立或者变更劳动合同的；

（二）用人单位免除自己的法定责任、排除劳动者权利的；

（三）违反法律、行政法规强制性规定的。

对劳动合同的无效或者部分无效有争议的，由劳动争议仲裁机构或者人民法院确认。

第二十七条 劳动合同部分无效，不影响其他部分效力的，其他部分仍然有效。

第二十八条 劳动合同被确认无效，劳动者已付出劳动的，用人单位应当向劳动者支付劳动报酬。劳动报酬的数额，参照本单位相同或者相近岗位劳动者的劳动报酬确定。

第三章　劳动合同的履行和变更

第二十九条　用人单位与劳动者应当按照劳动合同的约定，全面履行各自的义务。

第三十条　用人单位应当按照劳动合同约定和国家规定，向劳动者及时足额支付劳动报酬。

用人单位拖欠或者未足额支付劳动报酬的，劳动者可以依法向当地人民法院申请支付令，人民法院应当依法发出支付令。

第三十一条　用人单位应当严格执行劳动定额标准，不得强迫或者变相强迫劳动者加班。用人单位安排加班的，应当按照国家有关规定向劳动者支付加班费。

第三十二条　劳动者拒绝用人单位管理人员违章指挥、强令冒险作业的，不视为违反劳动合同。

劳动者对危害生命安全和身体健康的劳动条件，有权对用人单位提出批评、检举和控告。

第三十三条　用人单位变更名称、法定代表人、主要负责人或者投资人等事项，不影响劳动合同的履行。

第三十四条　用人单位发生合并或者分立等情况，原劳动合同继续有效，劳动合同由承继其权利和义务的用人单位继续履行。

第三十五条　用人单位与劳动者协商一致，可以变更劳动合同约定的内容。变更劳动合同，应当采用书面形式。

变更后的劳动合同文本由用人单位和劳动者各执一份。

第四章　劳动合同的解除和终止

第三十六条　用人单位与劳动者协商一致，可以解除劳动合同。

第三十七条　劳动者提前三十日以书面形式通知用人单位，

可以解除劳动合同。劳动者在试用期内提前三日通知用人单位，可以解除劳动合同。

第三十八条 用人单位有下列情形之一的，劳动者可以解除劳动合同：

（一）未按照劳动合同约定提供劳动保护或者劳动条件的；

（二）未及时足额支付劳动报酬的；

（三）未依法为劳动者缴纳社会保险费的；

（四）用人单位的规章制度违反法律、法规的规定，损害劳动者权益的；

（五）因本法第二十六条第一款规定的情形致使劳动合同无效的；

（六）法律、行政法规规定劳动者可以解除劳动合同的其他情形。

用人单位以暴力、威胁或者非法限制人身自由的手段强迫劳动者劳动的，或者用人单位违章指挥、强令冒险作业危及劳动者人身安全的，劳动者可以立即解除劳动合同，不需事先告知用人单位。

第三十九条 劳动者有下列情形之一的，用人单位可以解除劳动合同：

（一）在试用期间被证明不符合录用条件的；

（二）严重违反用人单位的规章制度的；

（三）严重失职，营私舞弊，给用人单位造成重大损害的；

（四）劳动者同时与其他用人单位建立劳动关系，对完成本单位的工作任务造成严重影响，或者经用人单位提出，拒不改正的；

（五）因本法第二十六条第一款第一项规定的情形致使劳动合同无效的；

（六）被依法追究刑事责任的。

第四十条 有下列情形之一的，用人单位提前三十日以书面形式通知劳动者本人或者额外支付劳动者一个月工资后，可以解除劳动合同：

（一）劳动者患病或者非因工负伤，在规定的医疗期满后不能从事原工作，也不能从事由用人单位另行安排的工作的；

（二）劳动者不能胜任工作，经过培训或者调整工作岗位，仍不能胜任工作的；

（三）劳动合同订立时所依据的客观情况发生重大变化，致使劳动合同无法履行，经用人单位与劳动者协商，未能就变更劳动合同内容达成协议的。

第四十一条 有下列情形之一，需要裁减人员二十人以上或者裁减不足二十人但占企业职工总数百分之十以上的，用人单位提前三十日向工会或者全体职工说明情况，听取工会或者职工的意见后，裁减人员方案经向劳动行政部门报告，可以裁减人员：

（一）依照企业破产法规定进行重整的；

（二）生产经营发生严重困难的；

（三）企业转产、重大技术革新或者经营方式调整，经变更劳动合同后，仍需裁减人员的；

（四）其他因劳动合同订立时所依据的客观经济情况发生重大变化，致使劳动合同无法履行的。

裁减人员时，应当优先留用下列人员：

（一）与本单位订立较长期限的固定期限劳动合同的；

（二）与本单位订立无固定期限劳动合同的；

（三）家庭无其他就业人员，有需要扶养的老人或者未成年人的。

用人单位依照本条第一款规定裁减人员，在六个月内重新招用人员的，应当通知被裁减的人员，并在同等条件下优先招用被裁减的人员。

第四十二条 劳动者有下列情形之一的，用人单位不得依照本法第四十条、第四十一条的规定解除劳动合同：

（一）从事接触职业病危害作业的劳动者未进行离岗前职业健康检查，或者疑似职业病病人在诊断或者医学观察期间的；

（二）在本单位患职业病或者因工负伤并被确认丧失或者部分丧失劳动能力的；

（三）患病或者非因工负伤，在规定的医疗期内的；

（四）女职工在孕期、产期、哺乳期的；

（五）在本单位连续工作满十五年，且距法定退休年龄不足五年的；

（六）法律、行政法规规定的其他情形。

第四十三条 用人单位单方解除劳动合同，应当事先将理由通知工会。用人单位违反法律、行政法规规定或者劳动合同约定的，工会有权要求用人单位纠正。用人单位应当研究工会的意见，并将处理结果书面通知工会。

第四十四条 有下列情形之一的，劳动合同终止：

（一）劳动合同期满的；

（二）劳动者开始依法享受基本养老保险待遇的；

（三）劳动者死亡，或者被人民法院宣告死亡或者宣告失踪的；

（四）用人单位被依法宣告破产的；

（五）用人单位被吊销营业执照、责令关闭、撤销或者用人单位决定提前解散的；

（六）法律、行政法规规定的其他情形。

第四十五条 劳动合同期满，有本法第四十二条规定情形之一的，劳动合同应当续延至相应的情形消失时终止。但是，本法第四十二条第二项规定丧失或者部分丧失劳动能力劳动者的劳动合同的终止，按照国家有关工伤保险的规定执行。

第四十六条　有下列情形之一的，用人单位应当向劳动者支付经济补偿：

（一）劳动者依照本法第三十八条规定解除劳动合同的；

（二）用人单位依照本法第三十六条规定向劳动者提出解除劳动合同并与劳动者协商一致解除劳动合同的；

（三）用人单位依照本法第四十条规定解除劳动合同的；

（四）用人单位依照本法第四十一条第一款规定解除劳动合同的；

（五）除用人单位维持或者提高劳动合同约定条件续订劳动合同，劳动者不同意续订的情形外，依照本法第四十四条第一项规定终止固定期限劳动合同的；

（六）依照本法第四十四条第四项、第五项规定终止劳动合同的；

（七）法律、行政法规规定的其他情形。

第四十七条　经济补偿按劳动者在本单位工作的年限，每满一年支付一个月工资的标准向劳动者支付。六个月以上不满一年的，按一年计算；不满六个月的，向劳动者支付半个月工资的经济补偿。

劳动者月工资高于用人单位所在直辖市、设区的市级人民政府公布的本地区上年度职工月平均工资三倍的，向其支付经济补偿的标准按职工月平均工资三倍的数额支付，向其支付经济补偿的年限最高不超过十二年。

本条所称月工资是指劳动者在劳动合同解除或者终止前十二个月的平均工资。

第四十八条　用人单位违反本法规定解除或者终止劳动合同，劳动者要求继续履行劳动合同的，用人单位应当继续履行；劳动者不要求继续履行劳动合同或者劳动合同已经不能继续履行的，用人单位应当依照本法第八十七条规定支付赔偿金。

第四十九条　国家采取措施，建立健全劳动者社会保险关系跨地区转移接续制度。

第五十条　用人单位应当在解除或者终止劳动合同时出具解除或者终止劳动合同的证明，并在十五日内为劳动者办理档案和社会保险关系转移手续。

劳动者应当按照双方约定，办理工作交接。用人单位依照本法有关规定应当向劳动者支付经济补偿的，在办结工作交接时支付。

用人单位对已经解除或者终止的劳动合同的文本，至少保存二年备查。

第五章　特别规定

第一节　集体合同

第五十一条　企业职工一方与用人单位通过平等协商，可以就劳动报酬、工作时间、休息休假、劳动安全卫生、保险福利等事项订立集体合同。集体合同草案应当提交职工代表大会或者全体职工讨论通过。

集体合同由工会代表企业职工一方与用人单位订立；尚未建立工会的用人单位，由上级工会指导劳动者推举的代表与用人单位订立。

第五十二条　企业职工一方与用人单位可以订立劳动安全卫生、女职工权益保护、工资调整机制等专项集体合同。

第五十三条　在县级以下区域内，建筑业、采矿业、餐饮服务业等行业可以由工会与企业方面代表订立行业性集体合同，或者订立区域性集体合同。

第五十四条　集体合同订立后，应当报送劳动行政部门；劳动行政部门自收到集体合同文本之日起十五日内未提出异议的，集体合同即行生效。

依法订立的集体合同对用人单位和劳动者具有约束力。行业性、区域性集体合同对当地本行业、本区域的用人单位和劳动者具有约束力。

第五十五条 集体合同中劳动报酬和劳动条件等标准不得低于当地人民政府规定的最低标准；用人单位与劳动者订立的劳动合同中劳动报酬和劳动条件等标准不得低于集体合同规定的标准。

第五十六条 用人单位违反集体合同，侵犯职工劳动权益的，工会可以依法要求用人单位承担责任；因履行集体合同发生争议，经协商解决不成的，工会可以依法申请仲裁、提起诉讼。

第二节 劳务派遣

第五十七条 经营劳务派遣业务应当具备下列条件：

（一）注册资本不得少于人民币二百万元；

（二）有与开展业务相适应的固定的经营场所和设施；

（三）有符合法律、行政法规规定的劳务派遣管理制度；

（四）法律、行政法规规定的其他条件。

经营劳务派遣业务，应当向劳动行政部门依法申请行政许可；经许可的，依法办理相应的公司登记。未经许可，任何单位和个人不得经营劳务派遣业务。

第五十八条 劳务派遣单位是本法所称用人单位，应当履行用人单位对劳动者的义务。劳务派遣单位与被派遣劳动者订立的劳动合同，除应当载明本法第十七条规定的事项外，还应当载明被派遣劳动者的用工单位以及派遣期限、工作岗位等情况。

劳务派遣单位应当与被派遣劳动者订立二年以上的固定期限劳动合同，按月支付劳动报酬；被派遣劳动者在无工作期间，劳务派遣单位应当按照所在地人民政府规定的最低工资标准，向其按月支付报酬。

第五十九条 劳务派遣单位派遣劳动者应当与接受以劳务派遣形式用工的单位（以下称用工单位）订立劳务派遣协议。劳务派遣协议应当约定派遣岗位和人员数量、派遣期限、劳动报酬和社会保险费的数额与支付方式以及违反协议的责任。

用工单位应当根据工作岗位的实际需要与劳务派遣单位确定派遣期限，不得将连续用工期限分割订立数个短期劳务派遣协议。

第六十条 劳务派遣单位应当将劳务派遣协议的内容告知被派遣劳动者。

劳务派遣单位不得克扣用工单位按照劳务派遣协议支付给被派遣劳动者的劳动报酬。

劳务派遣单位和用工单位不得向被派遣劳动者收取费用。

第六十一条 劳务派遣单位跨地区派遣劳动者的，被派遣劳动者享有的劳动报酬和劳动条件，按照用工单位所在地的标准执行。

第六十二条 用工单位应当履行下列义务：

（一）执行国家劳动标准，提供相应的劳动条件和劳动保护；

（二）告知被派遣劳动者的工作要求和劳动报酬；

（三）支付加班费、绩效奖金，提供与工作岗位相关的福利待遇；

（四）对在岗被派遣劳动者进行工作岗位所必需的培训；

（五）连续用工的，实行正常的工资调整机制。

用工单位不得将被派遣劳动者再派遣到其他用人单位。

第六十三条 被派遣劳动者享有与用工单位的劳动者同工同酬的权利。用工单位应当按照同工同酬原则，对被派遣劳动者与本单位同类岗位的劳动者实行相同的劳动报酬分配办法。用工单位无同类岗位劳动者的，参照用工单位所在地相同或者相近岗位劳动者的劳动报酬确定。

劳务派遣单位与被派遣劳动者订立的劳动合同和与用工单位订立的劳务派遣协议，载明或者约定的向被派遣劳动者支付的劳动报酬应当符合前款规定。

第六十四条 被派遣劳动者有权在劳务派遣单位或者用工单位依法参加或者组织工会，维护自身的合法权益。

第六十五条 被派遣劳动者可以依照本法第三十六条、第三十八条的规定与劳务派遣单位解除劳动合同。

被派遣劳动者有本法第三十九条和第四十条第一项、第二项规定情形的，用工单位可以将劳动者退回劳务派遣单位，劳务派遣单位依照本法有关规定，可以与劳动者解除劳动合同。

第六十六条 劳动合同用工是我国的企业基本用工形式。劳务派遣用工是补充形式，只能在临时性、辅助性或者替代性的工作岗位上实施。

前款规定的临时性工作岗位是指存续时间不超过六个月的岗位；辅助性工作岗位是指为主营业务岗位提供服务的非主营业务岗位；替代性工作岗位是指用工单位的劳动者因脱产学习、休假等原因无法工作的一定期间内，可以由其他劳动者替代工作的岗位。

用工单位应当严格控制劳务派遣用工数量，不得超过其用工总量的一定比例，具体比例由国务院劳动行政部门规定。

第六十七条 用人单位不得设立劳务派遣单位向本单位或者所属单位派遣劳动者。

第三节 非全日制用工

第六十八条 非全日制用工，是指以小时计酬为主，劳动者在同一用人单位一般平均每日工作时间不超过四小时，每周工作时间累计不超过二十四小时的用工形式。

第六十九条 非全日制用工双方当事人可以订立口头协议。

从事非全日制用工的劳动者可以与一个或者一个以上用人单位订立劳动合同；但是，后订立的劳动合同不得影响先订立的劳动合同的履行。

第七十条 非全日制用工双方当事人不得约定试用期。

第七十一条 非全日制用工双方当事人任何一方都可以随时通知对方终止用工。终止用工，用人单位不向劳动者支付经济补偿。

第七十二条 非全日制用工小时计酬标准不得低于用人单位所在地人民政府规定的最低小时工资标准。

非全日制用工劳动报酬结算支付周期最长不得超过十五日。

第六章 监督检查

第七十三条 国务院劳动行政部门负责全国劳动合同制度实施的监督管理。

县级以上地方人民政府劳动行政部门负责本行政区域内劳动合同制度实施的监督管理。

县级以上各级人民政府劳动行政部门在劳动合同制度实施的监督管理工作中，应当听取工会、企业方面代表以及有关行业主管部门的意见。

第七十四条 县级以上地方人民政府劳动行政部门依法对下列实施劳动合同制度的情况进行监督检查：

（一）用人单位制定直接涉及劳动者切身利益的规章制度及其执行的情况；

（二）用人单位与劳动者订立和解除劳动合同的情况；

（三）劳务派遣单位和用工单位遵守劳务派遣有关规定的情况；

（四）用人单位遵守国家关于劳动者工作时间和休息休假规

定的情况；

（五）用人单位支付劳动合同约定的劳动报酬和执行最低工资标准的情况；

（六）用人单位参加各项社会保险和缴纳社会保险费的情况；

（七）法律、法规规定的其他劳动监察事项。

第七十五条 县级以上地方人民政府劳动行政部门实施监督检查时，有权查阅与劳动合同、集体合同有关的材料，有权对劳动场所进行实地检查，用人单位和劳动者都应当如实提供有关情况和材料。

劳动行政部门的工作人员进行监督检查，应当出示证件，依法行使职权，文明执法。

第七十六条 县级以上人民政府建设、卫生、安全生产监督管理等有关主管部门在各自职责范围内，对用人单位执行劳动合同制度的情况进行监督管理。

第七十七条 劳动者合法权益受到侵害的，有权要求有关部门依法处理，或者依法申请仲裁、提起诉讼。

第七十八条 工会依法维护劳动者的合法权益，对用人单位履行劳动合同、集体合同的情况进行监督。用人单位违反劳动法律、法规和劳动合同、集体合同的，工会有权提出意见或者要求纠正；劳动者申请仲裁、提起诉讼的，工会依法给予支持和帮助。

第七十九条 任何组织或者个人对违反本法的行为都有权举报，县级以上人民政府劳动行政部门应当及时核实、处理，并对举报有功人员给予奖励。

第七章 法律责任

第八十条 用人单位直接涉及劳动者切身利益的规章制度违反法律、法规规定的，由劳动行政部门责令改正，给予警告；给劳动者造成损害的，应当承担赔偿责任。

第八十一条 用人单位提供的劳动合同文本未载明本法规定的劳动合同必备条款或者用人单位未将劳动合同文本交付劳动者的，由劳动行政部门责令改正；给劳动者造成损害的，应当承担赔偿责任。

第八十二条 用人单位自用工之日起超过一个月不满一年未与劳动者订立书面劳动合同的，应当向劳动者每月支付二倍的工资。

用人单位违反本法规定不与劳动者订立无固定期限劳动合同的，自应当订立无固定期限劳动合同之日起向劳动者每月支付二倍的工资。

第八十三条 用人单位违反本法规定与劳动者约定试用期的，由劳动行政部门责令改正；违法约定的试用期已经履行的，由用人单位以劳动者试用期满月工资为标准，按已经履行的超过法定试用期的期间向劳动者支付赔偿金。

第八十四条 用人单位违反本法规定，扣押劳动者居民身份证等证件的，由劳动行政部门责令限期退还劳动者本人，并依照有关法律规定给予处罚。

用人单位违反本法规定，以担保或者其他名义向劳动者收取财物的，由劳动行政部门责令限期退还劳动者本人，并以每人五百元以上二千元以下的标准处以罚款；给劳动者造成损害的，应当承担赔偿责任。

劳动者依法解除或者终止劳动合同，用人单位扣押劳动者档案或者其他物品的，依照前款规定处罚。

第八十五条 用人单位有下列情形之一的，由劳动行政部门责令限期支付劳动报酬、加班费或者经济补偿；劳动报酬低于当地最低工资标准的，应当支付其差额部分；逾期不支付的，责令用人单位按应付金额百分之五十以上百分之一百以下的标准向劳动者加付赔偿金：

（一）未按照劳动合同的约定或者国家规定及时足额支付劳动者劳动报酬的；

（二）低于当地最低工资标准支付劳动者工资的；

（三）安排加班不支付加班费的；

（四）解除或者终止劳动合同，未依照本法规定向劳动者支付经济补偿的。

第八十六条 劳动合同依照本法第二十六条规定被确认无效，给对方造成损害的，有过错的一方应当承担赔偿责任。

第八十七条 用人单位违反本法规定解除或者终止劳动合同的，应当依照本法第四十七条规定的经济补偿标准的二倍向劳动者支付赔偿金。

第八十八条 用人单位有下列情形之一的，依法给予行政处罚；构成犯罪的，依法追究刑事责任；给劳动者造成损害的，应当承担赔偿责任：

（一）以暴力、威胁或者非法限制人身自由的手段强迫劳动的；

（二）违章指挥或者强令冒险作业危及劳动者人身安全的；

（三）侮辱、体罚、殴打、非法搜查或者拘禁劳动者的；

（四）劳动条件恶劣、环境污染严重，给劳动者身心健康造成严重损害的。

第八十九条 用人单位违反本法规定未向劳动者出具解除或者终止劳动合同的书面证明，由劳动行政部门责令改正；给劳动者造成损害的，应当承担赔偿责任。

第九十条 劳动者违反本法规定解除劳动合同，或者违反劳动合同中约定的保密义务或者竞业限制，给用人单位造成损失的，应当承担赔偿责任。

第九十一条 用人单位招用与其他用人单位尚未解除或者终

止劳动合同的劳动者，给其他用人单位造成损失的，应当承担连带赔偿责任。

第九十二条 违反本法规定，未经许可，擅自经营劳务派遣业务的，由劳动行政部门责令停止违法行为，没收违法所得，并处违法所得一倍以上五倍以下的罚款；没有违法所得的，可以处五万元以下的罚款。

劳务派遣单位、用工单位违反本法有关劳务派遣规定的，由劳动行政部门责令限期改正；逾期不改正的，以每人五千元以上一万元以下的标准处以罚款，对劳务派遣单位，吊销其劳务派遣业务经营许可证。用工单位给被派遣劳动者造成损害的，劳务派遣单位与用工单位承担连带赔偿责任。

第九十三条 对不具备合法经营资格的用人单位的违法犯罪行为，依法追究法律责任；劳动者已经付出劳动的，该单位或者其出资人应当依照本法有关规定向劳动者支付劳动报酬、经济补偿、赔偿金；给劳动者造成损害的，应当承担赔偿责任。

第九十四条 个人承包经营违反本法规定招用劳动者，给劳动者造成损害的，发包的组织与个人承包经营者承担连带赔偿责任。

第九十五条 劳动行政部门和其他有关主管部门及其工作人员玩忽职守、不履行法定职责，或者违法行使职权，给劳动者或者用人单位造成损害的，应当承担赔偿责任；对直接负责的主管人员和其他直接责任人员，依法给予行政处分；构成犯罪的，依法追究刑事责任。

第八章 附 则

第九十六条 事业单位与实行聘用制的工作人员订立、履行、变更、解除或者终止劳动合同，法律、行政法规或者国务院另有规定的，依照其规定；未作规定的，依照本法有关规定执行。

第九十七条　本法施行前已依法订立且在本法施行之日存续的劳动合同，继续履行；本法第十四条第二款第三项规定连续订立固定期限劳动合同的次数，自本法施行后续订固定期限劳动合同时开始计算。

本法施行前已建立劳动关系，尚未订立书面劳动合同的，应当自本法施行之日起一个月内订立。

本法施行之日存续的劳动合同在本法施行后解除或者终止，依照本法第四十六条规定应当支付经济补偿的，经济补偿年限自本法施行之日起计算；本法施行前按照当时有关规定，用人单位应当向劳动者支付经济补偿的，按照当时有关规定执行。

第九十八条　本法自2008年1月1日起施行。

中华人民共和国劳动争议调解仲裁法

（2007年12月29日第十届全国人民代表大会常务委员会第三十一次会议通过　2007年12月29日中华人民共和国主席令第80号公布　自2008年5月1日起施行）

第一章　总　　则

第一条　为了公正及时解决劳动争议，保护当事人合法权益，促进劳动关系和谐稳定，制定本法。

第二条　中华人民共和国境内的用人单位与劳动者发生的下列劳动争议，适用本法：

（一）因确认劳动关系发生的争议；

（二）因订立、履行、变更、解除和终止劳动合同发生的争议；

（三）因除名、辞退和辞职、离职发生的争议；

（四）因工作时间、休息休假、社会保险、福利、培训以及劳动保护发生的争议；

（五）因劳动报酬、工伤医疗费、经济补偿或者赔偿金等发生的争议；

（六）法律、法规规定的其他劳动争议。

第三条 解决劳动争议，应当根据事实，遵循合法、公正、及时、着重调解的原则，依法保护当事人的合法权益。

第四条 发生劳动争议，劳动者可以与用人单位协商，也可以请工会或者第三方共同与用人单位协商，达成和解协议。

第五条 发生劳动争议，当事人不愿协商、协商不成或者达成和解协议后不履行的，可以向调解组织申请调解；不愿调解、调解不成或者达成调解协议后不履行的，可以向劳动争议仲裁委员会申请仲裁；对仲裁裁决不服的，除本法另有规定的外，可以向人民法院提起诉讼。

第六条 发生劳动争议，当事人对自己提出的主张，有责任提供证据。与争议事项有关的证据属于用人单位掌握管理的，用人单位应当提供；用人单位不提供的，应当承担不利后果。

第七条 发生劳动争议的劳动者一方在十人以上，并有共同请求的，可以推举代表参加调解、仲裁或者诉讼活动。

第八条 县级以上人民政府劳动行政部门会同工会和企业方面代表建立协调劳动关系三方机制，共同研究解决劳动争议的重大问题。

第九条 用人单位违反国家规定，拖欠或者未足额支付劳动报酬，或者拖欠工伤医疗费、经济补偿或者赔偿金的，劳动者可以向劳动行政部门投诉，劳动行政部门应当依法处理。

第二章 调 解

第十条 发生劳动争议，当事人可以到下列调解组织申请调解：

（一）企业劳动争议调解委员会；

（二）依法设立的基层人民调解组织；

（三）在乡镇、街道设立的具有劳动争议调解职能的组织。

企业劳动争议调解委员会由职工代表和企业代表组成。职工代表由工会成员担任或者由全体职工推举产生，企业代表由企业负责人指定。企业劳动争议调解委员会主任由工会成员或者双方推举的人员担任。

第十一条 劳动争议调解组织的调解员应当由公道正派、联系群众、热心调解工作，并具有一定法律知识、政策水平和文化水平的成年公民担任。

第十二条 当事人申请劳动争议调解可以书面申请，也可以口头申请。口头申请的，调解组织应当当场记录申请人基本情况、申请调解的争议事项、理由和时间。

第十三条 调解劳动争议，应当充分听取双方当事人对事实和理由的陈述，耐心疏导，帮助其达成协议。

第十四条 经调解达成协议的，应当制作调解协议书。

调解协议书由双方当事人签名或者盖章，经调解员签名并加盖调解组织印章后生效，对双方当事人具有约束力，当事人应当履行。

自劳动争议调解组织收到调解申请之日起十五日内未达成调解协议的，当事人可以依法申请仲裁。

第十五条 达成调解协议后，一方当事人在协议约定期限内不履行调解协议的，另一方当事人可以依法申请仲裁。

第十六条 因支付拖欠劳动报酬、工伤医疗费、经济补偿或者赔偿金事项达成调解协议，用人单位在协议约定期限内不履行的，劳动者可以持调解协议书依法向人民法院申请支付令。人民法院应当依法发出支付令。

第三章　仲　　裁

第一节　一般规定

第十七条　劳动争议仲裁委员会按照统筹规划、合理布局和适应实际需要的原则设立。省、自治区人民政府可以决定在市、县设立；直辖市人民政府可以决定在区、县设立。直辖市、设区的市也可以设立一个或者若干个劳动争议仲裁委员会。劳动争议仲裁委员会不按行政区划层层设立。

第十八条　国务院劳动行政部门依照本法有关规定制定仲裁规则。省、自治区、直辖市人民政府劳动行政部门对本行政区域的劳动争议仲裁工作进行指导。

第十九条　劳动争议仲裁委员会由劳动行政部门代表、工会代表和企业方面代表组成。劳动争议仲裁委员会组成人员应当是单数。

劳动争议仲裁委员会依法履行下列职责：

（一）聘任、解聘专职或者兼职仲裁员；

（二）受理劳动争议案件；

（三）讨论重大或者疑难的劳动争议案件；

（四）对仲裁活动进行监督。

劳动争议仲裁委员会下设办事机构，负责办理劳动争议仲裁委员会的日常工作。

第二十条　劳动争议仲裁委员会应当设仲裁员名册。

仲裁员应当公道正派并符合下列条件之一：

（一）曾任审判员的；

（二）从事法律研究、教学工作并具有中级以上职称的；

（三）具有法律知识、从事人力资源管理或者工会等专业工作满五年的；

（四）律师执业满三年的。

第二十一条 劳动争议仲裁委员会负责管辖本区域内发生的劳动争议。

劳动争议由劳动合同履行地或者用人单位所在地的劳动争议仲裁委员会管辖。双方当事人分别向劳动合同履行地和用人单位所在地的劳动争议仲裁委员会申请仲裁的，由劳动合同履行地的劳动争议仲裁委员会管辖。

第二十二条 发生劳动争议的劳动者和用人单位为劳动争议仲裁案件的双方当事人。

劳务派遣单位或者用工单位与劳动者发生劳动争议的，劳务派遣单位和用工单位为共同当事人。

第二十三条 与劳动争议案件的处理结果有利害关系的第三人，可以申请参加仲裁活动或者由劳动争议仲裁委员会通知其参加仲裁活动。

第二十四条 当事人可以委托代理人参加仲裁活动。委托他人参加仲裁活动，应当向劳动争议仲裁委员会提交有委托人签名或者盖章的委托书，委托书应当载明委托事项和权限。

第二十五条 丧失或者部分丧失民事行为能力的劳动者，由其法定代理人代为参加仲裁活动；无法定代理人的，由劳动争议仲裁委员会为其指定代理人。劳动者死亡的，由其近亲属或者代理人参加仲裁活动。

第二十六条 劳动争议仲裁公开进行，但当事人协议不公开进行或者涉及国家秘密、商业秘密和个人隐私的除外。

第二节　申请和受理

第二十七条 劳动争议申请仲裁的时效期间为一年。仲裁时效期间从当事人知道或者应当知道其权利被侵害之日起计算。

前款规定的仲裁时效，因当事人一方向对方当事人主张权利，或者向有关部门请求权利救济，或者对方当事人同意履行义务而中断。从中断时起，仲裁时效期间重新计算。

因不可抗力或者有其他正当理由，当事人不能在本条第一款规定的仲裁时效期间申请仲裁的，仲裁时效中止。从中止时效的原因消除之日起，仲裁时效期间继续计算。

劳动关系存续期间因拖欠劳动报酬发生争议的，劳动者申请仲裁不受本条第一款规定的仲裁时效期间的限制；但是，劳动关系终止的，应当自劳动关系终止之日起一年内提出。

第二十八条 申请人申请仲裁应当提交书面仲裁申请，并按照被申请人人数提交副本。

仲裁申请书应当载明下列事项：

（一）劳动者的姓名、性别、年龄、职业、工作单位和住所，用人单位的名称、住所和法定代表人或者主要负责人的姓名、职务；

（二）仲裁请求和所根据的事实、理由；

（三）证据和证据来源、证人姓名和住所。

书写仲裁申请确有困难的，可以口头申请，由劳动争议仲裁委员会记入笔录，并告知对方当事人。

第二十九条 劳动争议仲裁委员会收到仲裁申请之日起五日内，认为符合受理条件的，应当受理，并通知申请人；认为不符合受理条件的，应当书面通知申请人不予受理，并说明理由。对劳动争议仲裁委员会不予受理或者逾期未作出决定的，申请人可以就该劳动争议事项向人民法院提起诉讼。

第三十条 劳动争议仲裁委员会受理仲裁申请后，应当在五日内将仲裁申请书副本送达被申请人。

被申请人收到仲裁申请书副本后，应当在十日内向劳动争议仲裁委员会提交答辩书。劳动争议仲裁委员会收到答辩书后，应当在五日内将答辩书副本送达申请人。被申请人未提交答辩书的，不影响仲裁程序的进行。

第三节　开庭和裁决

第三十一条　劳动争议仲裁委员会裁决劳动争议案件实行仲裁庭制。仲裁庭由三名仲裁员组成，设首席仲裁员。简单劳动争议案件可以由一名仲裁员独任仲裁。

第三十二条　劳动争议仲裁委员会应当在受理仲裁申请之日起五日内将仲裁庭的组成情况书面通知当事人。

第三十三条　仲裁员有下列情形之一，应当回避，当事人也有权以口头或者书面方式提出回避申请：

（一）是本案当事人或者当事人、代理人的近亲属的；

（二）与本案有利害关系的；

（三）与本案当事人、代理人有其他关系，可能影响公正裁决的；

（四）私自会见当事人、代理人，或者接受当事人、代理人的请客送礼的。

劳动争议仲裁委员会对回避申请应当及时作出决定，并以口头或者书面方式通知当事人。

第三十四条　仲裁员有本法第三十三条第四项规定情形，或者有索贿受贿、徇私舞弊、枉法裁决行为的，应当依法承担法律责任。劳动争议仲裁委员会应当将其解聘。

第三十五条　仲裁庭应当在开庭五日前，将开庭日期、地点书面通知双方当事人。当事人有正当理由的，可以在开庭三日前请求延期开庭。是否延期，由劳动争议仲裁委员会决定。

第三十六条　申请人收到书面通知，无正当理由拒不到庭或者未经仲裁庭同意中途退庭的，可以视为撤回仲裁申请。

被申请人收到书面通知，无正当理由拒不到庭或者未经仲裁庭同意中途退庭的，可以缺席裁决。

第三十七条　仲裁庭对专门性问题认为需要鉴定的，可以交由当事人约定的鉴定机构鉴定；当事人没有约定或者无法达成约定的，由仲裁庭指定的鉴定机构鉴定。

根据当事人的请求或者仲裁庭的要求，鉴定机构应当派鉴定人参加开庭。当事人经仲裁庭许可，可以向鉴定人提问。

第三十八条 当事人在仲裁过程中有权进行质证和辩论。质证和辩论终结时，首席仲裁员或者独任仲裁员应当征询当事人的最后意见。

第三十九条 当事人提供的证据经查证属实的，仲裁庭应当将其作为认定事实的根据。

劳动者无法提供由用人单位掌握管理的与仲裁请求有关的证据，仲裁庭可以要求用人单位在指定期限内提供。用人单位在指定期限内不提供的，应当承担不利后果。

第四十条 仲裁庭应当将开庭情况记入笔录。当事人和其他仲裁参加人认为对自己陈述的记录有遗漏或者差错的，有权申请补正。如果不予补正，应当记录该申请。

笔录由仲裁员、记录人员、当事人和其他仲裁参加人签名或者盖章。

第四十一条 当事人申请劳动争议仲裁后，可以自行和解。达成和解协议的，可以撤回仲裁申请。

第四十二条 仲裁庭在作出裁决前，应当先行调解。

调解达成协议的，仲裁庭应当制作调解书。

调解书应当写明仲裁请求和当事人协议的结果。调解书由仲裁员签名，加盖劳动争议仲裁委员会印章，送达双方当事人。调解书经双方当事人签收后，发生法律效力。

调解不成或者调解书送达前，一方当事人反悔的，仲裁庭应当及时作出裁决。

第四十三条 仲裁庭裁决劳动争议案件，应当自劳动争议仲裁委员会受理仲裁申请之日起四十五日内结束。案情复杂需要延期的，经劳动争议仲裁委员会主任批准，可以延期并书面通知当事人，但是延长期限不得超过十五日。逾期未作出仲裁裁决的，当事人可以就该劳动争议事项向人民法院提起诉讼。

仲裁庭裁决劳动争议案件时，其中一部分事实已经清楚，可以就该部分先行裁决。

第四十四条 仲裁庭对追索劳动报酬、工伤医疗费、经济补偿或者赔偿金的案件，根据当事人的申请，可以裁决先予执行，移送人民法院执行。

仲裁庭裁决先予执行的，应当符合下列条件：

（一）当事人之间权利义务关系明确；

（二）不先予执行将严重影响申请人的生活。

劳动者申请先予执行的，可以不提供担保。

第四十五条 裁决应当按照多数仲裁员的意见作出，少数仲裁员的不同意见应当记入笔录。仲裁庭不能形成多数意见时，裁决应当按照首席仲裁员的意见作出。

第四十六条 裁决书应当载明仲裁请求、争议事实、裁决理由、裁决结果和裁决日期。裁决书由仲裁员签名，加盖劳动争议仲裁委员会印章。对裁决持不同意见的仲裁员，可以签名，也可以不签名。

第四十七条 下列劳动争议，除本法另有规定的外，仲裁裁决为终局裁决，裁决书自作出之日起发生法律效力：

（一）追索劳动报酬、工伤医疗费、经济补偿或者赔偿金，不超过当地月最低工资标准十二个月金额的争议；

（二）因执行国家的劳动标准在工作时间、休息休假、社会保险等方面发生的争议。

第四十八条 劳动者对本法第四十七条规定的仲裁裁决不服的，可以自收到仲裁裁决书之日起十五日内向人民法院提起诉讼。

第四十九条 用人单位有证据证明本法第四十七条规定的仲

裁裁决有下列情形之一，可以自收到仲裁裁决书之日起三十日内向劳动争议仲裁委员会所在地的中级人民法院申请撤销裁决：

（一）适用法律、法规确有错误的；

（二）劳动争议仲裁委员会无管辖权的；

（三）违反法定程序的；

（四）裁决所根据的证据是伪造的；

（五）对方当事人隐瞒了足以影响公正裁决的证据的；

（六）仲裁员在仲裁该案时有索贿受贿、徇私舞弊、枉法裁决行为的。

人民法院经组成合议庭审查核实裁决有前款规定情形之一的，应当裁定撤销。

仲裁裁决被人民法院裁定撤销的，当事人可以自收到裁定书之日起十五日内就该劳动争议事项向人民法院提起诉讼。

第五十条 当事人对本法第四十七条规定以外的其他劳动争议案件的仲裁裁决不服的，可以自收到仲裁裁决书之日起十五日内向人民法院提起诉讼；期满不起诉的，裁决书发生法律效力。

第五十一条 当事人对发生法律效力的调解书、裁决书，应当依照规定的期限履行。一方当事人逾期不履行的，另一方当事人可以依照民事诉讼法的有关规定向人民法院申请执行。受理申请的人民法院应当依法执行。

第四章 附 则

第五十二条 事业单位实行聘用制的工作人员与本单位发生劳动争议的，依照本法执行；法律、行政法规或者国务院另有规定的，依照其规定。

第五十三条 劳动争议仲裁不收费。劳动争议仲裁委员会的经费由财政予以保障。

第五十四条 本法自 2008 年 5 月 1 日起施行。

女职工劳动保护特别规定

（2012年4月18日国务院第200次常务会议通过 2012年4月28日中华人民共和国国务院令第619号公布 自公布之日起施行）

第一条 为了减少和解决女职工在劳动中因生理特点造成的特殊困难，保护女职工健康，制定本规定。

第二条 中华人民共和国境内的国家机关、企业、事业单位、社会团体、个体经济组织以及其他社会组织等用人单位及其女职工，适用本规定。

第三条 用人单位应当加强女职工劳动保护，采取措施改善女职工劳动安全卫生条件，对女职工进行劳动安全卫生知识培训。

第四条 用人单位应当遵守女职工禁忌从事的劳动范围的规定。用人单位应当将本单位属于女职工禁忌从事的劳动范围的岗位书面告知女职工。

女职工禁忌从事的劳动范围由本规定附录列示。国务院安全生产监督管理部门会同国务院人力资源社会保障行政部门、国务院卫生行政部门根据经济社会发展情况，对女职工禁忌从事的劳动范围进行调整。

第五条 用人单位不得因女职工怀孕、生育、哺乳降低其工资、予以辞退、与其解除劳动或者聘用合同。

第六条 女职工在孕期不能适应原劳动的，用人单位应当根据医疗机构的证明，予以减轻劳动量或者安排其他能够适应的劳动。

对怀孕7个月以上的女职工，用人单位不得延长劳动时间或者安排夜班劳动，并应当在劳动时间内安排一定的休息时间。

怀孕女职工在劳动时间内进行产前检查，所需时间计入劳动时间。

第七条 女职工生育享受98天产假，其中产前可以休假15天；难产的，增加产假15天；生育多胞胎的，每多生育1个婴儿，增加产假15天。

女职工怀孕未满4个月流产的，享受15天产假；怀孕满4个月流产的，享受42天产假。

第八条 女职工产假期间的生育津贴，对已经参加生育保险的，按照用人单位上年度职工月平均工资的标准由生育保险基金支付；对未参加生育保险的，按照女职工产假前工资的标准由用人单位支付。

女职工生育或者流产的医疗费用，按照生育保险规定的项目和标准，对已经参加生育保险的，由生育保险基金支付；对未参加生育保险的，由用人单位支付。

第九条 对哺乳未满1周岁婴儿的女职工，用人单位不得延长劳动时间或者安排夜班劳动。

用人单位应当在每天的劳动时间内为哺乳期女职工安排1小时哺乳时间；女职工生育多胞胎的，每多哺乳1个婴儿每天增加1小时哺乳时间。

第十条 女职工比较多的用人单位应当根据女职工的需要，建立女职工卫生室、孕妇休息室、哺乳室等设施，妥善解决女职工在生理卫生、哺乳方面的困难。

第十一条 在劳动场所，用人单位应当预防和制止对女职工的性骚扰。

第十二条 县级以上人民政府人力资源社会保障行政部门、安全生产监督管理部门按照各自职责负责对用人单位遵守本规定的情况进行监督检查。

工会、妇女组织依法对用人单位遵守本规定的情况进行监督。

第十三条 用人单位违反本规定第六条第二款、第七条、第九条第一款规定的，由县级以上人民政府人力资源社会保障行政部门责令限期改正，按照受侵害女职工每人 1000 元以上 5000 元以下的标准计算，处以罚款。

用人单位违反本规定附录第一条、第二条规定的，由县级以上人民政府安全生产监督管理部门责令限期改正，按照受侵害女职工每人 1000 元以上 5000 元以下的标准计算，处以罚款。用人单位违反本规定附录第三条、第四条规定的，由县级以上人民政府安全生产监督管理部门责令限期治理，处 5 万元以上 30 万元以下的罚款；情节严重的，责令停止有关作业，或者提请有关人民政府按照国务院规定的权限责令关闭。

第十四条 用人单位违反本规定，侵害女职工合法权益的，女职工可以依法投诉、举报、申诉，依法向劳动人事争议调解仲裁机构申请调解仲裁，对仲裁裁决不服的，依法向人民法院提起诉讼。

第十五条 用人单位违反本规定，侵害女职工合法权益，造成女职工损害的，依法给予赔偿；用人单位及其直接负责的主管人员和其他直接责任人员构成犯罪的，依法追究刑事责任。

第十六条 本规定自公布之日起施行。1988 年 7 月 21 日国务院发布的《女职工劳动保护规定》同时废止。

附录：

女职工禁忌从事的劳动范围

一、女职工禁忌从事的劳动范围：

（一）矿山井下作业；

（二）体力劳动强度分级标准中规定的第四级体力劳动强度

的作业；

（三）每小时负重 6 次以上、每次负重超过 20 公斤的作业，或者间断负重、每次负重超过 25 公斤的作业。

二、女职工在经期禁忌从事的劳动范围：

（一）冷水作业分级标准中规定的第二级、第三级、第四级冷水作业；

（二）低温作业分级标准中规定的第二级、第三级、第四级低温作业；

（三）体力劳动强度分级标准中规定的第三级、第四级体力劳动强度的作业；

（四）高处作业分级标准中规定的第三级、第四级高处作业。

三、女职工在孕期禁忌从事的劳动范围：

（一）作业场所空气中铅及其化合物、汞及其化合物、苯、镉、铍、砷、氰化物、氮氧化物、一氧化碳、二硫化碳、氯、己内酰胺、氯丁二烯、氯乙烯、环氧乙烷、苯胺、甲醛等有毒物质浓度超过国家职业卫生标准的作业；

（二）从事抗癌药物、己烯雌酚生产，接触麻醉剂气体等的作业；

（三）非密封源放射性物质的操作，核事故与放射事故的应急处置；

（四）高处作业分级标准中规定的高处作业；

（五）冷水作业分级标准中规定的冷水作业；

（六）低温作业分级标准中规定的低温作业；

（七）高温作业分级标准中规定的第三级、第四级的作业；

（八）噪声作业分级标准中规定的第三级、第四级的作业；

（九）体力劳动强度分级标准中规定的第三级、第四级体力劳动强度的作业；

（十）在密闭空间、高压室作业或者潜水作业，伴有强烈振动的作业，或者需要频繁弯腰、攀高、下蹲的作业。

四、女职工在哺乳期禁忌从事的劳动范围：

（一）孕期禁忌从事的劳动范围的第一项、第三项、第九项；

（二）作业场所空气中锰、氟、溴、甲醇、有机磷化合物、有机氯化合物等有毒物质浓度超过国家职业卫生标准的作业。

中国工运事业和工会工作“十四五”发展规划

（2021 年 7 月 16 日）

“十四五”时期是我国全面建成小康社会、实现第一个百年奋斗目标之后，乘势而上开启全面建设社会主义现代化国家新征程、向第二个百年奋斗目标进军的第一个五年，是中国工运事业和工会工作围绕中心、服务大局，立足新发展阶段、贯彻新发展理念、推动构建新发展格局，履行职责使命，实现高质量发展的五年。党的十九届五中全会审议通过的《中共中央关于制定国民经济和社会发展第十四个五年规划和二〇三五年远景目标的建议》和十三届全国人民代表大会第四次会议审查批准的《中华人民共和国国民经济和社会发展第十四个五年规划和 2035 年远景目标纲要》擘画了我国未来 5 年和 15 年发展的宏伟蓝图。实现这一奋斗目标，工人阶级使命光荣，工会组织责任重大。为充分发挥工会组织作用，团结动员亿万职工为全面建设社会主义现代化国家、实现中华民族伟大复兴的中国梦贡献智慧和力量，特制定本规划。

一、开创中国工运事业和工会工作新局面

1. 党的十八大以来中国工运事业和工会工作蓬勃发展。

在以习近平同志为核心的党中央坚强领导下，我国工人阶级以高度的主人翁使命感和历史责任感，积极投身进行伟大斗争、建设伟大工程、推进伟大事业、实现伟大梦想的火热实践，推动党和国家事业取得决定性成就、发生历史性变革。各级工会坚持以习近平新时代中国特色社会主义思想为指导，学习贯彻习近平总书记关于工人阶级和工会工作的重要论述，以保持和增强工会组织和工会工作政治性、先进性、群众性为主线，忠诚履职、积极作为，各项工作取得了显著成效。思想政治引领明显加强，职工团结奋斗的思想基础更加巩固；劳模精神、劳动精神、工匠精神有力弘扬，工人阶级主力军作用充分发挥；维权服务力度不断加大，职工群众获得感、幸福感、安全感不断提升；产业工人队伍建设改革扎实推进，产业工人地位作用更加彰显；工会改革创新持续深化，工会组织吸引力凝聚力战斗力切实增强；工会系统党的建设全面加强，风清气正的政治生态进一步形成。这些成绩的取得，是在党的领导下各级工会组织与广大职工努力奋斗的结果，为“十四五”时期工运事业和工会工作发展奠定了坚实基础。

2. “十四五”时期中国工运事业和工会工作面临新形势新任务新要求。

——进入新发展阶段工会面临新形势。新发展阶段是我们党带领人民迎来从站起来、富起来到强起来历史性跨越的新阶段，是我国社会主义发展进程中的一个重要阶段。我国发展的内部条件和外部环境发生深刻复杂变化。当今世界正经历百年未有之大变局，新一轮科技革命和产业变革深入发展，新冠肺炎疫情影响广泛深远，经济全球化遭遇逆流。我国已转向高质量发展阶段，既具有制度优势显著、治理效能提升、经济长期向好等优势和条件，同时又面临发展不平衡不充分问题仍然突出、重点领域关键环节改革任务仍然艰巨、创新能力不适应高质量发展要求等问题。

面对复杂多变的国际国内形势，工会面临的机遇和挑战都前所未有。如何把握“两个大局”，心怀“国之大者”，在纷繁复杂的国际局势中保持清醒、坚守定力，在艰巨繁重的改革发展稳定任务中实现好维护好发展好广大职工合法权益，团结动员广大职工为促进高质量发展贡献智慧和力量，为全面建设社会主义现代化国家开好局起好步建功立业，成为摆在各级工会面前的重大课题。

——贯彻新发展理念工会面临新任务。党的十九届五中全会强调要坚定不移贯彻新发展理念，将新发展理念贯穿“十四五”规划和 2035 年远景目标的全过程和全领域。各级工会组织必须适应职工队伍规模结构、就业方式、分配方式、利益诉求、思想观念的深刻变化，适应新技术新业态新模式背景下劳动关系的深刻调整，提高贯彻新发展理念的思想自觉和行动自觉。贯彻创新发展理念，要求工会必须尊重基层和职工群众的首创精神，把蕴藏在职工群众中的创造活力激发出来；推进工会自身改革，切实解决工会组织体制机制不够完善、工作载体手段不够丰富、服务群众工作本领有待增强等问题。贯彻协调发展理念，要求工会必须树立全国工会“一盘棋”理念，既全面推进、又突出重点，加强分类指导，解决好发展不平衡的问题，增进工作的系统性、整体性、协同性。贯彻绿色发展理念，要求工会把绿色发展理念融入职工的生产生活实践，引导广大职工践行绿色生产生活方式。贯彻开放发展理念，要求工会坚持开门办会，让职工群众充分参与到工会工作中来，积极运用社会资源和力量推动工会工作；加大中国工会和职工对外交流交往力度，有力服务国家总体外交。贯彻共享发展理念，要求工会必须贯彻以人民为中心的发展思想，切实履行维护职工合法权益、竭诚服务职工群众的基本职责，让改革发展成果更多更公平惠及职工群众，在推动实现共同富裕中展现工会作为。

——构建新发展格局工会面临新要求。新发展格局是以习近平同志为核心的党中央积极应对国际国内形势变化、与时俱进提升我国经济发展水平、塑造国际经济合作和竞争新优势而作出的战略抉择。构建以国内大循环为主体、国内国际双循环相互促进的新发展格局，需要工会深刻认识国际国内复杂形势变化，特别是中美经贸摩擦、供给侧结构性改革等对职工队伍和工会工作带来的影响，立足国内办好自己的事情，找准结合点、切入点、着力点，发挥政治优势、组织优势、制度优势、群众优势、资源优势，将职工的思想凝聚到促进高质量发展上来，将职工的力量汇聚到建功立业上来；围绕扩大内需这个战略基点，积极加强就业创业服务，推动构建收入分配新格局、完善社会保障体系，在发展基础上努力提高职工收入水平，提高消费意愿和能力，在满足职工美好生活需要的同时，为扩大内需、促进双循环特别是国内经济大循环奠定厚实基础；围绕创新驱动这个关键所在，以深化产业工人队伍建设改革为抓手增强发展的内生动力，瞄准提升产业基础高级化、产业链现代化水平等目标，持续提升产业工人队伍素质、激发创新创造活力，在关键核心技术攻关、解决“卡脖子”等问题上发挥作用，推动实现高水平科技自立自强，使产业工人成为支撑中国制造、中国创造的重要力量。

二、“十四五”时期中国工运事业和工会工作的总体要求

3. 指导思想。

以习近平新时代中国特色社会主义思想为指导，全面贯彻党的十九大和十九届二中、三中、四中、五中全会精神，学习贯彻习近平总书记关于工人阶级和工会工作的重要论述，增强“四个意识”、坚定“四个自信”、做到“两个维护”，围绕把握新发展阶段、贯彻新发展理念、构建新发展格局、推动高质量发展，坚持稳中求进工作总基调，牢牢把握为实现中华民族伟大复兴中国梦而奋斗的工运时代主题，坚定不移走中国特色社会主义工会发展道路，以保持和增强工会组织和工会工作政治性、先进性、群众性为主线，以产业工人队伍建设改革和工会改革为动力，以推动工会工作高质量发展为着力点，使职工的理想信念更加坚定，权益保障更加充分，劳动关系更加和谐，党执政的阶级基础和群众基础更加牢固，广大职工在全面建设社会主义现代化国家开好局、起好步中主力军作用更加彰显。

4. 基本原则。

——坚持党的领导。将自觉接受党的领导作为工会根本政治原则，把党的政治建设摆在首位，全面贯彻党的基本理论、基本路线、基本方略，不折不扣将党中央决策部署贯彻到工会各项工作中去，将党的意志主张落实到广大职工中去，充分发挥党联系职工群众的桥梁纽带作用，团结引导广大职工坚定不移听党话、矢志不渝跟党走，始终做党执政的坚实依靠力量。

——坚持正确方向。持之以恒以党的创新理论武装头脑、指导实践、推动工作，不断提高政治判断力、政治领悟力、政治执行力，始终在政治立场、政治方向、政治原则、政治道路上同以习近平同志为核心的党中央保持高度一致。

——坚持服务大局。围绕党和国家工作大局，谋划和推进工会工作，坚持在大局下思考、大局下行动，组织动员广大职工充分发挥工人阶级主力军作用，以满腔热情投身全面建设社会主义现代化国家的伟大实践。

——坚持职工为本。牢固树立以职工为中心的工作导向，把联系和服务职工作为工会工作的生命线，扎实履行维护职工合法权益、竭诚服务职工群众的基本职责，不断提升职工群众的获得感、幸福感、安全感，推动实现共同富裕。

——坚持改革创新。系统谋划和扎实推进工会改革，坚持系统观念，增强统筹意识，发挥改革的突破性和引导性作用，着力破除制约工会高质量发展、影响职工高品质生活的体制机制障碍，固根基、扬优势、补短板、强弱项，不断推动工会理论创新、体制创新、工作创新，把改革创新贯穿于工会工作全过程和各方面。

——坚持法治保障。按照全面推进依法治国总目标要求，自觉把工会工作置于法治国家、法治政府、法治社会建设全局中谋划和推进，坚持依法建会、依法管会、依法履职、依法维权，不断提升工会法治化建设水平，推动国家治理体系和治理能力现代化。

5. 主要目标。

今后5年，工运事业和工会工作发展要坚持目标导向和问题导向相结合，坚持守正和创新相统一，努力实现以下主要目标：

——工会理论武装得到新加强。习近平新时代中国特色社会主义思想更加深入人心，学习贯彻习近平总书记关于工人阶级和工会工作的重要论述取得重要理论成果和实践成效，运用马克思主义立场、观点、方法解决实际问题的能力切实加强。

——职工思想引领取得新进展。面向职工群众的理论宣讲形成制度性安排，党的创新理论不断走近职工身边、走进职工心里；理想信念教育常态化开展、制度化推进，“中国梦·劳动美”主题宣传教育活动更加丰富，广大职工在理想信念、价值理念、道德观念上紧紧团结在一起，对中国特色社会主义的道路自信、理论自信、制度自信、文化自信不断增强。

——职工建功立业展现新作为。广大职工主人翁意识进一步增强，劳模精神、劳动精神、工匠精神大力弘扬，劳动和技能竞赛广泛深入持久开展，群众性创新活动成果显著；产业工人队伍建设改革取得突破性进展，在推动高质量发展中的工人阶级主力军作用充分彰显。

——维护职工权益取得新实效。劳动法律法规体系不断完善，职工合法权益维护机制不断健全，新就业形态劳动者建会入会和权益维护形成制度保障，劳动关系协调机制有效运行，工会参与劳动争议预防调处化解的水平不断提升，维护劳动领域安全稳定体系和能力建设有效推进，在助推建设更高水平的平安中国中作用积极发挥。

——服务职工水平实现新提升。联系服务职工长效机制建立健全，工会服务阵地建设明显加强，服务职工“最后一公里”问题有效解决，困难职工家庭常态化帮扶机制有效运行，工会服务职工品牌项目叫响做实。

——工会组织建设呈现新活力。工会改革创新持续深化，联系广泛、服务职工的工会工作体系日益健全，智慧工会建设取得实质性进展，基层工会组织设置、运行机制进一步健全，基层基础薄弱问题得到有效解决，工会组织覆盖面不断扩大、凝聚力进一步增强。

三、加强职工思想政治引领，团结引导职工坚定不移听党话、跟党走

6. 以习近平新时代中国特色社会主义思想武装职工。

建立健全职工思想政治工作的领导体制和工作机制，完善党的创新理论和工会理论下基层长效机制，落实基层联系点、送教到基层等制度，建立健全企业班组常态化学习制度，组织专家、学者、先进人物等广泛开展有特色、接地气、入人心的宣传宣讲活动，推动习近平新时代中国特色社会主义思想进企业、进车间、进学校、进教材、进头脑，打牢广大职工团结奋斗的思想基础。

7. 以理想信念教育职工。

深化中国特色社会主义和中国梦宣传教育，加强爱国主义、集体主义、社会主义教育，弘扬党和人民在各个历史时期奋斗中形成的伟大精神，深入开展“永远跟党走”、“党旗在基层一线高高飘扬”等系列主题宣传教育活动，在广大职工中唱响共产党好、社会主义好、改革开放好、伟大祖国好、各族人民好的时代主旋律。广泛开展党史学习教育，高质量完成学习教育各项任务，引领广大职工学史明理、学史增信、学史崇德、学史力行。

深入开展党史、新中国史、改革开放史、社会主义发展史宣传教育，引导广大职工群众深刻认识中国共产党为什么能、马克思主义为什么行、中国特色社会主义为什么好，增强听党话、跟党走的思想自觉和行动自觉。围绕2025年全总成立100周年，组织召开系列庆祝活动；推动建立中国工运史馆，探索筹建国家劳模风采展示馆或博物馆，加强对红色工运的重要人物、重要遗址（旧址）、重大事件、重点纪念场馆等的梳理发掘、修建修缮、展示展陈等综合性保护、修复、开发工作；组织开展百年中国工运史宣传教育，向全社会广泛宣传工人阶级和工人运动的光荣历史、奋斗历程、辉煌成就；组织开展百年中国工运史系列研究。推动理想信念教育常态化制度化，通过劳模宣讲、演讲比赛、知识竞赛、读书诵读等方式，运用“学习强国”、职工书屋等学习平台，引导广大职工紧跟共产党、奋进新时代。

8. 以社会主义核心价值观引领职工。

坚持把社会主义核心价值观融入职工生产生活，内化为职工的情感认同和行为习惯。深入开展以劳动创造幸福为主题的宣传教育，推动建立健全新时代劳动教育理论和实践体系。深化以职业道德为重点的社会公德、职业道德、家庭美德、个人品德等“四德”建设，组织开展全国职工职业道德建设评选表彰。积极参与群众性精神文明创建活动，推进家庭、家教、家风建设，广泛开展学雷锋志愿活动，展示新时代职工文明形象。

9. 以先进职工文化感染职工。

推动建立健全党委领导、行政支持、工会运作、职工参与的职工文化共建共享机制。丰富职工文化产品供给。打造“中国梦·劳动美”系列职工文化品牌，每年举办“中国梦·劳动美”——庆祝“五一”国际劳动节特别节目，广泛组织开展职工运动会、职工文艺展演、职工艺术节等全国性、区域性、行业性职工文体活动。加强职工文化阵地建设。探索建立以全总文工团为主体的职工艺术阵地联盟，整合工人文化宫、职工艺术院团资源，推动在街道社区、产业园区、商圈楼宇等职工聚集区建设职工文化场馆，构建立体化、多元化职工文化服务网络。建好、管好、用好职工书屋，力争到2025年底全国工会职工书屋示范点达到1.6万家，带动各级工会自建职工书屋达到15万家，实现各类便利型阅读点、劳模工匠书架广泛覆盖；电子职工书屋覆盖职工逾5000万人，基本形成覆盖大多数职工的工会阅读推广服务体系。创新文化服务方式。搭建“互联网+职工文化”平台，推动职工文化网络化传播，为职工提供“菜单式”、“订单式”文化服务；持续开展“阅读经典好书 争当时代工匠”、“玫瑰书香”等主题阅读活动。加强职工文化人才队伍建设。打造一支专业化、社团化、志愿化相结合的职工文化人才队伍，培育一批德艺双馨、具有一定社会影响力的职工文化建设领军人才，创作一批思想性强、艺术性高、社会影响大、群众口碑好的精品力作。

四、深化产业工人队伍建设改革，在推动高质量发展中充分发挥工人阶级主力军作用

10. 促进产业工人队伍建设改革走深走实。

按照政治上保证、制度上落实、素质上提高、权益上维护的总体思路，围绕造就一支有理想守信念、懂技术会创新、敢担当讲奉献的宏大的产业工人队伍，聚焦产业工人思想引领、建功立业、素质提升、地位提高、队伍壮大等重点任务，总结推进产业工人队伍建设改革以来取得的经验，查找存在的问题与不足，推动产业工人队伍建设改革向纵深发展、向基层延伸。坚持党委统一领导，政府有关部门各司其职，工会、行业协会、企业代表组织充分发挥作用，统筹社会组织的协同力量，完善合力推进产业工人队伍建设改革的工作格局。充分发挥产业工人队伍建设改革协调小组作用，强化贯彻落实协调机制，履行工会宏观指导、政策协调、组织推进、督促检查的职责，每年制定产业工人队伍建设改革要点，压实部门责任，强化分类指导，增强改革的系统性、整体性、协同性。健全产业工人队伍建设改革情况监督检查和信息反馈制度，推动各地将产业工人队伍建设改革纳入各级党委和政府目标考核体系，建立党委和政府联合督查督办工作机制。建立产业工人队伍建设改革效能评估机制，开展改革情况绩效评估，探索实行第三方评估，确保改革举措落地见效。探索建立企业主体作用发挥机制，保护企业人才培养积极性。鼓励各地、各相关责任单位因地制宜大胆探索试点，形成一批具有部门、地方、产业和企业特色的改革成果。

11. 推动构建产业工人全面发展制度体系。

强化系统集成，在系统梳理整合现有政策制度基础上，突出补齐制度缺项和政策短板，推动形成系统完备、科学规范、运行高效的制度体系，着力提升改革的政策效能。健全保障产业工人主人翁地位制度体系，完善产业工人参政议政制度，提高产业工人在各级党组织、人大、政协、群团组织代表大会代表和委员会委员中的比例；探索实行产业工人在群团组织挂职和兼职制度。健全产业工人技能形成制度体系，重点推动完善现代职业教育制度、职工技能培训制度、高技能人才培养机制、“互联网+”培训机制等，畅通技术工人成长成才通道；实施高技能领军人才和优秀产业技术紧缺人才境外培训计划；构建“互联网+职工素质建设工程”模式，完善中国职工经济技术信息化服务平台，做大做精做强全国产业工人学习社区，加强“技能强国——全国产业工人技能学习平台”建设，推进技能实训基地建设，拓展工会职业培训空间。健全产业工人发展制度体系，推动完善职业技能评价制度、体现技能价值激励导向的工资分配制度、个人学习账号和学分累计制度等，促进学历、非学历教育与职业培训衔接互认，搭建产业工人成长平台。健全产业工人队伍建设支撑保障制度体系，推动完善财政和社会多元投入机制，发挥工会职工创新补助资金作用，加大对产业工人创新创效扶持力度。

12. 广泛深入持久开展劳动和技能竞赛。

制定并落实“十四五”劳动和技能竞赛规划，推动建立健全职工劳动和技能竞赛体系。围绕国家重大战略、重大工程、重大项目、重点产业，广泛深入持久开展“建功‘十四五’、奋进新征程”主题劳动和技能竞赛。聚焦推动西部大开发形成新格局、推动东北振兴取得新突破、推动中部地区高质量发展战略，以及推进京津冀协同发展、长江经济带发展、粤港澳大湾区建设、长三角一体化发展、成渝地区双城经济圈、黄河流域生态保护等开展区域性劳动和技能竞赛，搭建交流合作平台，助力区域协调发展；按照国家碳达峰、碳中和部署，聚焦推动绿色发展，组织职工节能减排竞赛，推进重点行业和重要领域绿色化改造。以技术创新为导向，创新竞赛方式和载体，发挥网络平台作用，增强活动的便利性和群众性；加强非公企业劳动和技能竞赛工作，探索新产业新业态开展竞赛的新形式。积极推动将新职业新工种纳入职业分类大典，加强对全国职工职业技能竞赛的规划和指导，联合人力资源社会保障部等部门定期举办全国职工职业技能大赛，与有关部门共同主办国家级一类、二类等职业技能竞赛，指导带动各地层层开展技能比赛，打造职工技能竞赛品牌。组织职工积极参加技术革新、技术协作、发明创造、合理化建议、网上练兵和“小发明、小创造、小革新、小设计、小建议”等群众性创新活动。

13. 大力弘扬劳模精神、劳动精神、工匠精神。

学习贯彻习近平总书记在全国劳动模范和先进工作者表彰大会上重要讲话精神，加大对劳动模范和先进工作者的宣传力度，讲好劳模故事、讲好劳动故事、讲好工匠故事，营造劳动光荣的社会风尚和精益求精的敬业风气。进一步做好劳模培养选树和管理服务工作，完善全国工会劳模工作管理平台，推动完善劳模政策，提升劳模地位，落实劳模待遇，形成尊重劳动、尊重知识、尊重人才、尊重创造良好氛围。做好劳模和五一劳动奖、工人先锋号等评选表彰工作，持续开展“最美职工”、“大国工匠”等主题宣传，“十四五”期间重点选树宣传 100 名左右的劳模工匠先进典型，加快培育、选树一批在全国有影响力、在行业有号召力的领军型劳模，打造新时代劳动者的标杆旗帜。加大劳模教育培养力度，鼓励各级工会开展劳模教育培训，叫响做实由劳模学员、劳模辅导员、劳模学院、劳模宣讲团等构成的“劳模+”品牌。用好全国劳模专项补助资金，深入开展劳模定期走访慰问、及时帮扶救助、开展健康体检和疗休养等工作。深化劳模和工匠人才创新工作室创建工作，加强分级分类管理，形成以全国示范性创新工作室为引领、以省市级创新工作室为主体、基层创新工作室蓬勃发展的工作体系，确保到 2025 年底全国示范性劳模和工匠人才创新工作室达到 500 家左右，各级各类创新工作室达到 15 万家。规范和推广“港口工匠创新联盟”等做法，探索创建跨区域、跨行业、跨企业的创新工作室联盟，指导开展创新工作室联盟试点。深化新时代工匠学院建设。统筹各地工匠人才选树、命名、宣传，推动设立国家级大国工匠评选表彰奖项。开展创新工作室领衔人培训、交流等活动，积极组织推荐创新工作室的成果和专利参加各类奖项评选和展示交流。加强劳模和工匠人才创新工作室信息化管理，进一步完善创新工作室网络工作平台。举办大国工匠创新交流大会、职工创新创业博览会。探索全国职工技能成果转化工作，指导各地做好先行先试工作。深入开展“大国工匠进校园”、“劳模进校园”、“奋斗的我 · 最美的国”新时代先进人物进校园活动。

“十四五”时期工会“素质提升”指标	
具体指标	发展目标
1. 劳模选树管理	“十四五”期间，重点选树宣传100名左右的劳模工匠先进典型。
2. 职工技能培训	“十四五”期间，每年帮助30万名职工特别是农民工提升学历水平；平均培训家政服务人员20万人次。
3. 创新工作室建设	到2025年度，全国示范性劳模和工匠人才创新工作室达到500家左右，各级各类创新工作室达到15万家。
4. 职工书屋和电子职工书屋	到2025年底，全国工会职工书屋示范点达到1.6万家，带动各级工会自建职工书屋达到15万家，电子职工书屋覆盖职工逾5000万人。

五、高举维护职工合法权益旗帜，增强职工群众获得感幸福感安全感

14. 维护职工劳动经济权益。

高度关注深化供给侧结构性改革，实现碳达峰、碳中和目标中的产业结构转型、绿色转型等对就业结构、就业方式等带来的影响，加大对职工就业、收入分配、社会保障、劳动安全卫生等权益的维护力度。积极推动落实就业优先政策，参与就业创业政策制定，深化工会就业创业服务，广泛开展工会就业创业系列服务活动月以及“京津冀蒙跨区域招聘”、“阳光就业暖心行动”等活动，加强“工E就业”、“工会就业服务号”等全国工会就业服务网上平台建设，推动工会网上就业服务体系化建设。积极开展就业技能培训，深入推进以训稳岗；鼓励引导各地工会开展家政服务人员培训，年均培训达到20万人次，每年至少推树30名“最美家政人”。推动劳务派遣用工依法规范，促进共享用工规范有序。推动各地合理调整最低工资标准。指导企业依法开展工资

集体协商，促进企业健全反映劳动力市场供求关系和企业经济效益的工资决定和合理增长机制；总结指导企业技能要素参与分配的经验做法，推动提高技术工人待遇政策的落实。推动完善职工社会保险制度和分层分类社会救助体系，健全覆盖全民、统筹城乡、公平统一、可持续的多层次社会保障体系。做好工会劳动保护工作，加强对职工安全生产和职业健康知识的教育培训，提高职工事故防范、应急处置和自我保护能力；在重点行业领域探索开展职工安全技能竞赛，深化“安康杯”竞赛等群众性安全生产和职业健康活动。发挥工会劳动保护监督检查作用，督促企业落实安全生产和职业病防治主体责任。积极参加国家安全生产工作巡查、督查、考核和生产安全事故调查处理工作，维护好伤亡职工的合法权益。在重点行业中推行劳动安全卫生专项集体合同制度。

15. 维护职工民主政治权利。

推动企业民主管理立法和有关政策的制定完善，创新民主管理实践形式，深化民主管理载体建设。推动健全省级厂务公开协调领导机构。进一步健全以职工代表大会为基本形式的企事业单位民主管理制度体系，加强职工代表大会、厂务公开以及职工董事职工监事的制度衔接，促进职代会与集体协商、工会劳动法律监督、法律援助等有机结合，融入企业内部自主调处、群体性劳动关系矛盾快速处置机制。聚焦国企改革三年行动计划落实，推进企业集团职代会制度建设，推动将职工代表大会等企业民主管理纳入公司章程，融入企业治理结构和管理体系，探索中国特色现代企业制度下的民主管理实现途径。深化创新区域（行业）职工代表大会制度，强化分类指导，积极扩大民主管理工作对中小微企业的有效覆盖。制定企业民主管理程序指引或操作指南。坚持每年开展企业民主管理师资培训。深入开展“聚合力、促发展”职工代表优秀提案征集推荐活动、全国厂务公开民主管理评选表彰活动。

16. 维护新就业形态劳动者合法权益。

配合人社部门研究制定维护新就业形态劳动者劳动保障权益政策。积极推动新就业形态劳动者参加社会保险制度，推动研究出台新就业形态劳动者职业伤害保障办法等相关政策措施。推动灵活用工集中的行业制定劳动定额指导标准。加强平台网约劳动者收入保障，推动平台企业、关联企业与劳动者就劳动报酬、支付周期、休息休假和职业安全保障等事项开展协商。推动平台网约劳动者民主参与，督促平台运营企业建立争议处理、投诉机制。指导推动快递、外卖、网约出行、网约货运、家政、保洁等灵活就业人员较多的行业建立、完善劳动者权益保障机制，加强对平台网约劳动者的法律援助和生活服务。积极参与国家企业社会责任制度建设，推动落实企业社会责任。加强对各类社会组织和新阶层新群体的主动关注、积极联系、有效覆盖。

17. 做好农民工维权服务工作。

建立健全工会系统欠薪报告制度和欠薪案件反馈督办机制，推动解决拖欠农民工工资问题，深入实施农民工学历与能力提升行动计划，深化农民工“求学圆梦行动”，设立专项扶持资金，每年帮助 30 万名职工特别是农民工提升学历水平。深入开展“尊法守法 · 携手筑梦”服务农民工公益法律服务行动，健全农民工法律援助服务网络，开辟农民工劳动争议案件“绿色通道”。创新农民工组织形式和入会方式，逐步建立城乡一体的农民工流动会员管理制度，提高农民工入会的积极性和主动性。推进农民工平等享受城镇基本公共服务。

18. 提升女职工维权服务水平。

积极参与性别平等和女职工权益保障法律法规政策制定修订，推动用人单位建立健全工作场所性别平等制度机制，推行女职工权益保护专项集体合同，促进家庭友好型工作场所建设，帮助职工平衡工作与家庭。强化监督维权，协调推动侵害女职工权益案件调查处理；组织开展女职工维权行动月活动，深化普法宣传到基层活动。实施“女职工关爱行动”，管好用好“关爱女职工专项基金”，做好女职工“两癌”检查、女职工休息哺乳室建设、工会爱心托管服务、“会聚良缘”工会婚恋服务等工作。加强对适婚职工的婚恋观、家庭观教育引导，重视和做好应对人口老龄化国家战略、实施三孩生育政策中女职工就业、生育保险、休息休假等权益维护工作。

六、建立健全高标准职工服务体系，不断提升职工生活品质

19. 加强服务阵地建设。

推进“会、站、家”一体化建设，加强枢纽型社会组织平台功能建设。培育壮大基层工会服务阵地，拓展服务项目，整合社会资源，推动开放共享，实现区域内职工活动与服务基本覆盖。按照“突出公益、聚焦主业、自主经营、依法监管”的工作要求，更好发挥工人疗休养院、工人文化宫、职工互助保障组织等服务职工的作用。加强工人文化宫规范化建设管理，“十四五”期间，全国建设100家标准化工人文化宫，推动经济较发达、职工人数多的县（县级市）实现工人文化宫建设全覆盖；整合工会资源，把县级工人文化宫打造成工会组织综合服务阵地。推进工人疗休养院改革发展，提升综合服务水平，“十四五”期间，各省级总工会至少有一家具有区位和资源优势、具有特色疗养服务和较强接待能力的工人疗休养院，全国工会每年组织劳模、职工疗休养达到500万人次，其中技术工人疗休养达到100万人次。充分发挥职工互助保障组织作用，加强和规范职工互助保障活动管理，推动实现全国职工互助保障活动省级统筹或管理，到2025年底参加职工互助保障活动的会员达到8000万人次左右，会员受益面和保障程度同步提高。加强职工院校和职业培训机构建设。推动职工旅行社、工会宾馆等积极承担劳模、职工疗休养等公益服务业务。

20. 健全困难职工家庭常态化帮扶机制。

积极参与社会救助制度顶层设计，促进困难职工帮扶与社会救助体系相衔接。巩固拓展解困脱困工作成果，健全困难职工家庭生活状况监测预警机制和常态化帮扶机制。积极争取各级财政、社会资源、工会经费等多渠道投入帮扶资金，对深度困难、相对困难、意外致困等不同困难类型的困难职工家庭精准帮扶、分类施策，形成层次清晰、各有侧重、有机衔接的梯度帮扶工作格局，每年保障5万户以上深度困难职工家庭生活，解决15万户以上相对困难职工家庭、意外致困家庭生活暂时困难，引入公益慈善、爱心企业、志愿服务、专业机构等各类社会资源，推进困难职工帮扶与政府救助、公益慈善力量有机结合。推进“以工代赈”式救助帮扶，强化物质帮扶与扶志、扶智相结合，有效激发困难职工家庭解困脱困的内生动力。

21. 实施提升职工生活品质行动。

以精准服务为导向，以满足职工美好生活需要为目标，制定实施工会提升职工生活品质行动方案，推行工会服务职工工作项目清单制度；建立工会帮扶工作智能化平台，健全工会服务职工满意度评价机制。开展帮扶中心赋能增效和幸福企业建设试点工作，提升职工服务中心（困难职工帮扶中心）综合服务职工功能，深入推进职工生活幸福型企业建设工作，精准对接社会资源与职工需求，培育一批服务项目，引导企业改善职工生产生活条件。2021年完成20家试点职工服务中心（困难职工帮扶中心）的综合服务能力建设、50家职工生活幸福型企业的标准化建设，孵化100家服务职工类社会资源；到2025年底实现县级以上工会职工服务中心（困难职工帮扶中心）综合服务职工能力全面提升，1万家企业完成职工生活幸福型企业标准化建设。

22. 打造服务职工系列品牌。

健全完善常态化送温暖机制，继续叫响做实送温暖、金秋助学、阳光就业、职工医疗互助、工会法律援助、关爱农民工子女等工会工作传统品牌。“十四五”期间，各级工会每年筹集送温暖资金30亿元以上，走访慰问各类职工500万人以上。规范工会户外劳动者服务站点建设，引导更多社会资源参与，分批次推树1万个最美工会户外劳动者服务站点，设立专项奖补资金。做实叫响职工之家品牌，规范开展全国模范职工之家评选表彰，到2025年底建立起完善的模范职工之家动态复查监管机制。发挥模范职工之家示范引领作用，探索开展模范职工之家“结对共建”活动，普遍提升职工之家建设质量。加快推进工会志愿服务体系建设，建设管理服务平台，打造职工志愿服务品牌。按照“机制不变、力度不减、突出重点、建立品牌”的总体思路，聚焦思想引领、建功立业、劳动关系协调、就业帮扶、工会自身建设等重点任务，深入开展第三轮全国工会对口援疆援藏工作；帮助定点帮扶县巩固拓展脱贫攻坚成果，实现同乡村振兴有效衔接。

“十四五”时期工会“精准服务”指标

具体指标	发展目标
1. 解困脱困长效机制	“十四五”期间，五年保障5万户以上深度困难职工家庭生活，解决15万户以上相对困难职工家庭、意外致困家庭生活暂时困难。
2. 职工服务中心和职工生活幸福型企业建设	2021年完成20家试点职工服务中心（困难职工帮扶中心）的综合服务能力建设，50家职工生活幸福型企业的标准化建设，孵化100家服务职工类社会资源；到2025年底，实现县级以上工会职工服务中心（困难职工帮扶中心）综合服务职工能力全面提升，1万家企业完成职工生活幸福型企业标准化建设。
3. 工会传统帮扶品牌	“十四五”期间，各级工会每年筹集送温暖资金30亿元以上，走访慰问各类职工500万人以上。

续表

4. 职工文化阵地建设	“十四五”期间，全国建设100家标准化工人文化宫，推动经济较发达、职工人数多的县（县级市）实现工人文化宫建设覆盖。
5. 工人疗休养	“十四五”期间，各省级总工会至少有一家具有区位和资源优势、具有特色疗养服务和较强接待能力的工人疗休养院，全国工会每年组织劳模、职工疗休养达到500万人次，其中技术工人疗休养达到100万人次。
6. 职工互助保险	到2025年底，参加职工互助保险的会员达到8000万人次左右。
7. 最美工会户外劳动者服务站点	“十四五”期间，分批次推树1万个最美工会户外劳动者服务站点。

七、构建和谐劳动关系，推动共建共治共享社会治理

23. 加大劳动法律法规源头参与力度。

积极推动和参与全国人大与社会组织协商立法的制度机制建设，推动涉及职工切身利益的法律法规政策制定和修改。推动和参与《工会法》修订完善，推动制定《基本劳动标准法》、《集体合同法》、《企业民主管理法》等相关劳动法律法规，进一步完善工会协调劳动关系法律制度体系。

24. 推动完善构建和谐劳动关系制度机制。

进一步推动贯彻落实《中共中央 国务院关于构建和谐劳动关系的意见》，完善工会劳动关系发展态势监测和分析研判机制，打造来源可靠、覆盖广泛、运行顺畅、反应迅速的工会劳动关系监测系统，建设具有工会特色的劳动关系数据库。促进健全劳动关系协调机制，探索推进工会劳动关系调处标准化建设，构建劳动争议受理、调查、协调、调解、签约、结案、回访、归档等一

体化业务标准体系；进一步健全协调劳动关系三方组织体系，重点推动工业园区、乡镇（街道）和行业系统建立三方机制，努力构建多层次、全方位、网格化劳动关系协商协调格局。大力推进行业性、区域性集体协商。以正常经营、已建工会的百人以上企业为重点，巩固集体协商建制率，确保重点企业单独签订集体合同率动态保持在80%以上；推动企业建立健全多形式多层级的沟通协商机制，应急、应事、一事一议开展灵活协商。开展集体协商质效评估工作，力争到2025年底覆盖60%以上的重点企业。举办城市工会集体协商竞赛活动。加强专职集体协商指导员队伍建设，力争到2025年底，基本实现专职集体协商指导员队伍对县级以上工会组织的全覆盖；加强对从事集体协商工作的工会干部、专职集体协商指导员和职工方协商代表的培训力度，全总每年重点培训100人次，各省、市级总工会每年培训不少于100人次，各县级总工会每年培训不少于30人次。健全完善劳动争议多元化解机制，推进企业和行业性、区域性劳动争议调解组织建设，完善诉调对接工作机制和调解协议履行机制，加强工会参与劳动争议调解工作与人民调解、仲裁调解、司法调解的联动协作和平台对接，不断提升劳动争议调裁审对接工作信息化、智能化水平。完善工会劳动法律法规监督机制，落实《工会劳动法律监督办法》，突出预防和协商的监督理念，重点围绕用人单位恶意欠薪、违法超时加班、违法裁员、未缴纳或未足额缴纳社会保险费等问题，规范和加强工会劳动法律监督工作。推行工会劳动法律监督“一函两书”、劳动用工法律体检、劳动用工监督评估等做法，推动各地工会建立健全与劳动保障监察机构的联动协作机制，全面提升监督实效。开展工会劳动保障法律监督员、劳动人事争议调解员和兼职仲裁员、劳动关系协调员（师）等专项培训。深化和谐劳动关系创建活动，扩大创建活动在非公有制企业和中小企业的覆盖面，推动区域性创建活动由工业园区向企业比较集中的乡镇（街道）、村（社区）拓展。配合行业主管部门构建和谐劳动关系企业指标体系，掌握在企业社会责任认证中的主动权、话语权。推进基层协调劳动关系工作服务站建设，建成一批可复制、可借鉴、可推广的和谐劳动关系示范点。

25. 推进工会工作法治化建设。

加强工会法治宣传教育，不断增强职工群众法治观念、法治意识。实施工会系统“八五”普法规划，建设全国工会普法资源库，打造工会法治宣传教育活动品牌，培育工会法治宣传教育基地，壮大普法志愿者队伍。做强做实工会法律服务，加快法律服务站点建设，推进服务触角进一步向基层延伸。切实加强与司法行政部门沟通协作，进一步加大职工法律援助工作力度。评选表彰“全国维护职工权益杰出律师”，吸引和组织更多的社会律师等法律专业人才参与工会法律服务工作。进一步落实工会干部特别是领导干部学法用法制度，不断增强运用法治思维、法治方式开展工会工作的能力和水平。

26. 健全落实“五个坚决”要求的长效机制。

认真贯彻落实总体国家安全观，围绕统筹发展和安全，坚持底线思维、增强忧患意识，坚持维权维稳相统一，发扬斗争精神、增强斗争本领，做到守土有责、守土负责、守土尽责，切实维护劳动领域政治安全，促进职工队伍团结统一与社会和谐稳定。参与推进市域社会治理现代化试点和工会系统平安中国建设，建立健全工会系统平安中国建设工作的能力体系。落实“五个坚决”要求，推进工会维护劳动领域安全稳定体系和能力建设，建立健全工会维护劳动领域政治安全长效机制，做好职工队伍稳定风险隐患专项排查化解工作，防患于未然，把风险隐患化解在基层一线、消除在萌芽状态。落实意识形态工作责任制，加强对意识形态风险隐患梳理排查、突发事件引导处置，牢牢掌握劳动领域意识形态斗争主导权。深化工会对劳动领域社会组织政治引领、示范带动、联系服务工作，形成党委全面领导、政府重视支持、工会联系引导、各方密切协作、社会组织专业服务、职工群众广泛参与的工作格局，推动建立创新示范基地，在条件成熟的地方培育孵化党委领导、工会主管的劳动领域社会组织或劳动领域社会组织联合会。健全完善工会信访治理体系，建好全国工会信访工作信息平台，完善信访矛盾多元化解机制，健全完善律师等第三方参与工会信访工作的组织形式和制度化渠道。

“十四五”时期工会“依法维权”指标	
具体指标	发展目标
1. 集体合同签订率	到2025年底，确保重点企业（即正常经营、已建工会的百人以上企业）集体合同签订率动态保持在80%以上。
2. 集体协商质效评估	到2025年底，集体协商质效评估工作覆盖60%以上的重点企业。
3. 集体协商指导员队伍建设	到2025年底，基本实现专职集体协商指导员队伍对县级以上工会组织全覆盖；加强对从事集体协商工作的工会干部、专职集体协商指导员和职工方协商代表的培训力度，全总每年重点培训100人次，各省、市级总工会每年培训不少于100人次，各县级总工会每年培训不少于30人次。

八、加快智慧工会建设，打造工会工作升级版

27. 构建基于大数据技术的工会治理能力提升体系。

建立和完善工会数据资源管理体系，建设工会智能数字“云脑”平台、大数据分析研判和决策支撑系统、上下联动的应用市场。应用区块链技术，建立多节点的可信“工会身份链”，打造基于会员实名制数据的数字身份账户系统。整合共享各级工会数据和应用资源，强化基础数据采集校验能力和平台间对接联动，促进工会信息资源开放与应用，实现基础信息资源和业务信息资源的集约化采集、网络化汇聚、精准化管理。通过工会智能数字“云脑”体系，将数据能力和应用能力向各级工会赋能，为加强工会精准服务、业务协同、宏观决策提供技术和数据支撑。

28. 构建基于互联网技术的工会服务应用创新体系。

建设全国工会服务平台，打造以媒体宣传、就业服务、技能提升、法律维权、职工帮扶、文化服务为重点的网上服务应用。创新网上普惠服务模式，推行网上普惠服务精准化，提升工会服务平台用户活跃度、满意度。创新工会多元化服务，推进与政务服务、社会服务、企业服务有机结合，实现工会网上服务资源优化配置和共享。构建工会网上服务评价体系。建设工会业务管理和网上协同办公平台，整合全总本级重点业务应用，推动工会工作流程再造、业务功能延伸和领域拓展，实现跨层级、跨地域、跨产业、跨工作部门的网上工作协同。

29. 构建基于云计算技术的工会网信基础支撑体系。

完善工会信息基础设施建设，建设全总“工会云”、网络安全态势感知平台、运维平台及灾备系统。编制实施工会系统数据资源标准规范和开放利用标准，做好与国家基础数据库和重大信息化工程之间的标准衔接。加快工会电子政务网络建设，实现与同级政务网络平台安全接入。加强工会网络安全保障体系建设，严格落实网络安全等级保护、商用密码应用等网络安全法律法规和政策标准要求，落实安全可靠产品及国产密码应用，强化重要数据和个人信息保护，在建设和运维运营中同步加强网络安全保护，提升应对处置网络安全突发事件和重大风险防控能力。

30. 巩固发展工会网上舆论阵地。

做强工会主流媒体，推进工会媒体深度融合，打造以工人日报、中工网、《中国工运》、《中国工人》为龙头的工会媒体集群，做大做强工会传媒旗舰，建强各级工会融媒体中心，构建网上网下一体，以新技术为支撑、“工”字特色内容建设为根本、新型运行管理模式为保障的报网端微刊全媒体传播体系。多措并举提升工会新闻发布水平，增强工会新闻发布触达率和实效性。做强叫响网评专栏，建设一支政治素质过硬、敏锐性高、责任心强、业务本领好的工会网评队伍。健全网络舆情应急处置制度，提高网络舆情信息监测的针对性、时效性，增强应急处置能力。推进职工网络素养提升主题活动，深入开展“网聚职工正能量 争做中国好网民”主题活动。参与举办国家网络安全宣传周。强化各级工会网站内容建设、功能建设、制度建设，完善网站信息发布和内容更新保障机制，做优工会知识服务平台，推动工会网站数据共享交换。

九、深化工会和职工对外交流交往合作，为推动构建人类命运共同体作贡献

31. 拓展工会和职工国际交流交往合作的深度和广度。

坚持独立自主、互相尊重、求同存异、加强合作、增进友谊的工会外事工作方针，发挥民间外交优势，服务国家总体外交。广泛开展与周边国家、广大发展中国家工会组织和职工的友好交流。积极参与二十国集团劳动会议、金砖国家工会论坛、亚欧劳工论坛等多边机制，推动建设更加公正合理的全球治理体系。积极开展对欧工作，继续举办中德工会论坛，探索开展中欧工会绿色经济、数字经济对话交流活动，助力中欧绿色和数字领域伙伴关系发展。加强与重点国家工会的对话交流和高层交往，开展与美国等西方国家工会的对话交流。积极服务“一带一路”建设，搭建中资企业与有关国家工会组织的交流沟通平台，开展与“一带一路”沿线国家工会组织和职工的交流交往活动，加强职工技能国际交流。继续推进“一带一路”沿线国家工会干部来华进修汉语项目和“一带一路”职工人文交流项目。积极参加国际劳工组织理事会选举，参与国际劳工大会、理事会及有关会议和工作机制，深化与国际劳工组织有关的南南合作项目，加强对国际劳工公约、重要投资和贸易协定中的劳工条款等问题的研究，在劳工领域维护我主权、安全和发展利益。继续开展力所能及的对外援助。创新外事工作方式方法，实行线上交流与面对面交流相结合，提升工会和职工对外交流交往效率。加强工会外宣工作，面向国际劳工界广泛宣传习近平新时代中国特色社会主义思想，宣传中国式民主，讲好中国故事、讲好中国自由民主人权故事、讲好中国工人阶级故事、讲好中国工会故事。

32. 加强与港澳台工会组织和劳动界交流合作。

加强同港澳台工会、劳工团体组织的沟通联系，支持港澳爱国工会力量，支持坚持一个中国原则和“九二共识”的台湾工会团体力量，做好港澳工会青年研讨营、港澳工会“五一”代表团、海峡职工论坛、台湾工会青年研讨营等品牌交流活动。联合协作开展职工职业技能竞赛，组织开展文化、体育交流活动，指导各地工会开展与港澳台工会交流合作项目。推动在内地工作港澳职工和台湾同胞享受同等工会服务，探索在内地（大陆）工作的港澳台职工纳入劳模等称号评选范围，引导港澳台职工融入祖国发展，投身粤港澳大湾区建设。着力开展爱国主义教育、国情国策宣讲，提高港澳职工爱国精神和国家意识。加强粤港澳三地工会协调合作，围绕粤港澳大湾区建立职工服务体系，支持港澳工会依法开展内地服务工作，构建粤港澳大湾区工会工作新格局。

十、深化工会改革创新，推动新时代工会工作高质量发展

33. 系统谋划推进工会改革。

把增强政治性、先进性、群众性贯穿工会改革全过程，提出深化工会改革的总体思路、重点任务、具体举措、方法路径，明确改革的任务书、时间表、路线图、责任链，对改革任务、责任、进展、薄弱环节等进行盘点、跟踪问效。坚持问题导向、目标导向，对着问题去、盯着问题改，提出更多具有创新性引领性改革举措。支持基层工会组织开展差别化改革创新，切实增强团结教育、维护权益、服务职工功能。

34. 健全工会工作制度机制。

系统总结党的十八大以来特别是中央党的群团工作会议以来工会改革的成绩和经验，做好工会改革总结评估，探索新时代工会工作的发展特点和规律，坚持和完善自觉接受党的领导制度，不断巩固党执政的阶级基础和群众基础；坚持和完善发挥工人阶级主力军作用制度，推动健全保障职工主人翁地位的各项制度安排；坚持和完善强化职工思想政治引领制度，加强和改进职工思想政治工作制度、职工文化建设制度；坚持和完善推进产业工人队伍建设改革制度，造就一支宏大的高素质的产业工人大军；坚持和完善维权服务制度，完善维护职工合法权益的制度，构建服务职工工作体系；坚持和完善劳动关系协调机制，推动完善社会治理体系；坚持和完善深化工会改革创新制度，密切联系职工群众；坚持和完善加强工会系统党的建设制度，努力提高工会系统党的建设的质量。做实全总深化工会改革领导小组工作机制，建立年度全国工会改革会议制度，搭建全国工会改革经验做法交流平台，对创新做法进行年度评比激励。健全完善改革评估长效机制，开展年度改革总结和评估工作，加强对制度执行的组织领导和监督检查，推动工会各项工作制度化、科学化、规范化。

35. 激发基层工会活力。

树立落实到基层、落实靠基层理念，坚持把改革向基层延伸，把力量和资源充实到基层一线，使基层工会组织建起来、转起来、活起来。树立依靠会员办会理念，完善基层工会会务公开制度机制，保障会员的知情权、参与权、表达权、监督权。坚持不懈推进基层工会会员代表大会制度和民主选举制度落实落地，落实会员代表常任制，选优配强基层工会领导班子。到2025年底普遍实现基层工会按期换届选举，建设一支政治素质好、业务能力强，知职工、懂职工、爱职工的基层工会干部队伍。加强工会小组建设，选好工会小组长，不断壮大工会积极分子队伍。探索建立工会领导机关干部联系基层工会的工作机制，加强对下级工会的指导服务，积极协调解决基层工会面临的实际困难和问题。建立健全激励和保障机制，提升基层工会干部履职能力，让他们在政治上有地位、经济上有获得、履职上有保障、职业上有发展，不断增强工作积极性和职业荣誉感。推动实行非公有制企业兼职工会干部履职补贴制度。健全完善会员代表大会评议职工之家制度，深入开展会员评家工作，到2025年底实现基层工会普遍开展会员评家，以评家促进建家。加强对社会化工会工作者、专职集体协商指导员等的统筹管理，在薪酬福利、绩效奖惩、教育培训、职业发展等方面提供规范化指导，加强社会工作岗位开发设置。进一步加强工会社会工作专业人才队伍建设，不断提升服务职工群众的能力水平，壮大基层工会力量，力争到“十四五”末，全国社会化工会工作者总数稳定在4.5万人左右。

36. 改进完善工会组织体系。

创新组织形式，理顺组织体制，构建纵横交织、覆盖广泛的工会组织体系。坚持以党建带工建为引领，完善党委领导、政府支持、工会主导、社会力量参与的建会入会工作格局，着力扩大工会组织覆盖面，实现组建工会和发展会员工作持续稳步发展。力争到“十四五”末，全国新组建基层工会组织60万个以上，新发展会员4000万人以上。在巩固传统领域建会入会基础上，重点加强“三新”领域工会组织建设，不断拓展建会入会新的增长点。以25人以上非公有制企业为重点，因地制宜、因行业制宜开展建会集中行动，推进规模较大的非公有制企业和社会组织依法规范建立工会组织。切实加强区域性、行业性工会联合会建设，健全乡镇（街道）—村（社区）—企业“小三级”工会组织体系，不断扩大对小微企业的有效覆盖。持续深化“八大群体”入会工作，聚焦货车司机、网约车司机、快递员、外卖配送员等重点群体，开展新就业形态劳动者入会集中行动，推动重点行业头部企业建立和完善工会组织。制定出台新就业形态劳动者入会相关意见，创新方式、优化程序，推行网上申请入会、集中入会仪式等做法，着力破解建会入会难题，最大限度地把农民工、灵活就业、新就业形态劳动者组织到工会中来。修订组建工会和发展会员考核奖励办法，完善考核通报等制度机制。联合国务院国资委制定加强和改进中央企业工会组织建设的指导意见，依法纠正国有企业在改革改制中随意撤并工会组织和工作机构、弱化工会组织地位作用问题。依法依规逐步调整和理顺产业工会与地方工会，与中央企业、企业集团及所属企业工会关系，与机关所属企事业单位工会的关系，进一步畅通体系、扩面提质。

37. 充分发挥产业工会作用。

定期召开产业工会工作会议，及时研究解决产业工会工作中的重大问题。进一步明确全国产业工会、省级产业工会、城市产业工会、县级产业（行业）工会职责定位和工作重点。发挥产业工会全委会联合制、代表制组织制度优势，调整和优化产业工会委员单位组成，适当扩大非公有制企业、社会组织委员名额比例，增强代表性。到2025年底，各产业工会全国委员会委员和常务委员会成员中劳模和一线职工代表比例达到10%以上。完善与有关政府部门、行业协会的联席会议制度，产业协调劳动关系三方机制，探索创新产业工会行业联委会工作模式，发挥产业工会系统中的人大代表和政协工会界委员作用，支持产业工会参与产业、行业政策以及涉及产业职工切身利益的法规政策制定，及时发布具有行业指导意义的参考标准，开展国家重点工程和重大项目劳动竞赛、职工技能竞赛、培育大国工匠、职业技术培训、中心城市及县（区）范围内的行业集体协商等具有产（行）业特色的工作，更好发挥产业工会作用。建立健全产业工会工作评价体系和激励机制，加大对产业工会机构建设、经费投入、资源保障、活动开展等方面的支持力度，为产业工会发挥更大作用提供有利条件。

38. 深化财务管理改革。

健全完善管理体制、经费收缴、预（决）算管理、财务监督与绩效管理等财务管理制度体系，建立财务管理公告制度。开发建设全总与省级工会贯通的工会经费收缴管理信息系统，及时准确掌握各级工会经费收缴情况。逐步扩大在京中央企业工会与全总建立财务关系的覆盖面，到 2025 年底基本实现全覆盖。积极推进工会经费收入电子票据改革试点。启动工会经费收缴改革，到 2025 年底基本形成权责清晰、财力协调、区域均衡的工会经费分配关系。深化工会全面预算管理，加强预算定额标准体系建设，逐步厘清全总本级和省级工会的事权和支出责任，稳步推进预算分配改革，建立完善转移支付制度，积极探索基层工会组织经费直达机制，出台促进基层工会留成经费足额到位的指导意见，推动解决县级以下特别是基层工会经费不足的突出问题。全面实施预算绩效管理，到 2025 年底基本实现县级以上工会预算绩效管理全覆盖。建立普惠职工的经费保障机制，将更多的工会经费用于直接服务职工群众。加强经济活动内部控制，强化财务监督检查，定期开展重大经济政策落实情况和重大项目预算执行情况专项监督。稳步推进工会财务信息公开。

39. 加强工会经费审查审计监督。

按照工会一切经济活动都要纳入经审监督范围的总体要求，到2025年底形成以国家审计为指导、以工会经审组织为主体、以社会审计为补充、以职工会员监督为基础的工会常态化经审监督体系，不断拓展工会审查审计监督的广度和深度。逐步完善工会经审制度体系和工作机制，到2025年底形成覆盖主要审计类型的实务指南体系。加强审计项目和审计组织方式“两统筹”，实现工会经费审查监督、政策跟踪审计、预算执行审计、财务收支审计、经济责任审计、专项审计调查等统筹融合。深化预决算审查工作，审查监督重点向支出预算和政策执行拓展，建立经审会向同级工会党组织提交审计工作报告制度，完善以审计为基础的预决算审查机制。转变审计理念思路，把助力政策落实摆在突出位置，对政策落实情况进行全过程、全链条监督，推动工会重大决策部署落地见效。完善审计结果运用，做好审计整改“后半篇文章”，发挥工会经审组织的“审、帮、促”作用。加快推进工会经审工作信息化建设，构建全国工会经审工作平台，积极推广计算机审计、大数据审计等先进审计技术方法，开展“总体分析、发现疑点、分散核实、系统研究”的数字化审计，提高运用信息化技术查核问题、评价判断和分析问题能力。培养造就高素质专业化工会经审干部队伍，到2025年底，将全国工会专兼职经审干部轮训一遍。

40. 提高工会资产管理效能。

积极推动职工文化教育事业、职工疗休养事业、职工互助保障事业纳入国家公共文化、卫生、保障服务体系，强化工会资产服务职工、服务基层功能。加强工会资产制度建设，积极探索工会资产制度的实现形式，到2025年底形成较为完善的工会资产制度体系。实施工会企事业经营业绩考核工作专项行动，到2025年底实现各级工会对本级工会企事业单位经营业绩考核全覆盖。

深化工会资产体制机制改革创新，落实“统一所有、分级监管、单位使用”的工会资产监督管理体制，加强工会资产基础管理。建立健全工会资产统计制度、报告制度，加大工会资产产权登记工作力度，到2025年底工会资产不动产产权登记率逐步提高。加强工会资产管理信息化建设。积极稳妥推进工会事业单位改革工作，依法依规做好工人文化宫、工人疗休养院等工会资产阵地保护工作。

“十四五”时期工会“组织建设”指标	
具体指标	发展目标
1. 新发展工会会员数	到“十四五”末，全国新发展会员4000万人以上。
2. 新组建基层工会组织数	到“十四五”末，全国新组建基层工会组织60万个以上。
3. 社会化工会工作者数	到“十四五”末，全国社会化工会工作者总数稳定在4.5万人左右
4. 产业工会组织建设	到2025年底，各产业工会全国委员会委员和常务委员会成员中劳模和一线职工代表比例达到10%以上。

十一、坚持以党的政治建设为统领，提高工会工作能力和水平

41. 全面加强工会系统党的建设。

把学习贯彻习近平新时代中国特色社会主义思想作为重大政治任务，切实用以武装头脑、指导实践、推动工作。坚持以党的政治建设为统领，牢固树立政治机关意识，推进模范机关建设，严格执行重大事项请示报告制度，确保习近平总书记重要指示批示精神和党中央重大决策部署在工会系统有效落实落地。健全完善理论武装长效机制，综合运用党组理论学习中心组学习、工会干部教育培训、党校和工会院校学习、网络学习培训等平台和载体，探索构建理论学习培训制度体系和成果评价体系。扎实开展

党史学习教育、理想信念教育和中国工运史教育，巩固深化“不忘初心、牢记使命”主题教育成果。加强工会系统基层党组织建设，做好发展党员和党员教育管理工作。坚持党建带工建，积极探索“互联网+党建”工作模式，构建党建和工会业务工作深度融合的长效机制，全面强化基层党组织的政治功能和组织力。坚持全面从严治党，推动各级工会领导干部认真落实全面从严治党的主体责任、管党治党的政治责任。突出抓好政治监督，健全内部巡视制度机制，用好“四种形态”，持之以恒正风肃纪反腐。锲而不舍落实中央八项规定及其实施细则精神，全面检视、靶向纠治“四风”，坚决防止反弹回潮。落实为基层减负各项规定，建立健全联系服务职工长效机制。

42. 深化工会干部队伍建设。

坚持把好干部标准贯穿各级工会干部选育管用全过程，建设忠诚干净担当的高素质专业化工会干部队伍。坚持党管干部原则，突出政治标准，严把政治关、能力关、廉洁关，建立健全崇尚实干、带动担当、加油鼓劲的正向激励体系。优化工会领导机关领导班子配备，增强整体功能。发现培养选拔优秀年轻干部，加强对处级以下年轻干部的教育管理监督，拓宽来源渠道，加大年轻干部轮岗交流力度，做好挂职援派工作。完善优秀年轻干部人选库。加大工会干部管理监督力度，健全干部考核评价机制，推进工会干部监督制度化规范化建设，逐步形成适应工会机关实际的干部监督制度体系。按照有关规定做好工会干部双重管理工作。深化工会干部教育培训，2024 年召开全国工会干部教育培训工作会议，研究制定全国工会干部教育培训五年规划，编写学习贯彻习近平总书记关于工人阶级和工会工作的重要论述教材、中国工运史教材，建强用好全国工会干部教育培训网。

43. 不断拓宽工会理论研究新路子。

坚持把开展工会理论研究和调查研究作为重大任务，列入各级工会领导机关重要议事日程，构建上下结合、内外协作、整体推进的全方位研究格局。突出把深入学习和研究阐释习近平总书记关于工人阶级和工会工作的重要论述作为首要任务，每年举办学习习近平总书记关于工人阶级和工会工作的重要论述理论研讨会。加快构建中国特色工会学理论体系和工会干部培训教学体系，推进工会与劳动关系领域学科建设。加强工会研究阵地和智库建设，加强工会研究队伍建设，推出一批有深度、有价值、有分量的研究成果。县级以上工会领导机关要加强中长期工会理论研究与建设规划，每年制定年度研究计划，对本级工会理论研究和调查研究工作进行统筹安排。加大理论研究成果交流推广力度，推进应用转化，推动形成工作性意见、转化为政策制度、上升为法律法规。

十二、加强规划落实的组织保障

44. 加强组织领导。

各级工会要把落实规划摆上重要工作位置、列入重要工作日程，坚持主要领导亲自抓、负总责，加强统筹协调，落实责任分工，及时研究解决规划实施中的重大问题。要把推进规划落实情况纳入对工会领导班子和领导干部的考核体系，抓好过程管理和目标考核，层层传导压力，逐级压实责任。各级工会要按照规划统一部署，结合当地实际制定实施方案，逐条逐项细化举措，明确落实规划的时间表、路线图和任务书，坚决避免“有部署、无落实”现象。坚持系统观念，注重传承创新，认真对照规划目标任务，对接已经出台的专项工作规划、结合已经部署的各项改革任务统筹抓好规划落实。

45. 加强支撑保障。

各级工会要围绕规划确定的目标任务，建立健全规划落实的支撑保障机制，合理调配工作力量，建立多元化投入保障体系，加强预算保障，把更多资源力量用到重要领域、重点任务和关键环节。各地工会要积极主动作为，加强调研检查，推动规划落实纳入当地经济和社会发展总体规划落实的“大盘子”，努力实现一体部署、一体推进、一体检查。要依托工会系统研究平台阵地，发挥系统内外专家智库作用，围绕规划落实中的重大问题开展调查研究，为落实规划提供理论支撑和专业支持。

46. 加强总结推广。

要建立规划落实情况的督促检查和工作通报制度，适时对目标任务完成情况开展调研检查，对工作进展情况、典型做法经验等进行通报，鼓励先进、鞭策后进。根据形势变化和工作要求，定期评估工作进展成效，做到一年一评估，以钉钉子精神一抓到底、抓出成效，增强规划落实的系统性和实效性。加强对规划的阐释解读，将规划作为工会干部教育培训的重要内容，引导广大工会干部全面准确理解规划、自觉推动落实规划。发挥工会系统媒体阵地作用，积极回应与规划有关的社会关切，结合调研督导、送教到基层等，以职工群众喜闻乐见、易于接受的形式，做好规划内容的宣传宣讲，凝聚广泛共识，争取各方支持，营造良好氛围。

企业工会工作条例

（2006 年 12 月 11 日中华全国总工会第十四届执行委员会第四次全体会议通过）

第一章　总　　则

第一条　为加强和改进企业工会工作，发挥企业工会团结组织职工、维护职工权益、促进企业发展的重要作用，根据《工会法》、《劳动法》和《中国工会章程》，制定本条例。

第二条　企业工会是中华全国总工会的基层组织，是工会的重要组织基础和工作基础，是企业工会会员和职工合法权益的代表者和维护者。

第三条 企业工会以邓小平理论和“三个代表”重要思想为指导，贯彻科学发展观，坚持全心全意依靠工人阶级根本指导方针，走中国特色社会主义工会发展道路，落实“组织起来、切实维权”的工作方针，团结和动员职工为实现全面建设小康社会宏伟目标作贡献。

第四条 企业工会贯彻促进企业发展、维护职工权益的工作原则，协调企业劳动关系，推动建设和谐企业。

第五条 企业工会在本企业党组织和上级工会的领导下，依照法律和工会章程独立自主地开展工作，密切联系职工群众，关心职工群众生产生活，热忱为职工群众服务，努力建设成为组织健全、维权到位、工作活跃、作用明显、职工信赖的职工之家。

第二章　企业工会组织

第六条 企业工会依法组织职工加入工会，维护职工参加工会的权利。

第七条 会员二十五人以上的企业建立工会委员会；不足二十五人的可以单独建立工会委员会，也可以由两个以上企业的会员按地域或行业联合建立基层工会委员会。同时按有关规定建立工会经费审查委员会、工会女职工委员会。

企业工会具备法人条件的，依法取得社会团体法人资格，工会主席是法定代表人。

企业工会受法律保护，任何组织和个人不得随意撤销或将工会工作机构合并、归属到其他部门。

企业改制须同时建立健全工会组织。

第八条 会员大会或会员代表大会是企业工会的权力机关，

每年召开一至两次会议。经企业工会委员会或三分之一以上会员提议可临时召开会议。

会员代表大会的代表由会员民主选举产生，会员代表实行常任制，任期与企业本届工会委员会相同，可连选连任。

会员在一百人以下的企业工会应召开会员大会。

第九条 会员大会或会员代表大会的职权：

（一）审议和批准工会委员会的工作报告。

（二）审议和批准工会委员会的经费收支情况报告和经费审查委员会的工作报告。

（三）选举工会委员会和经费审查委员会。

（四）听取工会主席、副主席的述职报告，并进行民主评议。

（五）撤换或者罢免其所选举的代表或者工会委员会组成人员。

（六）讨论决定工会工作其他重大问题。

第十条 会员大会或会员代表大会与职工代表大会或职工大会须分别行使职权，不得相互替代。

第十一条 企业工会委员会由会员大会或会员代表大会差额选举产生，选举结果报上一级工会批准，每届任期三年或者五年。

大型企业工会经上级工会批准，可设立常务委员会，负责工会委员会的日常工作，其下属单位可建立工会委员会。

第十二条 企业工会委员会是会员大会或会员代表大会的常设机构，对会员大会或会员代表大会负责，接受会员监督。在会员大会或会员代表大会闭会期间，负责日常工作。

第十三条 企业工会委员会根据工作需要，设立相关工作机构或专门工作委员会、工作小组。

工会专职工作人员一般按不低于企业职工人数的千分之三配备，具体人数由上级工会、企业工会与企业行政协商确定。

根据工作需要和经费许可，工会可从社会聘用工会工作人员，建立专兼职相结合的干部队伍。

第十四条 企业工会委员会实行民主集中制，重要问题须经集体讨论作出决定。

第十五条 企业工会委员（常委）会一般每季度召开一次会议，讨论或决定以下问题：

（一）贯彻执行会员大会或会员代表大会决议和党组织、上级工会有关决定、工作部署的措施。

（二）提交会员大会或会员代表大会的工作报告和向党组织、上级工会的重要请示、报告。

（三）工会工作计划和总结。

（四）向企业提出涉及企业发展和职工权益重大问题的建议。

（五）工会经费预算执行情况及重大财务支出。

（六）由工会委员会讨论和决定的其他问题。

第十六条 企业生产车间、班组建立工会分会、工会小组，会员民主选举工会主席、工会小组长，组织开展工会活动。

第十七条 建立工会积极分子队伍，发挥工会积极分子作用。

第三章　基本任务和活动方式

第十八条 企业工会的基本任务：

（一）执行会员大会或会员代表大会的决议和上级工会的决定。

（二）组织职工依法通过职工代表大会或职工大会和其他形式，参加企业民主管理和民主监督，检查督促职工代表大会或职工大会决议的执行。

（三）帮助和指导职工与企业签订劳动合同。就劳动报酬、工作时间、劳动定额、休息休假、劳动安全卫生、保险福利等与企业平等协商、签订集体合同，并监督集体合同的履行。调解劳动争议。

（四）组织职工开展劳动竞赛、合理化建议、技术革新、技术攻关、技术协作、发明创造、岗位练兵、技术比赛等群众性经济技术创新活动。

（五）组织培养、评选、表彰劳动模范，负责做好劳动模范的日常管理工作。

（六）对职工进行思想政治教育，组织职工学习文化、科学和业务知识，提高职工素质。办好职工文化、教育、体育事业，开展健康的文化体育活动。

（七）协助和督促企业做好劳动报酬、劳动安全卫生和保险福利等方面的工作，监督有关法律法规的贯彻执行。参与劳动安全卫生事故的调查处理。协助企业办好职工集体福利事业，做好困难职工帮扶救助工作，为职工办实事、做好事、解难事。

（八）维护女职工的特殊利益。

（九）加强组织建设，健全民主生活，做好会员会籍管理工作。

（十）收好、管好、用好工会经费，管理好工会资产和工会企（事）业。

第十九条 坚持群众化、民主化，实行会务公开。凡涉及会员群众利益的重要事项，须经会员大会或会员代表大会讨论决定；工作计划、重大活动、经费收支等情况接受会员监督。

第二十条 按照会员和职工群众的意愿，依靠会员和职工群众，开展形式多样的工会活动。

第二十一条 工会召开会议或者组织职工活动，需要占用生产时间的，应当事先征得企业的同意。

工会非专职委员占用生产或工作时间参加会议或者从事工会工作，在法律规定的时间内工资照发，其他待遇不受影响。

第二十二条 开展建设职工之家活动，建立会员评议建家工作制度，增强工会凝聚力，提高工会工作水平。

推动企业关爱职工，引导职工热爱企业，创建劳动关系和谐企业。

第四章　工 会 主 席

第二十三条　职工二百人以上的企业工会依法配备专职工会主席。由同级党组织负责人担任工会主席的，应配备专职工会副主席。

第二十四条　国有、集体及其控股企业工会主席候选人，应由同级党组织和上级工会在充分听取会员意见的基础上协商提名。工会主席按企业党政同级副职级条件配备，是共产党员的应进入同级党组织领导班子。专职工会副主席按不低于企业中层正职配备。

私营企业、外商投资企业、港澳台商投资企业工会主席候选人，由会员民主推荐，报上一级工会同意提名；也可以由上级工会推荐产生。工会主席享受企业行政副职待遇。

企业行政负责人、合伙人及其近亲属不得作为本企业工会委员会成员的人选。

第二十五条　工会主席、副主席可以由会员大会或会员代表大会直接选举产生，也可以由企业工会委员会选举产生。工会主席出现空缺，须按民主程序及时进行补选。

第二十六条　工会主席应当具备下列条件：

（一）政治立场坚定，热爱工会工作。

（二）具有与履行职责相应的文化程度、法律法规和生产经营管理知识。

（三）作风民主，密切联系群众，热心为会员和职工服务。

（四）有较强的协调劳动关系和组织活动能力。

第二十七条　企业工会主席的职权：

（一）负责召集工会委员会会议，主持工会日常工作。

（二）参加企业涉及职工切身利益和有关生产经营重大问题的会议，反映职工的意愿和要求，提出工会的意见。

（三）以职工方首席代表的身份，代表和组织职工与企业进行平等协商、签订集体合同。

（四）代表和组织职工参与企业民主管理。

（五）代表和组织职工依法监督企业执行劳动安全卫生等法律法规，要求纠正侵犯职工和工会合法权益的行为。

（六）担任劳动争议调解委员会主任，主持企业劳动争议调解委员会的工作。

（七）向上级工会报告重要信息。

（八）负责管理工会资产和经费。

第二十八条 按照法律规定，企业工会主席、副主席任期未满时，不得随意调动其工作。因工作需要调动时，应征得本级工会委员会和上一级工会的同意。

罢免工会主席、副主席必须召开会员大会或会员代表大会讨论，非经会员大会全体会员或者会员代表大会全体代表无记名投票过半数通过，不得罢免。

工会专职主席、副主席或者委员自任职之日起，其劳动合同期限自动延长，延长期限相当于其任职期间；非专职主席、副主席或者委员自任职之日起，其尚未履行的劳动合同期限短于任期的，劳动合同期限自动延长至任期期满。任职期间个人严重过失或者达到法定退休年龄的除外。

第二十九条 新任企业工会主席、副主席，应在一年内参加上级工会举办的上岗资格或业务培训。

第五章 工作机制和制度

第三十条 帮助和指导职工签订劳动合同。代表职工与企业协商确定劳动合同文本的主要内容和条件，为职工签订劳动合同提供法律、技术等方面的咨询和服务。监督企业与所有职工签订劳动合同。

工会对企业违反法律法规和有关合同规定解除职工劳动合同的，应提出意见并要求企业将处理结果书面通知工会。工会应对企业经济性裁员事先提出同意或否决的意见。

监督企业和引导职工严格履行劳动合同，依法督促企业纠正违反劳动合同的行为。

第三十一条 依法与企业进行平等协商，签订集体合同和劳动报酬、劳动安全卫生、女职工特殊权益保护等专项集体合同。

工会应将劳动报酬、工作时间、劳动定额、保险福利、劳动安全卫生等问题作为协商重点内容。

工会依照民主程序选派职工协商代表，可依法委托本企业以外的专业人士作为职工协商代表，但不得超过本方协商代表总数的三分之一。

小型企业集中的地方，可由上一级工会直接代表职工与相应的企业组织或企业进行平等协商，签订区域性、行业性集体合同或专项集体合同。

劳务派遣工集中的企业，工会可与企业、劳务公司共同协商签订集体合同。

第三十二条 工会发出集体协商书面要约二十日内，企业不予回应的，工会可要求上级工会协调；企业无正当理由拒绝集体协商的，工会可提请县级以上人民政府责令改正，依法处理；企业违反集体合同规定的，工会可依法要求企业承担责任。

第三十三条 企业工会是职工代表大会或职工大会的工作机构，负责职工代表大会或职工大会的日常工作。

职工代表大会的代表经职工民主选举产生。职工代表大会中的一线职工代表一般不少于职工代表总数的百分之五十。女职工、少数民族职工代表应占相应比例。

第三十四条 国有企业、国有控股企业职工代表大会或职工大会的职权：

（一）听取审议企业生产经营、安全生产、重组改制等重大决策以及实行厂务公开、履行集体合同情况报告，提出意见和建议。

（二）审议通过集体合同草案、企业改制职工安置方案。审查同意或否决涉及职工切身利益的重要事项和企业规章制度。

（三）审议决定职工生活福利方面的重大事项。

（四）民主评议监督企业中层以上管理人员，提出奖惩任免建议。

（五）依法行使选举权。

（六）法律法规规定的其他权利。

集体（股份合作制）企业职工代表大会或职工大会的职权：

（一）制定、修改企业章程。

（二）选举、罢免企业经营管理人员。

（三）审议决定经营管理以及企业合并、分立、变更、破产等重大事项。

（四）监督企业贯彻执行国家有关劳动安全卫生等法律法规、实行厂务公开、执行职代会决议等情况。

（五）审议决定有关职工福利的重大事项。

私营企业、外商投资企业和港澳台商投资企业职工代表大会或职工大会的职权：

（一）听取企业发展规划和年度计划、生产经营等方面的报告，提出意见和建议。

（二）审议通过涉及职工切身利益重大问题的方案和企业重要规章制度、集体合同草案等。

（三）监督企业贯彻执行国家有关劳动安全卫生等法律法规、

实行厂务公开、履行集体合同和执行职代会决议、缴纳职工社会保险、处分和辞退职工的情况。

（四）法律法规、政策和企业规章制度规定及企业授权和集体协商议定的其他权利。

第三十五条 职工代表大会或职工大会应有全体职工代表或全体职工三分之二以上参加方可召开。职工代表大会或职工大会进行选举和作出重要决议、决定，须采用无记名投票方式进行表决，经全体职工代表或全体职工过半数通过。

小型企业工会可联合建立区域或行业职工代表大会，解决本区域或行业涉及职工利益的共性问题。

公司制企业不得以股东（代表）大会取代职工（代表）大会。

第三十六条 督促企业建立和规范厂务公开制度。

第三十七条 凡设立董事会、监事会的公司制企业，工会应依法督促企业建立职工董事、职工监事制度。

职工董事、职工监事人选由企业工会提名，通过职工代表大会或职工大会民主选举产生，对职工代表大会或职工大会负责。企业工会主席、副主席一般应分别作为职工董事、职工监事的候选人。

第三十八条 建立劳动法律监督委员会，职工人数较少的企业应设立工会劳动法律监督员，对企业执行有关劳动报酬、劳动安全卫生、工作时间、休息休假、女职工和未成年工保护、保险福利等劳动法律法规情况进行群众监督。

第三十九条 建立劳动保护监督检查委员会，生产班组中设立工会小组劳动保护检查员。建立完善工会监督检查、重大事故隐患和职业危害建档跟踪、群众举报等制度，建立工会劳动保护工作责任制。依法参加职工因工伤亡事故和其他严重危害职工健康问题的调查处理。协助与督促企业落实法律赋予工会与职工安全生产方面的知情权、参与权、监督权和紧急避险权。开展群众性安全生产活动。

依照国家法律法规对企业新建、扩建和技术改造工程中的劳动条件和安全卫生设施与主体工程同时设计、同时施工、同时使用进行监督。

发现企业违章指挥、强令工人冒险作业，或者生产过程中发现明显重大事故隐患和职业危害，工会应提出解决的建议；发现危及职工生命安全的情况，工会有权组织职工撤离危险现场。

第四十条 依法建立企业劳动争议调解委员会，劳动争议调解委员会由职工代表、企业代表和工会代表组成，办事机构设在企业工会。职工代表和工会代表的人数不得少于调解委员会成员总数的三分之二。

建立劳动争议预警机制，发挥劳动争议调解组织的预防功能，设立建立企业劳动争议信息员制度，做好劳动争议预测、预报、预防工作。

企业发生停工、怠工事件，工会应当积极同企业或者有关方面协商，反映职工的意见和要求并提出解决意见，协助企业做好工作，尽快恢复生产、工作秩序。

第四十一条 开展困难职工生活扶助、医疗救助、子女就学和职工互助互济等工作。有条件的企业工会建立困难职工帮扶资金。

第六章 女职工工作

第四十二条 企业工会有女会员十名以上的，应建立工会女职工委员会，不足十名的应设女职工委员。

女职工委员会在企业工会委员会领导和上一级工会女职工委员会指导下开展工作。

女职工委员会主任由企业工会女主席或副主席担任。企业工会没有女主席或副主席的，由符合相应条件的工会女职工委员担任，享受同级工会副主席待遇。

女职工委员会委员任期与同级工会委员会委员相同。

第四十三条 女职工委员会依法维护女职工的合法权益，重点是女职工经期、孕期、产期、哺乳期保护，禁忌劳动、卫生保健、生育保险等特殊利益。

第四十四条 女职工委员会定期研究涉及女职工特殊权益问题，向企业工会委员会和上级女职工委员会报告工作，重要问题应提交企业职工代表大会或职工大会审议。

第四十五条 企业工会应为女职工委员会开展工作与活动提供必要的经费。

第七章　工会经费和资产

第四十六条 督促企业依法按每月全部职工工资总额的百分之二向工会拨缴经费、提供工会办公和开展活动的必要设施和场所等物质条件。

第四十七条 工会依法设立独立银行账户，自主管理和使用工会经费、会费。工会经费、会费主要用于为职工服务和工会活动。

第四十八条 督促企业按国家有关规定支付工会会同企业开展的职工教育培训、劳动保护、劳动竞赛、技术创新、职工疗休养、困难职工补助、企业文化建设等工作所需费用。

第四十九条 工会经费审查委员会代表会员群众对工会经费收支和财产管理进行审查监督。

建立经费预算、决算和经费审查监督制度，经费收支情况接受同级工会经费审查委员会审查，接受上级工会审计，并定期向会员大会或会员代表大会报告。

第五十条 企业工会经费、财产和企业拨给工会使用的不动产受法律保护，任何单位和个人不得侵占、挪用和任意调拨。

企业工会组织合并，其经费财产归合并后的工会所有；工会组织撤销或解散，其经费财产由上级工会处置。

第八章　工会与企业党组织、行政和上级工会

第五十一条　企业工会接受同级党组织和上级工会双重领导，以同级党组织领导为主。未建立党组织的企业，其工会由上一级工会领导。

第五十二条　企业工会与企业行政具有平等的法律地位，相互尊重、相互支持、平等合作，共谋企业发展。

企业工会与企业可以通过联席会、民主议事会、民主协商会、劳资恳谈会等形式，建立协商沟通制度。

第五十三条　企业工会支持企业依法行使经营管理权，动员和组织职工完成生产经营任务。

督促企业按照有关规定，按职工工资总额的百分之一点五至百分之二点五、百分之一分别提取职工教育培训费用和劳动竞赛奖励经费，并严格管理和使用。

第五十四条　企业行政应依法支持工会履行职责，为工会开展工作创造必要条件。

第五十五条　上级工会负有对企业工会指导和服务的职责，为企业工会开展工作提供法律、政策、信息、培训和会员优惠等方面的服务，帮助企业工会协调解决工作中的困难和问题。

企业工会在履行职责遇到困难时，可请上级工会代行企业工会维权职责。

第五十六条　县以上地方工会设立保护工会干部专项经费，为维护企业工会干部合法权益提供保障。经费来源从本级工会经费中列支，也可以通过其它渠道多方筹集。

建立上级工会保护企业工会干部责任制。对因履行职责受到

打击报复或不公正待遇以及有特殊困难的企业工会干部，上级工会应提供保护和帮助。

上级工会与企业工会、企业行政协商，可对企业工会兼职干部给予适当补贴。

第五十七条 上级工会应建立对企业工会干部的考核、激励机制，对依法履行职责作出突出贡献的工会干部给予表彰奖励。

工会主席、副主席不履行职责，上级工会应责令其改正；情节严重的可以提出罢免的建议，按照有关规定予以罢免。

第九章 附 则

第五十八条 本条例适用于中华人民共和国境内所有企业和实行企业化管理的事业单位工会。

第五十九条 本条例由中华全国总工会解释。

第六十条 本条例自公布之日起施行。

基层工会法人登记管理办法

（2020 年 12 月 8 日 总工办发〔2020〕20 号）

第一章 总 则

第一条 为规范基层工会法人登记管理工作，依法确立基层工会民事主体地位，根据《中华人民共和国民法典》、《中华人民共和国工会法》及《中国工会章程》等有关规定，制定本办法。

第二条 我国境内的企业、事业单位、机关和其他社会组织等基层单位单独或联合建立的工会组织，区域性、行业性工会联合会，开发区（工业园区）工会，乡镇（街道）工会，村（社区）工会等工会组织（以下简称基层工会）申请取得、变更、注销法人资格，适用本办法。

第三条 基层工会按照本办法规定经审查登记，领取赋有统一社会信用代码的《工会法人资格证书》，取得法人资格，依法独立享有民事权利，承担民事义务。

第四条 各级工会应当依照规定的权限、范围、条件和程序，遵循依法依规、公开公正、便捷高效、科学管理的原则，做好基层工会法人登记管理工作。

第五条 省、自治区、直辖市总工会，设区的市和自治州总工会，县（旗）、自治县、不设区的市总工会（以下简称县以上各级地方总工会）应当为工会法人登记管理工作提供必要保障，所需费用从本级工会经费列支。具备条件的，可以专人负责工会法人登记管理工作。

开展工会法人登记管理工作，不得向基层工会收取费用。

第二章 登记管理机关

第六条 中华全国总工会和县以上各级地方总工会为基层工会法人登记管理机关。

登记管理机关相关部门之间应加强沟通，信息共享，协调配合做好工会法人登记管理工作。

第七条 基层工会法人登记按照属地原则，根据工会组织关系、经费收缴关系，实行分级管理：

（一）基层工会组织关系隶属于地方工会的，或与地方工会建立经费收缴关系的，由基层工会组织关系隶属地或经费关系隶属地相应的省级、市级或县级地方总工会负责登记管理；

（二）基层工会组织关系隶属于铁路、金融、民航等产业工会的，由其所在地省级总工会登记管理或授权市级总工会登记管理；

（三）中央和国家机关工会联合会所属各基层工会、在京的中央企业（集团）工会由中华全国总工会授权北京市总工会登记管理；京外中央企业（集团）工会由其所在地省级总工会登记管理或授权市级总工会登记管理。

登记管理机关之间因登记管理权限划分发生争议，由争议双方协商解决；协商解决不了的，由双方共同的上级工会研究确定。

第八条 登记管理机关应当制备工会法人登记专用章，专门用于基层工会法人登记工作，其规格和式样由中华全国总工会制定。

第九条 登记管理机关应当建立法人登记档案管理制度。

中华全国总工会建立统一的全国工会法人登记管理系统，登记管理机关实行网络化登记管理。

第三章 申请登记

第十条 基层工会申请法人资格登记，应当具备以下条件：

（一）依照《中华人民共和国工会法》和《中国工会章程》的规定成立；

（二）有自己的名称、组织机构和住所；

（三）工会经费来源有保障。

基层工会取得法人资格，不以所在单位是否具备法人资格为前提条件。

第十一条 凡具备本办法规定条件的基层工会，应当于成立之日起六十日内，向登记管理机关申请工会法人资格登记。

第十二条 基层工会申请工会法人资格登记，应当向登记管理机关提交下列材料：

（一）工会法人资格登记申请表；

（二）上级工会的正式批复文件；

（三）其他需要提交的证明、文件。

第十三条 登记管理机关自受理登记申请之日起十五日内完成对有关申请文件的审查。审查合格的，颁发《工会法人资格证书》，赋予统一社会信用代码；申请文件不齐备的，应及时通知基层工会补充相关文件，申请时间从文件齐备时起算；审查不合格，决定不予登记的，应当书面说明不予登记的理由。

第十四条 《工会法人资格证书》应标注工会法人统一社会信用代码和证书编码。

工会法人统一社会信用代码按照统一社会信用代码编码规则编定。其中第一位为登记管理部门代码，以数字“8”标识；第二位为组织机构类别代码，以数字“1”或“9”标识，为基层工会赋码时选用“1”，为其他类别工会赋码时选用“9”。

第十五条 基层工会登记工会法人名称，应当为上一级工会批准的工会组织的全称。一般由所在单位成立时登记的名称（区域性、行业性工会联合会应冠以区域、行业名称），缀以“工会委员会”、“联合工会委员会”、“工会联合会”等组成。

基层工会的名称具有唯一性，其他基层工会申请取得法人资格时不得重复使用。

第十六条 基层工会具备法人条件的，依法取得法人资格，工会主席为法定代表人。

第十七条 因合并、分立而新设立的基层工会，应当重新申请工会法人资格登记。

第四章 变更登记

第十八条 取得工会法人资格的基层工会变更名称、住所、法定代表人等事项的，应当自变更之日起三十日内，向登记管理机关申请变更登记，并提交工会法人变更登记申请表和相关文件。

登记管理机关自受理变更登记申请之日起十五日内，换发

《工会法人资格证书》，收回原证书。

第十九条 基层工会法人跨原登记管理机关辖区变更组织关系、经费收缴关系或住所的，由原登记管理机关办理登记管理权限变更手续，并按本办法确立的原则，将该基层工会法人登记管理关系转移到变更后的登记管理机关。

第二十条 取得工会法人资格的基层工会，合并、分立后存续，但原登记事项发生变化的，应当申请变更登记。

第二十一条 未经变更登记，任何组织和个人不得擅自改变工会法人资格登记事项。

第五章 注 销 登 记

第二十二条 取得工会法人资格的基层工会经会员大会或会员代表大会通过并报上一级工会批准撤销的，或因所在单位终止、撤销等原因相应撤销的，应当自撤销之日起三十日内，向登记管理机关申请注销登记，并提交工会法人注销登记申请表、上级工会同意撤销的文件或向上级工会备案撤销的文件，以及该基层工会经费、资产清理及债权债务完结的证明等材料。

登记管理机关自受理注销登记申请之日起十五日内完成审查登记，收回《工会法人资格证书》。

第二十三条 取得工会法人资格的基层工会，因合并、分立而解散的，应当申请注销登记。

第六章 信息公告和证书管理

第二十四条 基层工会取得、变更、注销工会法人资格的，登记管理机关应当依法及时在报刊或网络上发布有关信息。

第二十五条 《工会法人资格证书》是基层工会法人资格的唯一合法凭证。未取得《工会法人资格证书》的基层工会，不得以工会法人名义开展活动。

《工会法人资格证书》及相关登记申请表样式由中华全国总工会统一制发。

第二十六条 《工会法人资格证书》的有效期为三年至五年，具体时间与工会的届期相同。

第二十七条 基层工会依法取得《工会法人资格证书》的，应当在证书有效期满前三十日内，向登记管理机关提交《工会法人资格证书》换领申请表和工会法人存续证明材料，经登记管理机关审查合格后换发新证，有效期重新计算。

第二十八条 《工会法人资格证书》不得涂改、抵押、转让和出借。《工会法人资格证书》遗失的，基层工会应当于一个月内在报刊或网络上发布公告，并向登记管理机关提交《工会法人资格证书》补领申请表、遗失公告和说明，申请补发新证。

第七章 监督管理

第二十九条 登记管理机关应当加强对基层工会法人资格登记工作的监督管理，基层工会应当接受并配合登记管理机关的监督管理。

上级工会应当加强对下级工会开展基层工会法人登记管理工作的指导和监督检查。

第三十条 不具备条件的基层工会组织或机构在申请登记时弄虚作假、骗取登记的，由登记管理机关予以撤销登记，收回《工会法人资格证书》和统一社会信用代码。

第三十一条 登记管理机关审查不严，或者滥用职权，造成严重后果的，依法依纪追究有关责任。

第八章 附　　则

第三十二条 地方总工会等机构编制由机构编制部门负责管理的工会组织，由机构编制部门制发统一社会信用代码证书。

第三十三条 各级产业工会委员会申领《工会法人资格证书》，参照本办法执行。

第三十四条 县以上各级地方总工会派出的工会工作委员会、工会办事处等工会派出代表机关，工会会员不足二十五人仅选举组织员或者工会主席一人主持工作的基层工会，可以参照本办法规定申请取得统一社会信用代码证书。

第三十五条 各省、自治区、直辖市总工会可以根据本办法的规定，制定基层工会法人登记管理的具体实施细则，并报中华全国总工会备案。

第三十六条 本办法由中华全国总工会负责解释。

第三十七条 本办法自 2021 年 1 月 1 日起施行。2008 年 6 月 13 日中华全国总工会印发 的《基层工会法人资格登记办法》同时废止。

附件：1. 工会法人资格登记申请表

2. 工会法人变更登记申请表

3. 工会法人注销登记申请表

4. 《工会法人资格证书》补（换）领申请表

5. 工会统一社会信用代码申请表

6. 工会法人资格证书样式

7. 工会统一社会信用代码证书样式

附件 1

工会法人资格登记申请表

工会名称＿＿＿＿＿＿＿＿＿＿＿

填报时间　　　年　　月　　日

中华全国总工会监制

填表与登记说明：

一、本表一式三份，由申请单位逐项填写，加盖公章后报登记管理机关审查登记。

二、申请单位非新建的（成立时间一年以上），应自查经费资产，并如实填报自查结果；申请单位新建的（成立时间不满一年），免予经费资产自查，由工会负责人承诺经费来源有保障，并由工会主席签名。

三、表中工会组织简况栏中的审批单位是指批准设立本工会组织的上一级工会；收入情况栏中的其他收入是指除会费、经费收入以外的各种收入。

四、登记管理机关收到本表后，应按中华全国总工会《基层工会法人登记管理办法》的规定进行审查、核准、登记。

五、经审查合格后，由县、市（地）或省级地方总工会向该工会组织颁发《工会法人资格证书》。

六、本表由登记管理机关存档一份、申请单位留存一份、上级工会备案一份。

<table>
<tr><td colspan="2">工会名称</td><td colspan="3"></td><td>电　话</td><td colspan="2"></td></tr>
<tr><td colspan="2">住　所</td><td colspan="3"></td><td>邮　编</td><td colspan="2"></td></tr>
<tr><td colspan="2" rowspan="4">工会组织
简　况</td><td colspan="6">根据《中国工会章程》，于　　年　月　日经工会会员（代表）大会选举产生（预备会议确认产生）第　届工会委员会，任期　年。</td></tr>
<tr><td>审批单位</td><td colspan="2"></td><td>审批文号</td><td colspan="2"></td></tr>
<tr><td>职工人数</td><td colspan="2"></td><td>会员人数</td><td colspan="2"></td></tr>
<tr><td>专职干部
人　数</td><td colspan="2"></td><td>本届工会
主席姓名</td><td colspan="2"></td></tr>
<tr><td rowspan="5">非新建工会</td><td rowspan="2">收入
情况</td><td>合计</td><td>上年累计
结余
（万元）</td><td>年会员缴纳
会费收入
（万元）</td><td colspan="2">年2%拨缴工会
经费本级留成
收入（万元）</td><td>其他收入
（万元）</td></tr>
<tr><td></td><td></td><td></td><td colspan="2"></td><td></td></tr>
<tr><td rowspan="2">资金
情况</td><td colspan="2">合计</td><td>固定资产
（万元）</td><td colspan="2">流动资金
（万元）</td><td>其他</td></tr>
<tr><td colspan="2"></td><td></td><td colspan="2"></td><td></td></tr>
<tr><td colspan="7">申请单位承诺以上填报信息真实有效，并愿意承担相应法律责任。

工会主席签名：</td></tr>
<tr><td>新建工会</td><td colspan="7">申请单位承诺工会经费来源有保障。

工会主席签名：</td></tr>
<tr><td colspan="2" rowspan="2">场所情况</td><td colspan="2">合计</td><td>办公场所
（m^2）</td><td colspan="2">活动场所
（m^2）</td><td>其他</td></tr>
<tr><td colspan="6"></td></tr>
</table>

续表

<table>
<tr><td rowspan="6">工会主席</td><td>姓名</td><td colspan="2"></td><td colspan="2">性别</td><td colspan="2"></td><td>民族</td><td></td></tr>
<tr><td>出生
年月</td><td colspan="2"></td><td colspan="2">文化
程度</td><td colspan="2"></td><td>政治
面貌</td><td></td></tr>
<tr><td>现任工会
职务</td><td></td><td colspan="2">专职兼职</td><td colspan="2"></td><td colspan="2">本届任职
起始时间</td><td></td></tr>
<tr><td rowspan="2">加入工会
组织时间</td><td rowspan="2"></td><td colspan="2" rowspan="2">现任其他
职务</td><td colspan="2" rowspan="2"></td><td colspan="2">电话</td><td></td></tr>
<tr><td colspan="2">手机</td><td></td></tr>
<tr><td>身份证号</td><td colspan="8"></td></tr>
<tr><td rowspan="2">申请单位
经办人</td><td rowspan="2"></td><td rowspan="2">身份证号</td><td colspan="4" rowspan="2"></td><td colspan="2">电话</td><td></td></tr>
<tr><td colspan="2">手机</td><td></td></tr>
<tr><td>申请工会
意见</td><td colspan="9">工会主席签名：（申请工会印章）
年 月 日</td></tr>
<tr><td>地方工会
审查意见</td><td colspan="9">（印 章）
年 月 日</td></tr>
<tr><td>登记管理
机关审核
意见</td><td colspan="9">（印 章）
年 月 日</td></tr>
<tr><td>发证日期</td><td></td><td colspan="4">统一社会信用代码</td><td colspan="4"></td></tr>
</table>

附件 2

工会法人变更登记申请表

<table>
<tr><td>项目</td><td colspan="3">原登记确认事项</td><td colspan="2">申请变更登记事项</td></tr>
<tr><td>工会名称</td><td colspan="3"></td><td colspan="2"></td></tr>
<tr><td>住所</td><td colspan="3"></td><td colspan="2"></td></tr>
<tr><td>法定代表人</td><td colspan="3"></td><td colspan="2"></td></tr>
<tr><td>登记管理机关</td><td colspan="3"></td><td colspan="2"></td></tr>
<tr><td>统一社会信用代码</td><td colspan="3"></td><td colspan="2"></td></tr>
<tr><td>上级工会批准
变更文号</td><td colspan="3"></td><td colspan="2"></td></tr>
<tr><td>申请变更原因</td><td colspan="3"></td><td colspan="2"></td></tr>
<tr><td rowspan="2">申请单位经办人</td><td>姓名</td><td></td><td colspan="2">身份证号码</td><td></td></tr>
<tr><td>电话</td><td></td><td colspan="2">手　机</td><td></td></tr>
<tr><td rowspan="2">变更后法定代表人</td><td>姓名</td><td></td><td colspan="2">身份证号码</td><td></td></tr>
<tr><td>电话</td><td></td><td colspan="2">手　机</td><td></td></tr>
<tr><td>申请工会意见</td><td colspan="5">工会法定代表人签名：　　　　（申请工会印章）
年　　月　　日</td></tr>
<tr><td>上级工会
审查意见</td><td colspan="5">（印　章）
年　　月　　日</td></tr>
<tr><td>登记管理机关
审核意见</td><td colspan="5">（印　章）
年　　月　　日</td></tr>
</table>

注：1. 仅变更住所或登记管理机关的无需填写上级工会批准变更文号。

2. 法定代表人没有变更的无需填写变更后法定代表人信息。

附件 3

工会法人注销登记申请表

<table>
<tr><td>工会名称</td><td colspan="2"></td><td>电　话</td><td></td></tr>
<tr><td>统一社会信用代码</td><td colspan="2"></td><td>证书编码</td><td></td></tr>
<tr><td>住　所</td><td colspan="2"></td><td>法定代表人</td><td></td></tr>
<tr><td rowspan="2">申请单位经办人</td><td>姓名</td><td></td><td>身份证号码</td><td></td></tr>
<tr><td>电话</td><td></td><td>手机</td><td></td></tr>
<tr><td>注销原因</td><td colspan="4"></td></tr>
<tr><td>上级工会同意撤销工会文件名称（含文号）</td><td colspan="4"></td></tr>
<tr><td>申请工会意见</td><td colspan="4">工会法定代表人签名：　（申请工会印章）
年　月　日</td></tr>
<tr><td>上级工会审查意见</td><td colspan="4">（印　章）
年　月　日</td></tr>
<tr><td>登记管理机关审核意见</td><td colspan="4">（印　章）
年　月　日</td></tr>
</table>

附件 4

《工会法人资格证书》补（换）领申请表

<table>
<tr><td>工会名称</td><td colspan="2"></td><td colspan="2">电　话</td><td></td></tr>
<tr><td>统一社会信用代码</td><td colspan="2"></td><td colspan="2">原证书编码</td><td></td></tr>
<tr><td>住　所</td><td colspan="2"></td><td colspan="2">法定代表人</td><td></td></tr>
<tr><td rowspan="2">申请单位经办人</td><td>姓名</td><td></td><td>身份证号码</td><td colspan="2"></td></tr>
<tr><td>电话</td><td></td><td>手机</td><td colspan="2"></td></tr>
<tr><td>补（换）领原因</td><td colspan="5"></td></tr>
<tr><td>申请工会意见</td><td colspan="5">工会法定代表人签名：　　（申请工会印章）
年　月　日</td></tr>
<tr><td>上级工会
审查意见</td><td colspan="5">（印　章）
年　月　日</td></tr>
<tr><td>登记管理机关
审核意见</td><td colspan="5">（印　章）
年　月　日</td></tr>
</table>

附件 5

工会统一社会信用代码申请表

<table>
<tr><td colspan="2">工会名称</td><td colspan="2"></td><td>电　话</td><td colspan="2"></td></tr>
<tr><td colspan="2">住　所</td><td colspan="2"></td><td>邮　编</td><td colspan="2"></td></tr>
<tr><td rowspan="2">基本情况</td><td colspan="6">根据《中国工会章程》，　　年　　月　　日由　　　总工会派出设立或依法选举产生。</td></tr>
<tr><td>审批单位</td><td colspan="2"></td><td>审批文号</td><td colspan="2"></td></tr>
<tr><td rowspan="6">工会负责人</td><td>姓名</td><td></td><td>性别</td><td></td><td>民族</td><td></td></tr>
<tr><td>出生年月</td><td></td><td>文化程度</td><td></td><td>政治面貌</td><td></td></tr>
<tr><td>现任工会职务</td><td></td><td>专职兼职</td><td></td><td>本届任职起始时间</td><td></td></tr>
<tr><td rowspan="2">加入工会组织时间</td><td rowspan="2"></td><td rowspan="2">现任其他职务</td><td rowspan="2"></td><td>电话</td><td></td></tr>
<tr><td>手机</td><td></td></tr>
<tr><td>身份证号</td><td colspan="5"></td></tr>
<tr><td rowspan="2">申请单位经办人</td><td rowspan="2"></td><td rowspan="2">身份证号</td><td rowspan="2" colspan="2"></td><td>电话</td><td></td></tr>
<tr><td>手机</td><td></td></tr>
<tr><td>申请工会意见</td><td colspan="6">工会主席签名：　　　　（申请工会印章）
年　月　日</td></tr>
<tr><td>地方工会审查意见</td><td colspan="6">（印　章）
年　月　日</td></tr>
<tr><td>登记管理机关审核意见</td><td colspan="6">（印　章）
年　月　日</td></tr>
<tr><td>发证日期</td><td></td><td colspan="2">统一社会信用代码</td><td colspan="3"></td></tr>
</table>

附件 6

工会法人资格证书样式

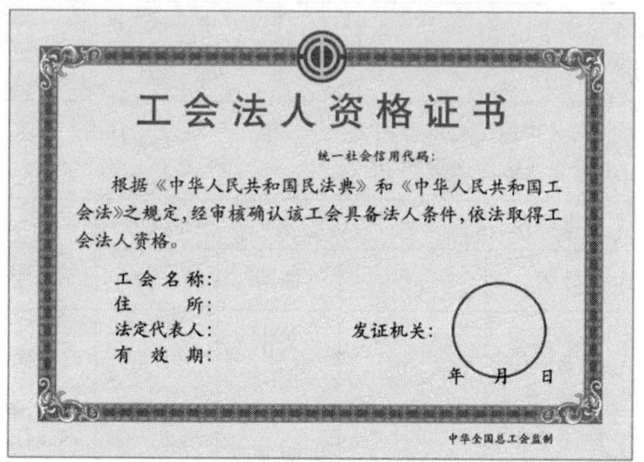

工会法人资格证书

统一社会信用代码：

根据《中华人民共和国民法典》和《中华人民共和国工会法》之规定，经审核确认该工会具备法人条件，依法取得工会法人资格。

工会名称：
住　　所：
法定代表人：
有 效 期：

发证机关：

年　月　日

中华全国总工会监制

附件 7

工会统一社会信用代码证书样式

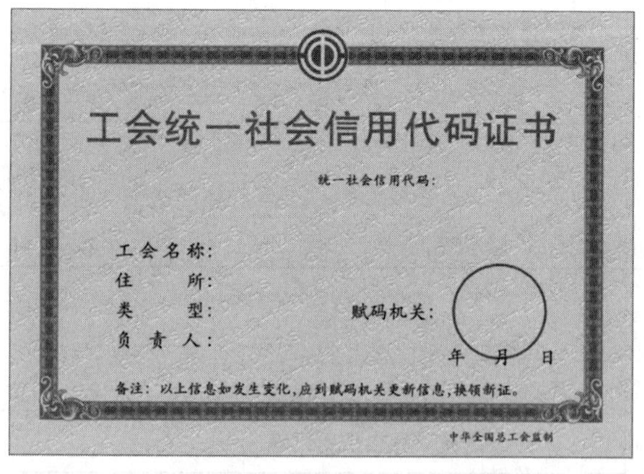

工会统一社会信用代码证书

统一社会信用代码：

工会名称：
住　　所：
类　　型：
负 责 人：

赋码机关：

年　月　日

备注：以上信息如发生变化，应到赋码机关更新信息，换领新证。

中华全国总工会监制

附录三

本书所涉文件目录

宪　法

2018 年 3 月 11 日　　中华人民共和国宪法

法　律

1996 年 10 月 29 日　　中华人民共和国乡镇企业法
1999 年 8 月 30 日　　中华人民共和国个人独资企业法
2002 年 6 月 29 日　　中华人民共和国科学技术普及法
2006 年 8 月 27 日　　中华人民共和国企业破产法
2007 年 12 月 29 日　　中华人民共和国禁毒法
2007 年 12 月 29 日　　中华人民共和国劳动争议调解仲裁法
2009 年 8 月 27 日　　中华人民共和国全民所有制工业企业法
2009 年 8 月 27 日　　中华人民共和国矿山安全法
2010 年 8 月 28 日　　中华人民共和国人民调解法
2012 年 12 月 28 日　　中华人民共和国劳动合同法
2015 年 4 月 24 日　　中华人民共和国就业促进法
2016 年 11 月 7 日　　中华人民共和国煤炭法
2018 年 4 月 27 日　　中华人民共和国国防教育法
2018 年 10 月 26 日　　中华人民共和国公司法
2018 年 12 月 29 日　　中华人民共和国劳动法
2018 年 12 月 29 日　　中华人民共和国民办教育促进法
2018 年 12 月 29 日　　中华人民共和国社会保险法
2018 年 12 月 29 日　　中华人民共和国职业病防治法
2019 年 3 月 15 日　　中华人民共和国外商投资法

2020 年 5 月 28 日　　中华人民共和国民法典
2021 年 4 月 29 日　　中华人民共和国消防法
2021 年 6 月 10 日　　中华人民共和国安全生产法
2021 年 8 月 20 日　　中华人民共和国人口与计划生育法
2021 年 12 月 24 日　　中华人民共和国工会法
2022 年 10 月 30 日　　中华人民共和国妇女权益保障法

行政法规及文件

2002 年 5 月 12 日　　使用有毒物品作业场所劳动保护条例
2003 年 11 月 24 日　　建设工程安全生产管理条例
2004 年 12 月 15 日　　国务院办公厅关于深入贯彻工会法支持工会工作的通知
2007 年 4 月 9 日　　生产安全事故报告和调查处理条例
2010 年 12 月 20 日　　工伤保险条例
2012 年 4 月 28 日　　女职工劳动保护特别规定
2019 年 12 月 13 日　　国务院关于进一步做好稳就业工作的意见
2019 年 12 月 30 日　　保障农民工工资支付条例

部门规章及文件

2000 年 11 月 8 日　　工资集体协商试行办法
2011 年 5 月 3 日　　特种设备作业人员监督管理办法
2019 年 2 月 18 日　　人力资源社会保障部、教育部等九部门关于进一步规范招聘行为促进妇女就业的通知
2020 年 12 月 18 日　　住房和城乡建设部等部门关于加快培育新时代建筑产业工人队伍的指导意见
2021 年 4 月 14 日　　工会会计制度
2021 年 6 月 8 日　　关于全面推行中国特色企业新型学徒制加强技能人才培养的指导意见

2021 年 6 月 23 日	交通运输部、国家邮政局、国家发展改革委、人力资源社会保障部、商务部、市场监管总局、全国总工会关于做好快递员群体合法权益保障工作的意见
2021 年 7 月 16 日	市场监管总局、国家网信办、国家发展改革委、公安部、人力资源社会保障部、商务部、中华全国总工会关于落实网络餐饮平台责任切实维护外卖送餐员权益的指导意见
2021 年 7 月 16 日	人力资源社会保障部、国家发展改革委、交通运输部、应急部、市场监管总局、国家医保局、最高人民法院、全国总工会关于维护新就业形态劳动者劳动保障权益的指导意见
2022 年 10 月 13 日	人力资源社会保障部等九部门关于进一步加强劳动人事争议协商调解工作的意见

司法解释及文件

2020 年 2 月 20 日	最高人民法院、中华全国总工会关于在部分地区开展劳动争议多元化解试点工作的意见
2020 年 12 月 29 日	最高人民法院关于在民事审判工作中适用《中华人民共和国工会法》若干问题的解释
2020 年 12 月 29 日	最高人民法院关于审理劳动争议案件适用法律问题的解释（一）
2020 年 12 月 29 日	最高人民法院关于产业工会、基层工会是否具备社会团体法人资格和工会经费集中户可否冻结划拨问题的批复

其他规范性文件

2006 年 12 月 11 日	企业工会工作条例
2007 年 8 月 20 日	企业工会主席合法权益保护暂行办法
2014 年 7 月 29 日	中华全国总工会关于新形势下加强基层工会建设的意见
2016 年 10 月 9 日	工会基层组织选举工作条例
2016 年 12 月 12 日	工会会员会籍管理办法
2017 年 12 月 15 日	基层工会经费收支管理办法
2018 年 9 月 4 日	事业单位工会工作条例
2018 年 9 月 12 日	中华全国总工会关于加强职工互助保障活动规范和管理的意见
2018 年 10 月 26 日	中国工会章程
2019 年 3 月 20 日	工会女职工委员会工作条例
2020 年 1 月 15 日	中华全国总工会关于加强和规范区域性、行业性工会联合会建设的意见
2020 年 12 月 8 日	基层工会法人登记管理办法
2021 年 3 月 31 日	工会劳动法律监督办法
2021 年 7 月 16 日	中国工运事业和工会工作“十四五”发展规划
2021 年 7 月 28 日	中华全国总工会关于切实维护新就业形态劳动者劳动保障权益的意见
2021 年 8 月 31 日	中华全国总工会、民政部关于加强社会组织工会建设的意见（试行）
2022 年 4 月 25 日	中华全国总工会关于加强新时代工会女职工工作的意见

法律一本通丛书．第九版

1. 民法典一本通
2. 刑法一本通
3. 行政法一本通
4. 土地管理法一本通
5. 农村土地承包法一本通
6. 道路交通安全法一本通
7. 劳动法一本通
8. 劳动合同法一本通
9. 公司法一本通
10. 安全生产法一本通
11. 税法一本通
12. 产品质量法、食品安全法、消费者权益保护法一本通
13. 公务员法一本通
14. 商标法、专利法、著作权法一本通
15. 民事诉讼法一本通
16. 刑事诉讼法一本通
17. 行政复议法、行政诉讼法一本通
18. 个人信息保护法一本通
19. 行政处罚法一本通
20. 数据安全法一本通
21. 网络安全法、数据安全法、个人信息保护法一本通
22. 监察法、监察官法、监察法实施条例一本通
23. 法律援助法一本通
24. 家庭教育促进法、未成年人保护法、预防未成年人犯罪法一本通
25. 工会法一本通
26. 科学技术进步法一本通
27. 职业教育法一本通
28. 反垄断法一本通
29. 体育法一本通
30. 反电信网络诈骗法一本通
31. 农产品质量安全法一本通
32. 妇女权益保障法一本通
33. 治安管理处罚法一本通
34. 企业破产法一本通
35. 保险法一本通
36. 证券法一本通
37. 劳动争议调解仲裁法一本通
38. 劳动法、劳动合同法、劳动争议调解仲裁法一本通
39. 未成年人保护法、妇女权益保障法、老年人权益保障法一本通